古代歷史文化 研究輯刊

五 編

王 明 蓀 主編

第 27 冊

一位近代女性啓蒙者的身影：
單士釐（1858－1945）作品研究

劉 又 瑄 著

國家圖書館出版品預行編目資料

一位近代女性啓蒙者的身影：單士釐（1858－1945）作品研
究／劉又瑄 著 — 初版 — 新北市：花木蘭文化出版社，2011
〔民 100〕
目 2+182 面；19×26 公分
（古代歷史文化研究輯刊 五編；第 27 冊）
ISBN：978-986-254-440-2（精裝）
1. 單士釐 2. 女性傳記 3. 學術思想 4. 女性運動
618   100000597

ISBN-978-986-254-440-2

9 789862 544402

古代歷史文化研究輯刊
五 編 第二七冊   ISBN：978-986-254-440-2

一位近代女性啓蒙者的身影：
單士釐（1858 － 1945）作品研究

作　　者　劉又瑄
主　　編　王明蓀
總 編 輯　杜潔祥
印　　刷　普羅文化出版廣告事業
出　　版　花木蘭文化出版社
發 行 所　花木蘭文化出版社
發 行 人　高小娟
聯絡地址　新北市永和區中正路五九五號七樓之三
　　　　　電話：02-2923-1455／傳眞：02-2923-1452
電子信箱　sut81518@gmail.com
初　　版　2011 年 3 月
定　　價　五編 32 冊（精裝）新台幣 56,000 元

一位近代女性啓蒙者的身影：
單士釐（1858－1945）作品研究

劉又瑄　著

作者簡介

劉又瑄，高雄市美濃區人，中正大學中研所專班畢業，碩論指導老師為毛文芳教授。

提　要

　　單士釐是清末第一位由閨房步向世界的女性代表，並成為近代女遊作品流傳於後世的第一人。作品有《癸卯旅行記》、《家之宜育兒簡談》、《正始再續集》、《歸潛記》、《清閨秀藝文略》、《受茲室詩鈔》、《發難遭逢記》、《懿範聞見錄》，並翻譯日文專書《家政學》等，達十一種之多，豐贍且多樣化。

　　本文試圖從單士釐在書香世家、開放教育環境的薰陶之下，奠下深厚的才學基礎出發；推及與錢恂鶼鰈情深、志趣相投的婚姻生活；才學暢達、成就豐富創作的原因；並從單士釐治國理念、女性旅遊書寫、女性自主意識等層面的見解，討論中國知識女性在面對民主新時代來臨的時候，該做哪些改變？以及單士釐如何在未親自參與清末婦女運動，不用激進手段提倡女權的同時，反而能以舒緩平和的方式漸進地提升女性地位、啟發女性自覺。並且兼顧中國傳統婦德之美，堪稱是中國近代女性啟蒙的先聲？

第一章 緒 論

第一節 研究動機及目的

近年來與女性議題有關的研究領域，已經從過往邊陲化，進展到廣受學者專家垂青與重視的程度。身爲女性的我自然對這個範疇充滿興趣。

可是，一開始並不如預期的順利！

正當我陷入躊躇不決於研究對象與主題，苦無良策之際，指導教授毛文芳老師的諄諄提點，猶如晨曦穿透烏雲，引導我到一個令人興致盎然的時代——清末；發掘一位充滿傳奇色彩的女子——單士釐。

研究契機就這樣開展，且越鑽研便越入迷！

單士釐是清末第一位由閨房步向世界的中國女性代表，如錢仲聯稱許：

> 單士釐先後隨錢恂往日本及歐洲數次，光緒二十年，〔註1〕即已往日本，比秋瑾早五年，亦比何香凝早。乃最早走出閨門、走向世界知識婦女之一。〔註2〕

她的作品數量與種類呈現多樣風貌。鍾叔河據錢稻孫《追訃》，將單士釐生前著述作了一番說明：

〔註1〕 時間比單士釐所言早五年。單士釐《癸卯旅行記·自序》：「回憶歲在己亥，（光緒二十五年），外子駐日本，予率兩子繼往，是爲予出疆之始。」參見鍾叔河主編的《走向世界叢書——歐洲十一國遊記二種·新大陸遊記及其他·癸卯旅行記·歸潛記（康有爲·梁啟超·錢單士釐）》，湖南：岳麓書社，1985年9月第1版，頁684。

〔註2〕 參見錢仲聯：《清詩記事》（二十二）《列女卷》，南京：江蘇古籍出版社，1989年7月第一版，頁15984。

1943 年單士釐卒後，[註3] 錢稻孫有《追訃》一篇，其中談到單士釐「一生著述，凡十一種」：其經刊印者，《癸卯旅行記》三卷，《家政學》二卷，《家之宜育兒簡談》一卷，《正始再續集》五卷；其刊而未竟者，《歸潛記》十卷，《清閨秀藝文略》五卷；其未刊者，有《受茲室詩鈔》、《發難遭逢記》、《懿範聞見錄》、《嘁殺集》，唯《懿範聞見錄》之稿俱在，《受茲室詩鈔》已不全，他二種更因寄遞失佚不歸。[註4]

令人好奇的是，在風氣保守的清末民初，單士釐以一介女子，卻能夠擁有如此豐贍的創作，其中蘊含的意義確實值得深入研究。

於是本論從了解單士釐以行萬里路之姿；著萬卷書之志，提出獨到見解開始。了解單士釐敏銳觀察力與才學素養，探析她的情感與思想等抽象層面，企望可以展現單士釐見證大環境變化所造成的政治、經濟、文化等衝擊後，如何抒發女性意識？如何跳脫傳統男尊女卑的觀念，定位知識婦女應有的擔當？如何在新舊時代交替中取得平衡，兼蓄新知與婦德？

至於「啓蒙」一詞的定義，依 1784 年德國哲學家康德〈康德的《答覆這個問題：「什麼是啓蒙」》〉的說法：

> 啓蒙運動就是人類走出他的未成年狀態。這個狀態，或者說是不成熟狀態，……要敢於認識！要有勇氣運用你自己的智力。……啓蒙運動發生於 18 世紀的歐洲從字面上講，啓蒙運動就是啓迪蒙昧，反對愚昧主義，提倡普及文化教育的運動。從其精神實質上看，它是宣揚資產階層政治思想體系的運動，……啓蒙教育群眾，推翻封建主義的統治。[註5]

[註3] 本論關於單士釐生卒年（1848～1945）乃依據錢秉雄、錢三強《受茲室詩稿・回憶伯母單士釐（代序）》，頁 1 中提到單士釐「生於一八五八年（清咸豐八年），卒於一九四五年。」；及邱巍《吳興錢家：近代學術文化家族的斷裂與傳承》，杭州：浙江大學出版社，2009 年 10 月第 1 版，頁 115 裡收錄陳鴻祥惠賜的單士釐訃告影本——錢稻孫《追訃》寫道「先姚單太夫人諱士釐痛於三月二十七日，即乙酉歲夏曆二月十四日辰時，疾終北京寓寢。距生於清咸豐八年戊午五月二十九日亥時，八十有八。」

[註4] 參見鍾叔河編：《走向世界叢書——歐洲十一國遊記二種・新大陸遊記及其他・癸卯旅行記・歸潛記（康有為・梁啓超・錢單士釐）》，湖南，岳麓書社，1985 年 9 月第 1 版第 1 次印刷，頁 679。

[註5] 參見（美）彼得蓋伊（Peter Gay）／時代生活圖書公司（The Editors of TIME-LIFE BOOKS）編著、汪定明譯：《啓蒙時代》，北京：中國言實出版社，

又如傅偉勳《女性主義》序言便開宗明義地解釋：

> 啓蒙（enlightenment）一辭起源於十七、八世紀歐洲啓蒙運動。此
> 一運動的倡導者深信，通過古希臘異教傳統所強調的科學知性與哲
> 學理性，以及承繼此一傳統的文藝復興人本主義、理性主義精神的
> 發揚，人類不但能夠增廣知識，且能獲致眞正的幸福。……期求人
> 類從矇昧狀態徹底解放出來。〔註6〕

本論運用上述對啓蒙的解釋，說明單士釐諸多呼籲與論點，確實具備從自我
內在開始改變，進而付諸行動，逐漸脫離中國傳統對女性的束縛並與世界潮
流接軌的啓蒙精神。

此外，源於十八世紀歐洲地區的啓蒙運動，對清季中國走向積極改革、
救亡圖存之途有重要的影響力。而單士釐從維新成員之一的丈夫錢恂身上多
少也受到啓發。啓蒙運動批判專制主義、愚昧封建，宣揚民主、自由、人權、
女權，提倡國民教育等，便與單士釐的觀念相近。如周作人〈錢念劬〉談到
錢恂的革新理念：

> 他是清末的外交官，曾任駐日參贊，駐羅馬公使，可是並非遺老，
>
> 乃所謂老新黨，贊同改革，略有排滿的氣味。〔註7〕

因蒐集的資料有限，故本論無意以個人傳記手法討論單士釐，僅希望藉由聚
焦方式，著眼於她在女性啓蒙思想與作爲的展現，以供日後相關議題研究者
參酌之用。

第二節　前人研究概況

截至目前爲止，與單士釐相關的研究約分爲五類：

（一）探究中國女性出洋的意義，如齊國華〈巾幗放眼著先鞭——論單
士釐出洋的歷史意義〉，〔註8〕李可亭〈單士釐和她的《癸卯旅行記》〉，〔註9〕

2005 年 1 月第 1 版，頁 8。

〔註6〕 參見文字作者 Susan Alice Watkins、漫畫作者 Marisa Rueda／Marta
　　　　Rodrigues；譯者朱侃如：《女性主義》，臺北：立緒文化事業有限公司，1995
　　　　年 10 月 20 日初版一刷，傅偉勳〈序〉。

〔註7〕 參見周作人：《周作人自選精品集——飯後隨筆》上集，石家莊：河北人民出
　　　　版社，1994 年 9 月第 1 版，頁 404。

〔註8〕 歸納出單士釐遊記的三項特點：「一、衝破傳統束縛漫遊國外。二、婦女自我
　　　　解放意識的覺醒。三、傳播西方文化藝術。」參見《史林》第 1 期，總 33 期，

胡景華〈單士釐——近代走向世界的女性先驅〉，〔註10〕魏愛蓮（Ellen widmer）"Shan Shili`s Guimao luxing ji of 1903 in Local and Global Perspective"〈全球視野下的單士釐的《癸卯旅行記》（1903），〔註11〕陳室如〈閨閣與世界的碰撞——單士釐旅行書寫的性別意識與帝國凝視〉，〔註12〕羅秀美〈流動的風景與凝視的文本——談單士釐（1856～1943）的旅行散文以及她對女性文學的傳播與接受〉。〔註13〕

（二）探討《歸潛記》的重要書寫，如肯定單士釐評述拉奧孔的價值：馬昌儀〈我國第一個講述拉孔奧的女性——論單士釐的美學見解〉，〔註14〕鹿憶鹿〈單士釐與拉奧孔——兼論晚清學者的神話觀〉。〔註15〕如查證《馬可波羅遊記》誤謬，對史學頗有貢獻：李長林〈中國馬可‧波羅學研究中的幾個問題〉。〔註16〕

1994 年。

〔註9〕 肯定《癸卯旅行記》開中國女遊之先，以多元角度觀看世界，並檢視中國之弊。參見《商丘師範學院學報》第十五卷、第 1 期，1999 年 2 月，頁 72～74。

〔註10〕 針對單士釐遊記歸結出三個面向：「一、考察日本，二、接露沙俄，三、走進歐洲。」收於《遼寧師專學報（社會科學版）》第 4 期，1999 年 4 月。

〔註11〕 如：「The international reach of this journal is one several points at which it departs from women's Writings of earlier in the dynasty and anticipates the May Fourth movement.」參見胡曉眞主編：《世變與維新——晚明與晚清的文學藝術》，臺北，中央研究院中國文哲研究所籌備處，2001 年 6 月，429～466。

〔註12〕 論點如下：「一、閨秀的先行。二、依附的性別意識（傳統藩籬的跨越、賢妻良母的堅持）。三、憂鬱的帝國凝視（以國民自任、矛盾的國族認知）。四、雙重身分的遊走。」參見彰化師大《國文學誌》第 13 期，2006 年 12 月，頁 257～282。

〔註13〕 主要看法：「一、流動的風景、深度的人文：單士釐的旅行散文（異國文化的洗滌、異域文藝的推介）。二、凝視的文本、自己的文學：她對女性文學的傳播與接受。三、斷裂的時代：遊走傳統與現代兩個世界裡的單士釐（傳統閨秀／現代女子的雙重身分、創作者與研究者的雙重敘事）」參見《淡江中文學報》第十五期，2006 年 12 月，頁 41～94。

〔註14〕 論述要點：「一、單士釐眼中的拉奧孔雕像群。二、拉奧孔雕像群取材於希臘神話。三、關於希臘、羅馬文學家、詩人對拉奧孔之死的三種見解。四、關於美學上的若干論申。五、關於拉奧孔雕像的修復和藝術造型問題。六、從考古學角度考察拉奧孔雕像。七、用自己的眼睛去觀察，用心去發現美。」參見《文藝研究》第 4 期，1984 年以及《民間文學年刊》創刊號，共 19 頁。

〔註15〕 觀點包括：「一、單士釐生平背景。二、《歸潛記》的相關問題。三、有關拉奧孔的討論，四、單士釐與晚清學者的神話觀比較。」參見《興大中文學報》23 期增刊——文學與神話特刊，頁 679～703。

〔註16〕 參見《世界歷史》第五期，1996 年，頁 78～82。

　　（三）從女性啓蒙思維與改革理念著手，如戴東陽〈驚醒女子魂、鑒彼媸與妍──論啓蒙女學者單士釐〉，〔註17〕馬東玉〈傑出女子單士釐其人其事〉，〔註18〕姚振黎〈單士釐教育思想析論〉，〔註19〕姚振黎〈單士釐走向世界之經歷──兼論女性創作考察〉。〔註20〕

　　（四）討論《受茲室詩鈔》版本問題，如黃湘金〈簡論單士釐詩集版本──附《受茲室詩稿》校記〉。〔註21〕

　　（五）附於專著當中，如邱巍《吳興錢家：近代學術文化家族的斷裂與傳承》，〔註22〕陳室如《近代域外遊記研究（1840～1945）》。〔註23〕

　　筆者目前所見與單士釐有關的研究大多以單篇論文的形式呈現，至於學位專論，如顏麗珠《單士釐及其旅遊文學──兼論女性遊歷書寫》，〔註24〕偏

〔註17〕單士釐的啓蒙工作可具體概括成四項：「第一、啓迪婦女的國民意識，竭盡共和國民的義務。第二、關注日本實業，介紹婦女經商。第三、倡導女子教育。第四、身體力行，摒棄婦女陋習。」參見《史學月刊》第3期，1996年。

〔註18〕總結單士釐出類拔萃的成就：「一、才女出國。二、報曉晨鐘。三、抨擊侵略。四、文化天使。」參見《人物》第7期，2001年，頁147～154。

〔註19〕主要見解如下：「介紹單士釐生平事迹；創作思想：一、倡女學，重教育，提倡文明開化。二、引介西方藝文，啓導文化、神學研究。」參見《浙江月刊》第12期、第34卷，2002年12月，頁13～18。

〔註20〕范銘如主編：《挑撥新趨勢──第二屆中國女性書寫國際學術研討會論文集》，臺北：臺灣學生書局，2003年2月初版，頁257～296。

〔註21〕提出一本收藏於復旦大學的《受茲室詩鈔》內容，並分析與單士釐贈與羅守巽的詩鈔以及陳鴻祥校點《受茲室詩稿》的異同之處，以利相關領域的研究者參酌。參見《圖書館雜誌》第2期，2006年，頁72～75。

〔註22〕對單士釐生平事蹟、生卒年、作品、相關人物考證甚詳。參見邱巍：《吳興錢家：近代學術文化家族的斷裂與傳承》，杭州：浙江大學出版社，2009年10月第1版，〈緒論〉頁14～17；第四章〈單士釐：閨秀傳統與近代知識女性〉頁112～149。

〔註23〕稱讚單士釐的出遊，是晚清中國女性當中絕無僅有的第一人。參見陳室如：《近代域外遊記研究（1840～1945）》，臺北：文津出版社，2008年1月一刷，第四章、第三節〈閨秀的先行──單士釐的女遊書寫〉，頁279～306。

〔註24〕分成九個主要章節：「第一章、緒論。第二章、單士釐其人其事（一、書香門第，啓蒙薰陶。二、夫唱婦隨，鶼鰈情深。三、才華洋溢，創作不輟。四、出使旅行，識見卓絕）。第三章、單士釐出洋旅遊的歷史意義（一、顛覆的旅行──挑戰傳統「男遊女怨」旅遊觀。二、嚴肅的旅遊──清末使西者對西方的凝視）。第四章、單士釐遊記的文本析論（一、寫作藝巧。二、篇章布局）。第五章、單士釐遊記的創作目的（一、跂望後學。二、揭發殖民主義的侵略。三、憂患意識的覺醒）。第六章、單士釐遊記的文化價值（一、基督教文化的介紹。二、基督教在華流傳的記錄。三、希臘羅馬神話故事的介紹。四、西

重於單士釐對女性旅遊文學的啓發，並兼論後代眾多女性旅遊作家。

第三節　主要研究文獻

本文以《癸卯旅行記》、《歸潛記》、《受茲室詩稿》爲主要研究範圍，企盼透過單士釐豐贍多采的文字，歸納出新舊時代雜揉的環境下，她所代表的特殊地位。

一、主要文本

1.《癸卯旅行記》

單士釐著。清光緒二十九年（1903）二月十七日～四月三十日（陽三月十五～五月二十六），陪同外交官夫婿錢恂由日本出發，旅經韓國、中國東北方、西伯利亞、迄於歐俄爲止的記錄，把近八十日的見聞，以日記形式表現。並且是第一位將俄國人道主義文學家托爾斯泰介紹到中國的女性作家。

本論引用鍾叔河據北京圖書館藏稿本，日本同文印刷社 1904 年印本校勘，收錄在他主編的《走向世界叢書——歐洲十一國遊記二種·新大陸遊記及其他·癸卯旅行記·歸潛記（康有爲·梁啓超·錢單士釐）》（湖南，岳麓書社，1985 年 9 月第 1 版第 1 次印刷），頁 683～754。內容包括：

（1）題　記

〔註 25〕夫婿錢恂所志，說明《癸卯旅行記》編排方式、字數多寡、旅程距離，以及自己重視中國女學，支持妻子單士釐將本書付梓〔註 26〕等，頁 683。

方藝文作家的引薦。五、西方建築藝術的解說）。第七章、單士釐遊記的時代意義（一、女子域外遊記的嚆矢。二、女性意識覺醒的先聲）。第八章、近現代女性的遊歷書寫（一、傳統到現代的過渡——走出閨閣的女子旅遊寫作。二、五六〇年代的悲情眼光與口吻。三、七八〇年代的自我成全與追尋。四、九〇年代以後爲出走而出走。五、二十一世紀女子遊記的寫作目標）。第九章、結論。」參見顏麗珠：《單士釐及其旅遊文學——兼論女性遊歷書寫》，國立中央大學中國文學研究所碩士論文，2003 年 6 月，指導教授：姚振黎博士。

〔註 25〕「右日記三卷，爲予妻單士釐所撰，以三萬數千言，計二萬數千里之行程，得中國婦女所未曾有。方今女學漸興，女智漸開，必有樂於讀此者。故稍爲損益句讀，以公於世」。

〔註 26〕「癸卯旅行記三卷，西式排印，一印即散。且洋裝不能久存，故印本已無有矣！」參見錢恂纂：《吳興錢氏家乘》卷三，收於《清代民國名人家譜選刊》第 34 冊，臺北：國家圖書館地方志家譜文獻中心編，2006 年，頁 102。

（2）自　序

〔註 27〕作者單士釐在俄國森堡所志，敘述多次隨夫旅行異邦的樂趣，完成《癸卯旅行記》的原因、書名由來、旅行過程，期許中國婦女積極主動地步出閨閣，頁 684。

（3）內　文

A. 卷上：發自日本東京，觀大坂博覽會，歸中國省親，再道經日本、朝鮮，至俄國海參崴，頁 685～706。內容大多與日本有關，尤其是日本明治維新的新氣象，值得效法，特別是教育方面。

B. 卷中：發自海參崴，暫駐哈爾濱，再循鐵道至國境滿洲里，頁 707～730。記錄範圍以中國東北爲主，其中對沙俄利用中東鐵路公司爲中心，侵略中國東北的蠻橫行爲多有著墨與批判。

C. 卷下：發自滿洲里，渡貝加爾湖，經西伯利長鐵道，越烏拉嶺，駐莫斯科，至森堡，頁 731～754。著重於俄國民情風貌、風俗習慣、歷史文化、宗教信仰等。

（4）鍾叔河：〈第一部女子出國記〉，頁 657～679。

褒揚《癸卯旅行記》是目前所知最早的中國女子出國旅行記，具有啓發後代女性旅遊文學書寫的參考價值，在中國婦女旅遊寫作史上，具有不可抹殺的劃時代意義。在此之前，雖有中國婦女前往異邦，但是沒有留下文字記錄。

2.《歸潛記》

單士釐纂修。本論引用版本依歸安錢氏家刻毛本（未竟），1985 年岳麓書局出版，鍾叔河主編《走向世界叢書——歐洲十一國遊記二種‧新大陸遊記及其他‧癸卯旅行記‧歸潛記（康有爲‧梁啓超‧錢單士釐）》（湖南，岳麓書社，1985 年 9 月第 1 版第 1 次印刷），頁 767～913。

內容大多是旅歐時隨筆手札，內容豐贍、考證詳盡，包括藝文、宗教、建築、神話傳說和推崇丈夫受頒佩章的成就等。

〔註 27〕「回憶歲在己亥，（光緒二十五年），外子駐日本，予率兩子繼往，是爲予出疆之始。嗣是庚子、辛丑、壬寅間，無歲不行，或一航，或再航，往復既頻，寄居又久，視東國如鄉井。今癸卯，外子將蹈西伯利長鐵道而爲歐俄之游，予喜相偕。十餘年來，予日有所記，未嘗間斷，顧瑣碎無足存者。惟此一段旅行日記，歷日八十，行路逾二萬，歷國凡四，頗可以廣聞見。錄付闕目，名曰《癸卯旅行記》。我同胞婦女，或亦覽此而起遠征之羨乎？跂予望之。浙江錢單士釐志於俄都森堡」。

全書於 1910 年完成，分十二篇：

（1）〈彼得寺〉，頁 767～808。

（2）〈新釋宮・景寺之屬〉，頁 809～819。

（3）〈章華庭四室〉，頁 820～839。

（4）〈景教流行中國碑跋〉，頁 840～854。

（5）〈景教流行中國表〉，頁 855～866。

（6）〈摩西教流行中國記〉，頁 867～875。

（7）〈羅馬之猶太區——格篤〉，頁 876～882。

（8）〈育斯〉，頁 883～893。

（9）〈馬哥博羅事〉，頁 894～900。

（10）〈義國佩章記〉，頁 901～906。

（11）〈奧蘭琦——拿埽族章〉，頁 907～910。

（12）〈寶星記〉，頁 911～913。

全書又約略分四種類型：

（1）基督教的歷史和傳入中國的情形：如〈彼得寺〉、〈新釋宮・景寺之屬〉、〈景教流行中國碑跋〉、〈景教流行中國表〉、〈摩西教流行中國記〉。

（2）古希臘羅馬神話及雕刻藝術的介紹：如〈章華庭四室〉、〈育斯〉。

（3）地域誌或人物傳記：如〈羅馬之猶太區——格篤〉、〈馬哥博羅事〉。

（4）丈夫錢恂獲頒佩章的榮耀：如〈義國佩章記〉、〈奧蘭琦——拿埽族章〉、〈寶星記〉。

所以《歸潛記》可視為比較東西方文化差異以及介紹古希臘羅馬神話的濫觴。〔註28〕如周作人所言：

> 又與金人劉祈同名《歸潛志》若干卷，木刻訂一厚本，記得其中記羅馬法王宮中情狀，許多古蹟與傳說講得很詳細，可以說是空前的

〔註28〕「《歸潛記》十二篇，《彼得寺》和《新釋官》兩篇詳細介紹了羅馬聖彼得大教堂的建築和羅馬有關史事，旁及羅馬之神話故事，極富文化史的價值。……《景教流行中國碑跋》、《景教流行中國表》、《摩西教流行中國記》、《馬可博羅事》等篇，為中西交通史和宗教研究論文。……《羅馬之猶太區——格篤》、《義國佩章記》、《奧蘭琦——拿埽族章》、《寶星記》等篇，記述西國禮俗典章，……《歸潛記》最有價值的是《章華庭四室》和《育斯》兩篇，為中國介紹希臘——羅馬神話之嚆矢。」參見鍾叔河：〈第一部女子出國記〉，頁 672～674。

著作。〔註29〕

但本書內容並非完全是單士釐個人的作品，其中亦包含丈夫及長子錢稻孫。如錢恂《吳興錢氏家乘》卷三：

> 《歸潛志》十卷，未完書，以甲乙丙丁爲次，所刊者不及十分之一，
> 餘皆叢稿未蕆事也。〔註30〕

又如邱巍論述：

> 第二篇〈新釋宮・景寺之屬〉，這一篇是前一篇〈彼得寺〉的附錄，
> 單士釐在題記中寫道：「此長子稻孫爲予遊覽之便所撰。」……第四
> 篇景〈教流行中國碑跋〉，文前單士釐寫道：「此積跬步主人殘稿，
> 棄置篋中。予以爲考證新確，實出嘉定，仁和上，故命稻孫補綴成
> 之，爲予記增色。」……第五篇〈景教流行中國表〉……文前單士
> 釐寫道：「景教流行中國，至庚子排外而愈盛。予既因積跬步主人之
> 具疏入告也，用所集資料摘編爲〈景教流行中國表〉，復取積跬步十
> 餘年前所記耶穌會舊稿附後，俾讀者知所謂耶穌會者之眞相。（表嗣
> 出）」……第六篇〈摩西教流行中國記〉，此篇係錢稻孫所著。篇首
> 單士釐寫道：「歸潛舟中，見日獨郵報，有論中國猶太者。稻孫匯東
> 文、德文，及向所聞於積跬步主人者，而作此記。」第十一、十二
> 篇，〈奧蘭琦──拿埽族章〉和〈寶星記〉在原刻本和湖南人民出版
> 社1981年版中，同前述〈新釋宮〉一樣，是作爲附錄出現的。從行
> 文語氣中，應是錢恂本人所寫。〔註31〕

3.《受茲室詩稿》

單士釐著、陳鴻祥校點。

從以下可知1985年鍾叔河編《走向世界叢書》時，《受茲室詩鈔》尚未刊行：

> 《受茲室詩鈔》，未刊，歷經浩劫，未知尚存天壤否。〔註32〕未刊者，

〔註29〕 參見周作人：《周作人自選精品集──飯後隨筆》上集，石家莊：河北人民出
　　　　 版社，1994年9月第1版，頁404。

〔註30〕 參見錢恂纂：《吳興錢氏家乘》卷三，收於《清代民國名人家譜選刊》第34
　　　　 冊，臺北：國家圖書館地方志家譜文獻中心編，2006年，頁101。

〔註31〕 參見邱巍：《吳興錢家：近代學術文化家族的斷裂與傳承》，杭州：浙江大學
　　　　 出版社，2009年10月第1版，頁121～122。

〔註32〕 參見錢仲聯：《清詩紀事》（卷二十二）《列女傳》，南京：江蘇古籍出版社，

有《受茲室詩鈔》〔註33〕、《發難遭逢記》、《懿範聞見錄》、《噍殺集》，唯《懿範聞見錄》〔註34〕之稿俱在，《受茲室詩鈔》已不全，他二種更因寄遞失佚不歸。〔註35〕

實則，單士釐曾經將手稿贈給羅守巽女士。依羅氏所言：

> 郵寄此親筆詩稿見遺，慨踐臨別諾言也，並附與叔母朱太夫人平日唱和詩簡，囑代收藏，謂：「孫曾雖眾，但無治國學者，後必散失。」〔註36〕

羅女士妥善保存文稿，即使經歷文化大革命的浩劫，仍能不被毀損，才順利付梓，且羅氏替這本詩集寫跋言。〔註37〕

本書於 1986 年 7 月由陳鴻祥校點，湖南省長沙市的湖南文藝出版社出版，定名《受茲室詩稿》，〔註38〕即本論引用版本。〔註39〕內容分上、中、下三卷，共一百八十三題，三百零二首，附詩三十題、七十二首：

(1) 卷上：五十題、八十六首（附詩二題、五首）。少女時期寫景、抒情及中年之前的創作。

1989 年 7 月第一版，頁 15985。

〔註33〕「2004 年年底，我在復旦大學圖書館古籍部見到了單士釐詩的另一抄本，名為《受茲室詩鈔》。……抄於『松屋制』的十二行藍絲格紙，未編頁次，分三卷，但未按時間排序，且中間裝訂有一錯頁，有兩詩前後重收。抄本墨痕深淡不一，抄寫時間跨度較長；字跡工整度不一：前大部分為工整楷體，最後幾頁則較潦草……字體也很不相同，……另一抄寫者即為單不庵。……部分詩題前用紅色圓圈或圓點作了標記，經統計共有 88 題，其中 67 題可以在後來陳本（陳鴻祥校點《受茲室詩稿》）找到。而且很多詩句都有塗改的痕跡，……共收單士釐詩 195 題 324 首（不計重出〈珍珠蘭〉）和錢恂詩 1 首，其中單詩 114 題 164 首未入陳本。」參見黃湘金：〈簡論單士釐詩集版本——附《受茲室詩稿》校記〉，收於《圖書館雜誌》第 2 期，2006 年，頁 72～73。

〔註34〕約 1933 年由浙江印刷公司刊行。參見邱巍：《吳興錢家：近代學術文化家族的斷裂與傳承》，杭州：浙江大學出版社，2009 年 10 月第 1 版，頁 142。

〔註35〕參見鍾叔河主編：《走向世界叢書——歐洲十一國遊記二種・新大陸遊記及其他・癸卯旅行記・歸潛記（康有為・梁啓超・錢單士釐）》，湖南：岳麓書社，1985 年 9 月第 1 版，頁 489。

〔註36〕參見羅守巽：《受茲室詩稿・跋》，頁 130。

〔註37〕參見《受茲室詩稿》，頁 130～131。

〔註38〕相關論述參見陳鴻祥：《受茲室詩稿・前言》，頁 1～2。詳細目錄請參見本論附錄一。

〔註39〕復旦大學另有一本單士釐手稿《受茲室詩鈔》與羅守巽收藏本有些差異，詳見黃湘金：〈簡論單士釐詩集版本——附《受茲室詩稿》校記〉，收於《圖書館雜誌》第 2 期，2006 年，頁 72～75。

（2）卷中：三十八題、九十五首（附詩二題、三十一首）。時間約癸卯年春～乙丑年（1925），中年至暮年的詩作。其中包括隨丈夫出使，旅行亞洲、歐洲的見聞，遊覽西湖、登八達嶺所興之感，感慨世風敗壞、人情磽薄等。

（3）卷下：九十五題、一百二十一首（附詩二十六題、三十六首），時間約壬申年（1932）冬──壬午年（1942）夏，此時單士釐已屆高齡，其中大多是與夏穗嫂、劉雪蕉女士、羅通甫嫂、甥張菊圃、長子稻孫等親朋間互贈酬唱，部份是歲暮傷感或思念離人之作。

二、次要文本

胡文楷編：《歷代婦女著作考》增訂本（上海：上海古籍出版社，1985年7月第1版）與單士釐相關的記述為主，以利交互參證：

1.《清閨秀藝文略》五卷：

單士釐編。胡文楷〔註40〕蒐錄1944年手鈔本，《浙江圖書館報》第一卷，1927年12月編印，1928年2月重印。

全書依《廣韻》編目，卷一上平，凡七十姓；卷二下平，凡八十姓；卷三上聲，凡四十三姓；卷四去聲，凡四十七姓；卷五入聲，凡三十七姓，後有自跋，〔註41〕說明編寫本書的原因、目的、目次排列及過程中遇到印刷廠倒閉等；另又有跋言，〔註42〕感念小叔錢玄同對本書的付出；以及自己風燭殘年，雖欲證書中之誤，卻頗無力為之；自許年齡若可壽長，必當修改。

她對保存清代才女作品的用心，頗受人褒揚，如胡文楷言：

蕭山單士釐之《清閨秀藝文略》，則於近代婦女之集，尤為詳備。

〔註40〕 參見胡文楷編著：《歷代婦女著作考》增訂本，上海：上海古籍出版社，1985年7月第1版，（附錄二），頁950～951。

〔註41〕 自跋：「此稿十年前嗣弟單丕曾取載於浙江圖書館館報，故未整理也。翌年弟亡，修整遂亦廢功。而近十年見聞所及，頗得多人，著錄之數，約增三分之一。又以前後生卒時代，不能一一確知，乃依廣韻編次人名，寫付排印。中途又遇印刷局罷閉之厄，爰自寫數部，留付子孫而已。亦以自遣餘年，謬奪更非所計矣！戊寅秋日，蕭山錢單士釐自識，時年八十有一。」

〔註42〕 「自庚午年以著作者之名，亦照《廣韻》編次序。彼時賴玄同小郎排比讎校，積久漸多，自鈔者十餘部，愈近愈增，而謬誤亦愈不少。小郎謝世，已逾五載，更無人指示。雖每部不同，其誤處故不自知，難為定稿。耄年勢不及待，遂以補遺補註勉強告成。倘延風燭之年，必當重鈔修改。甲申年士釐又識。」

〔註43〕

而且，胡文楷編《歷代婦女著作考》也參考單士釐編排《清閨秀藝文略》的
方式：

> 清末之人，民國初年尚存，單士釐《清閨秀藝文略》多列入清代，
> 今亦從之。〔註44〕

又如堂弟單不庵將單士釐所編《清閨秀藝文略》五卷交給胡適，並請他代寫
序言。胡適云：

> 起於明末殉難忠臣祁彪佳的夫人商景蘭，迄於現代生存的作者，其
> 間不過三百年，而入錄的女作家共有二千三百十人之多。……使我
> 們知道這三百年之中至少有二千三百多個女作家，近三千種的女子
> 作品了。凡事物若不經細密的統計，若僅用泛泛的籠統數字，決不
> 能叫人相信。錢夫人十年的功力便能使我們深信這三百年間有過二
> 千三百多個女作家，這是文化史上的一大發現，我們不能不感謝她
> 的。〔註45〕錢夫人的書，考證甚嚴謹，排比甚明晰。她自己說：「此
> 編於能詩者，母女、姑嫂、姊妹，家學所衍，風雅所萃，淵源所自，
> 每就知者互舉之。」（卷一，頁1）〔註46〕

字裡行間充滿讚賞，可看出胡適對單士釐耗時費日，整理明末至清末二千多
位才女創作的欽佩，並為後代女性書寫的研究者提供一份可貴的參考資料，
在中國文學史佔有一席重要位置。

　　2.《清閨秀正始再續集初編》之一：〔註47〕

　　單士釐編。歸安錢氏聚珍倣宋排印本。書前有例、作者小傳，卷首為自
序。〔註48〕說明中國傳統對於婦德的狹隘看法與苛求，導致女性作品不受重

〔註43〕 參見胡文楷編著：《歷代婦女著作考》增訂本，上海：上海古籍出版社，1985
　　　　年7月第1版，〈自序〉，頁5。

〔註44〕 參見胡文楷編著《歷代婦女著作考》增訂本，上海：上海古籍出版社，1985
　　　　年7月第1版，〈凡例〉，頁8。

〔註45〕 參見胡適：〈三百年中的女作家—《清閨秀藝文略》序〉，收於毆楊哲生編：《胡
　　　　適文集4——胡適文存三集》，北京：北京大學出版社，1998年，頁585。

〔註46〕 參見胡適：〈三百年中的女作家—《清閨秀藝文略》序〉，收於毆楊哲生編：《胡
　　　　適文集4——胡適文存三集》，北京：北京大學出版社，1998年，頁591。

〔註47〕 參見胡文楷編著《歷代婦女著作考》增訂本，上海：上海古籍出版社，1985
　　　　年7月第1版，（附錄二），頁926。

〔註48〕 自序：「中國婦德，向守內言不出之戒，又不欲以才炫世。能詩者不知凡幾，

視；才女創作被壓抑。單士釐一面發出沉重嗟嘆，一面接續編輯《清閨秀藝文略》的初衷，先列清代三十二家才女，並盡最大心力，將陸續蒐得的更多遺珠編印成集，減少中國才女在文壇上被忽略的遺憾。

3.《清閨秀正始再續集初編》之二：〔註49〕

單士釐編。歸安錢氏聚珍倣宋排印本。前有自序，繼《清閨秀正始再續集初編》卷一之後所作，共蒐集清代才女二十家，為《清閨秀正始再續集初編》卷二。

據胡文楷所言：「惲選所未見，特補所遺。」推知單士釐編《清閨秀正始再續集》的用意當為補充惲珠（完顏惲珠珍浦）編選《國朝閨秀正始集》二十卷、《附錄》一卷、《補遺》一卷；《國朝閨秀正始續集》十卷、《附錄》一卷、《補遺》一卷等未收錄的才女。

4.《清閨秀正始再續集初編》之三：〔註50〕

單士釐編。歸安錢氏聚珍倣宋排印本。在戊午十二月完成的自序中，〔註51〕說明又得三十四家清代才女，編為卷三，編排方式與卷一、卷二相同。並自許能夠在有生之年，陸續蒐得清代傑出才女之作，得以繼續這個使命。也因為她的堅持，使眾多傑出女性作品流傳後世。

5.《清閨秀正始再續集初編》之四：〔註52〕

單士釐編。歸安錢氏聚珍倣宋排印本。《清閨秀正始再續集初編》最終卷，前有自序，〔註53〕蒐得專集二百二十三家。卷上有二十四家，卷下有一百九十九家。

本論引用以上版本時僅列書名、頁碼，不再另示出版地點、時間及出版者。

而有專集者蓋尟，專集而刊以行世者，尤尟。茲就篋衍所有專集而正始未采者三十二家，先為再續初編第一。依後蒐采所得，續編續印。」

〔註49〕參見胡文楷編著《歷代婦女著作考》增訂本，上海：上海古籍出版社，1985年7月第1版，（附錄二），頁926。

〔註50〕參見胡文楷編著《歷代婦女著作考》增訂本，上海：上海古籍出版社，1985年7月第1版，（附錄二），頁926。

〔註51〕自序：「卷二印成之後，又續得有專集者三十四家，編為卷三。一如前例。自今以後，續有所得，編為卷四。戊午臘月日誌。」

〔註52〕參見胡文楷編著《歷代婦女著作考》增訂本，上海：上海古籍出版社，1985年7月第1版，（附錄二），頁926。

〔註53〕自序：「卷三既印之後，又續得專集二十四家，編為卷四上。確知有專集而未得見者，百九十九家，編為卷四下。」

第四節　研究方法與步驟

　　本文擬在現有的研究基礎之上，透過文獻資料層層剖析晚清知識婦女的意識型態、特質等面向，企望得以了解單士釐如何能夠率先將新時代的女性思維根植於禁錮已久的傳統中國女性身上？如何以自己的成就，破除女子無才便是德的封建價值觀念，達到拋磚引玉的效果？如何使用異於激進派婦女解放運動者的角度，改採溫和的方式，喚醒女性自覺、並提倡女權，肯定女性的能力與貢獻？

　　本文先試圖從整個清末的社會環境變遷著眼，了解單士釐有機會接受教育薰陶、浸淫書海，致使她有別於中國一般閨秀女子封閉的行為思想與舉止風格，改以比較開闊且積極的胸襟接受新文明、新知識等，並用樂觀的心態面對新舊時代的遞嬗；婚後和丈夫錢恂志趣相投的生活，奠下單士釐日後對當代以及後世女性作出傑出貢獻的客觀環境；好學不倦的精神與順暢的日語，又錦上添花地將單士釐推向更高一層的成就。

　　其次探究單士釐倡議廢止纏足，爭取中國婦女身心自由權，重視女子智慧與能力，主張兩性共同擔負社會責任。同時兼顧傳統婦德，發展出中國時代新女性的獨特形象。並透過長期旅行途中所見所感，以暢達的文詞表達理念，除了得以啓蒙後代中國女性的旅遊書寫外，並以他山之石作為圖強救亡的參酌。更進一步呼籲普及教育，提升國人知識水平，打下躋身一等強國之列的穩固根基。推行民族精神與民主主義、提升人權、重視民需，邁向進步的未來。

　　期望能從中了解單士釐希冀改善中國女性遭遇的窘迫處境，解放身心自由、提升社會地位與存在價值，獲得肯定與尊重的種種看法，可以呈現單士釐足以吻合身為一位近代女性啓蒙先行者的角色。

　　本文共分六個部分：

1. 第一章　緒論

　　分成研究動機及目的、前人研究概況、主要研究文獻及研究方法與步驟等四個部份說明之。

2. 第二章　時代氛圍與身世才識

　　主要針對晚清維新變法以後的社會，概分為政治、經濟、交通、文教、生活、觀念等六個面向，簡介清末的女性漸受重視、自主意識抬頭、接受教

育機會增加的主要原因。

　　約略說明單士釐的家學環境和舅父許壬伯的悉心教導。二十六歲歸錢恂，婚後仍保持婚前習文作詩的嗜好，甚至有機會以夫唱婦隨的模式遠遊海外，推動錢氏子弟出國留學之風，並得到家族鼎力支持。此外，單士釐卓著的才情學識、優越的日語能力、勤奮的創作觀，皆具有啓蒙清末女性自主意識的意義。

3. 第三章　新女性形象

　　單士釐深切體認唯有強壯母體才有健康子嗣，身心健全的女性，才算擁有充份的自主權，能被當成獨立自由的人一般尊重。所以她倡議廢止纏足，提升女性地位，重視女性智慧與才能，強調女子教育，打破女子無才便是德、內言不出的桎梏。另一方面則宣揚傳統婦德之美，在學習先進國家新知識之餘，主張兩相比較、截長補短。使得內外兼備，以成就更完美的中國女性優雅形象。

4. 第四章　前瞻世局

　　單士釐透過旅行異邦的方式，用細膩筆觸、多元風格、情景與時勢交織的手法，開拓中國女性視野，提升女性在行動與思想上的自主性。

　　其中《癸卯旅行記》記錄旅日、俄的活動，包括殖民帝國的殘暴；西方資本主義的特質。《歸潛記》展現歐洲文學、藝術、宗教、建築、神話的豐富。《受茲室詩稿》收錄一些旅行途中的詩作。

5. 第五章　反思家國

　　單士釐極為重視教育，提出教育乃治國根本的論點。此外，她以國民自任，觀察出局勢遽變，唯有提升民族意識，當政者採用開放、民主的態度，尊重基本人權，才能振興國格與強化人民的自信，達到圖強求存的目的。

　　並且以日本明治維新後的強盛為效法對象，引沙俄的殘虐為借鑑，見賢思齊、見不賢而內自省地促使中國人深自反省、革新，以邁向強國之林。

6. 第六章　結論

　　單士釐主張解放女性身心自由、提升女性社會地位、啓蒙女性自覺的看法，進而明白單士釐雖然沒有積極參與女權運動，但是她運用另一種比較平和的改革精神，有意識地企圖振興女權。

　　當女性主動地從閨房走向世界，中國女性的成就便不再受限於相夫教子的一方斗室，而是逐漸具備放眼世界的胸襟與理想！單士釐在極力掙脫文

化、制度的種種包袱之下，更堅持婦德之美，在啓蒙近代女性自主意識的地位確實不可小覷。

現代女性在理所當然享有男女平權、機會均等的同時，或許更應該對單士釐等啓蒙中國女性意識的先驅們致最崇高的敬意。

第二章　時代氛圍與身世才識 [註1]

　　單士釐（1858 年 7 月 9 日～1945 年 3 月 27 日），字受茲，[註2] 浙江蕭山人。……出使和蘭及義大利大臣歸安錢恂室。[註3] 生於清季咸豐八年，戊午五月廿九日（1858 年 7 月 9 日），病故於乙酉二月十四日（中華民國三十四年，即 1945 年），享壽八十八歲。[註4]

　　研究單士釐首先必須了解她所處的時代背景；明白清中葉以後面對列強環伺的壓力，改革人士所提出的圖強救亡論點；以及受到西方啟蒙運動、女性解放運動影響，中國女性意識的變化；再者是家族教育、開放觀念、幸運的人生際遇；加上天資聰穎、勤學的求知態度與優越的日語能力對日後旅行及寫作上的助益。

　　單士釐因丈夫錢恂 [註5]（字念劬，自號積跬步主人 [註6]）外交官身

〔註1〕　參見錢秉雄、錢三強：《回憶伯母單士釐‧代序》，頁 1～5；陳鴻祥：《受茲室詩稿‧前言》，頁 1～12。

〔註2〕　「自言其書齋為『受茲』，取意《易經‧晉》：『受茲介福』。晚年集其詩為《受茲室詩稿》。」參見陳鴻祥：《受茲室詩稿‧前言》，頁 2。

〔註3〕　參見錢仲聯：《清詩紀事》（二十二）《列女卷》，南京：江蘇古籍出版社，1989 年 7 月第一版，頁 15984。

〔註4〕　與本論相關的單氏、錢氏家族成員簡要世系圖，參見本論附錄二、附錄三。

〔註5〕　錢恂（1853～1927），字念劬，振常子。清末著名外交官。1890 年隨薛福成出使英、法、意、比等國，後為清朝駐法國、意大利、日本史館參贊大臣，1914 年任參政院參政。著有《韻目表》、《史目表》、《唐韻考》、《帕米爾圖說》、《中俄界約斠注》、《二二五五疏》、《金蓋樵話》，譯有《日本政要十二種》、編有《天一閣見存書目》、《清駢體文錄》等。參見錢恂纂：《吳興錢氏家乘》共三卷，民國十年（1921）鉛印本，一冊，收於《清代民國名人家譜選刊》第 34 冊，臺北：國家圖書館地方志家譜文獻中心編，2006 年，頁 1。

份，得以深一層接觸清末維新改革與國外文明。

　　本章以整個清末社會的主要變遷為主軸，擴及單士釐受到的環境薰陶，個人的卓著見解、文學暢達等優點，以說明單士釐成為近代女性啟蒙先聲者的背景。

第一節　時代氛圍

　　清朝作為中國帝制的終結時代，無論是在社會變遷或文學風貌，都呈現多樣化的發展趨勢。晚清時期，列強強行進入中國，上海等通商口岸或租借地的傳統觀念開始崩解，尤其對女性而言更是如此。如強調女性意識，造成追求經濟獨立、身心自主的女性有逐漸增多的趨勢，如薛海燕所言：

> 打破了「男主外，女主內」的家庭經營格局，擁有經濟自主權的女性開始追求自由、開放的生活方式，這對傳統的「夫唱婦隨」、「從一而終」的倫理觀念帶來了衝擊。〔註7〕

此外，東來的基督教教士，雖以傳教為主，但對於振興中國教育及男女平等觀念的貢獻也不小。他們不僅開啟一扇洞察西方文明世界的窗戶，也間接地啟迪了有識之士的改革理念。如以下論述明確指出清末時局變化的主因：

> 由於歷史上所接觸的其他民族，無論在社會、經濟、文化、國防等各方面，大多難和中國相提並論，因此塑造出傳統中國以自我為中心，並要求統一的心態。另一方面，近代中國在地理知識上十分貧乏，以至於在國際關係上屢受重挫。鑑於國家處於危急存亡之際，部分人士才感受到傳統觀念所面臨的挑戰，勢必要作一番重大的改變。〔註8〕

〔註6〕　單士釐在作品中有時會稱呼丈夫為積跬步主人，如「宣統元年十月十六日奏（積跬步在義使時）」參見《歸潛記》第十章〈義國佩章記〉，頁905；「積跬步主人由駐和量移駐義，既六旬」參見《歸潛記》第十一章〈奧蘭琦——拿埠族章〉，頁907；「光緒三十四年十二月二十八日，積跬步主人在駐義任內，得佩帶寶星之電信」參見《歸潛記》第十二章〈寶星記〉，頁911；〈江島金龜樓餞歲步積頤步齋主人原韻〉一詩，參見《受茲室詩稿》卷上，頁27。

〔註7〕　參見薛海燕：《近代女性文學研究》，北京：中國社會科學出版社，2004年9月第一版，頁12。

〔註8〕　參見孫同勛總校訂；邵台新、戴晉新、稽若昕、宋德熹、黃湘陽編著：《中國文化史》，臺北：大中國圖書公司，1996年5月一版一刷，頁165。

長久的封建帝制，使當政者處於唯我獨尊的自大心態，故清末接二連三的戰役，爲中國所帶來的震驚，自是不在話下。因此，眾多知識份子開始積極尋求改革之道，本論單士釐的丈夫錢恂是戊戌變法的重要份子，他的革新思維自然對單士釐產生不容忽視的影響力。如辛丑年聯軍入侵中國，錢恂唉嘆云：

> 歲辛丑，……專制立憲難爲偶，白熊黑鷹雄雌守。共和政體古昔有。……（七月二十日，聯軍逼京城東。……）舉國懵懵維利誘，……眾醉獨醒相卯酉，……且結愛國同文友。〔註9〕

單士釐〈江島金龜樓餞歲步積跬步齋主人原韻〉：

> 滔滔與易思誰某，嘆息生靈厄陽九。……速掃陰霾滌塵垢，海國維新春未久。……貂尾莫令嗤續狗，早求妙藥不龜手。〔註10〕

夫妻皆有感於瘡痍滿目、朝政腐敗的中國，表露同聲一氣的革新理念。

　　本節約略從政治、社會；交通、教育；生活、觀念等層面概論清末大環境變化，用意著重在單士釐的女性啓蒙思想所受到的環境因素及其回應。

一、政治、社會

　　奕訢、曾國藩、左宗棠、李鴻章、張之洞等曾興辦洋務，目地是援引西洋之長，以濟清朝之危。但是甲午戰爭後，中國徹底洋化的結果仍是失敗。加上境內太平天國之亂，對當權者亦造成震撼，同時開啓許多新觀念，如容閎指出：

> 太平天國的「唯一良好的後果，就是上帝借助它做爲一種動力，打破一個偉大民族的死氣沉沉的氣氛，使他們覺醒，意識到需要一個新國家。一八九四、一八九五、一八九八、一九〇〇、一九〇一和一九〇四至一九〇五年發生的一系列事件，正充分證明了這一點。

〔註11〕

此外，西元 1840 年，英國轟開原本緊閉的國門，帶來災難和屈辱之外，也萌發一線生機。使中國人窺見大千世界的新奇景象，造成另一波更巨大的改革浪潮。如下所述：

〔註9〕　參見《受茲室詩稿》（卷上），頁 29～30。
〔註10〕　參見《受茲室詩稿》（卷上），頁 27～28。
〔註11〕　參見馮天瑜、何曉明、周積明：《中華文化史》（下），臺北：桂冠圖書股份有限公司，1993 年 5 月初版一刷，頁 1306。

「開眼看世界」成爲中華民族從沉睡中覺醒的標誌。林則徐（1785
～1850）、徐繼畬（1795～1873）、魏源（1794～1857）等人，擔當
了時代的前驅。……十九世紀 60 年代，「洋務」事業在鎮壓「内亂」
與抵禦「外患」的雙重目標下發生。60 至 70 年代，它以「求強」、
興辦近代軍事工業爲中心。70 至 80 年代，又以「求富」、興辦近
代民用工業爲重點。〔註 12〕

而緊接入侵的美、法、日、俄、德、奧、義等列強蜂擁而至，簽訂南京、馬
關、辛丑等不平等條約，白銀外流、國力漸衰，廣闊内陸對西方資本主義門
戶大開，中國被瓜分豆剖，改革運動順勢而起。單士釐長期耳濡目染於錢恂
的觀點，親身經歷動盪不安的時代，〔註 13〕自有一番不同於傳統女子的思
維。如〈和夏穗嫂自嘲原韻〉深切傳達憐恤中國民不聊生的景況：

人生飽暖萬事足，舉世哀鴻眾非獨。〔註 14〕

若根據謀國圖強的激烈程度，清代改革主要又分成維新派與革命派。其實，
維新或革命一詞，在中國典籍已經存在。

如《毛詩正義・大雅・文王》對「維新」的定義：

周雖舊邦，其命維新。〔註 15〕

意指「周」雖然存在的時間頗爲長久，但經過周文王痛定思痛的改舊政、行
新法後，又重新呈現一片新氣象。這種改革方式比較溫和，如戊戌變法就是
如此。

又如《周易正義・革》對「革命」的解釋：

天地革而四時成，湯武革命順乎天而應乎人。〔註 16〕

言明天意造成四時節令遞嬗，商湯和周武王能夠順利推翻舊政，完全是順天

〔註 12〕 參見馮天瑜：《中國文化史綱》，北京：北京語言學院出版社，1994 年 8 月第
1 版，頁 161～162。

〔註 13〕 「單士釐的一生，經歷了太平天國革命至抗日戰爭勝利前夕，從上世紀下半
葉初至本世紀上半葉末，時間將近一個世紀。……遍地烽火中。」參見陳鴻
祥：《受茲室詩稿・前言》，頁 11。

〔註 14〕 參見《受茲室詩稿》（卷中），頁 85。

〔註 15〕 參見《毛詩正義・大雅・文王》收於（清）阮元校刻：《十三經注疏（附校勘
記）》中華書局影本，全二冊，北京：中華書局，1980 年 9 月第 1 版；1991
年 6 月北京第 5 次印刷，（上冊），頁 503。

〔註 16〕 參見《周易正義・革》收於（清）阮元校刻：《十三經注疏（附校勘記）》中
華書局影本，全二冊，北京：中華書局，1980 年 9 月第 1 版；1991 年 6 月北
京第 5 次印刷，（上冊），頁 60。

應人且水到渠成，此舉便是採取激烈方式改變現況。

　　至於主張溫和改革之人，以康有為、梁啟超等維新派為代表；主張激烈改革者則以孫中山、黃興等革命派為代表。單士釐夫婦的理念本屬前者，這和錢恂早期受朝廷重用，出使海外，懷抱改革熱情有關，〔註17〕也是單士釐偏向溫和漸進地改變風俗的主因。如諄諄告誡親朋纏足之弊，企盼改變固著風氣：

　　　　李君蘭舟家招飲，其太夫人率兩女、一外孫女接待。席間談衛生事。
　　　　因諄戒纏足，群以為然。〔註18〕

正當戊戌變法積極開展，眾多知識份子相繼提出新觀點，誓言衝破封建羅網，統治階級猶抱殘守缺的認同專制政權。〔註19〕雖然自鴉片戰爭後一連串風雷激盪的改革，〔註20〕卻驗證變法無法挽救清朝衰敗的速度。

　　再加上錢恂仕宦不順，〔註21〕對當權者徹底灰心，單士釐夫妻的想法也開始產生變化。如〈再和夫子述懷仍用前韻〉欲效孔明、陶潛遁隱明志之心：

　　　　會當偕隱事耕桑，共覓壺中卻俗方。宦海遨遊盤鶴翅，世途嶮巇歷
　　　　羊腸。……蝸角任他蠻觸鬥，一廬風雨蔽南陽。〔註22〕

錢恂甚至逐漸傾向以革命的方式推翻滿清。如陳鴻祥云：

　　　　錢恂回國以後，被滿清政府任命為『湖北留學生監督』，但很快『歸

〔註17〕　如錢恂於光緒三十四年三月十五日上奏〈和會約未可輕押疏〉，提醒清廷以審慎的態度與列強訂約，以免造成中國更大的損失：「溯自中外訂約以來，以未能先事審慎而為他國所愚者，屢矣！此為萬國聯盟之約，各國於一字一句之間，周不推求至細，我中國又安可輕易許諾。」參見錢恂：《二二五五疏》，收於沈雲龍主編：《近代中國史料叢刊續編》第五十四輯，臺北：文海出版社，1973 年 12 月影印本，頁 24～25。

〔註18〕　參見《癸卯旅行記》（卷上）三月十三日（陽四月十日），頁 699。

〔註19〕　如「二千年來君臣一倫，尤為黑暗否塞，無復人理，沿及今茲，方愈劇矣。」參見羌廣輝著：《理學與中國文化》收於周谷城主編：《中國文化史叢書》，上海：上海人民出版社，1994 年 6 月第 1 版；1995 年 11 月第 2 次印刷，頁 436。

〔註20〕　「鴉片戰爭、第二次鴉片戰爭、中法戰爭、中日甲午戰爭、八國聯軍戰爭；掀起了三次革命高朝──太平天國起義、義和團運動、辛亥革命；又穿插了兩次「新政」──一次是洋務派的「自強新政」，一次是資產階級改良派為「反抗外敵，改革現狀」而進行的戊戌維新。」參見李華興：《中國近代思想史》，浙江：浙江人民出版社，1988 年 9 月第 1 版，頁 3。

〔註21〕　「人事天時皆是悶損，決意言歸。」參見〈駐俄公使胡惟德函稿〉，收於《近代史資料》，中國社會科學出版社 1998 年版，頁 54。

〔註22〕　參見《受茲室詩稿》（卷中），頁 41。

潛』了。……《和夫子庚戌元旦用前韻》後的《附原作》……道：
種弱千秋恨，民窮百計空；此心徒愛國，默默祝年豐。由原先的幻
想『上王』『保民』，到爲民祈『祝豐年』，這對於剖析他終於擺脫
『王者』的冠冕而身入『總統府顧問』（1913 年），……國弱民窮
則是事實。從這個意義上，錢恂所發『此心徒愛國』的嗟嘆，在他
那一輩，乃至後起的具有愛國心和正義感的人士中，是具有典型性
的。〔註23〕

又如錢秉雄、錢三強寫道：

伯父錢恂很早就在清季外交界工作，先後在我國駐倫敦、巴黎、柏
林、彼得堡等使館任職，最後任荷蘭和意大利兩國公使各一年。一
九○九年歸國寄居在湖州陸家花園，……認爲皇帝是要不得的，應
該推翻；共和政體是天經地義，興復後必須採用它。〔註24〕

在此新舊交替的時代中，社會衝突不斷、經濟停滯、官府無能、軍隊羸弱、
國庫空虛、貧富懸殊、民變四起。〔註25〕中國淪爲列強俎上肉，受他人訕笑。
單士釐目睹一切，發出沉痛地疾聲呼喊，如〈乙巳〔註26〕秋留別陸子興夫人〉
四首之一：

俊眼識英才，于歸我國來。神明仰華冑，未許謗衰頹。（聞歐人譏
訕中國，必極力爭辯。）〔註27〕

又如〈乙巳秋留別陸子興夫人〉四首之二，勉勵陸子興對改善清末中國現況
能有貢獻：

森堡訂知交，情深似漆膠。願君來滬瀆，啓發我同胞。〔註28〕

可惜，單士釐諸多的呼籲未能具體有效地挽回中國頹勢，聚沙成塔般累積的

〔註23〕 參見陳鴻祥：《受茲室詩稿・前言》，頁9～10。
〔註24〕 參見《受茲室詩稿・回憶伯母單士釐（代序）》，頁3。
〔註25〕 「十九世紀，英國企圖一度通過印度的殖民地在中國繼續從事非法鴉片貿
易，這與清政府禁止片買賣的禁令牴觸，遂引發了 1840 年的第一次鴉片戰
爭……隨之，英國與西方列強，包括美國，在中國強行建立租界……此後，
太平天國等起義、俄國支持新疆穆斯林獨立、……賠款等。」參見吳大品著、
徐昌明譯：《中西文化互補與前瞻——從思維、哲學、歷史比較出發》，香港：
中華書局，2009 年 7 月再版，頁 277。
〔註26〕 陳鴻祥校注：原稿作「己巳」（1929 年），誤。應爲「乙巳」（1905 年）。參見
《受茲室詩稿》（卷中），頁 43。
〔註27〕 參見《受茲室詩稿》（卷中），頁 43。
〔註28〕 參見《受茲室詩稿》（卷中），頁 43。

損害，耗盡清朝國力並加速亡國。

二、交通、教育

　　近代中西交通大事，主要有元世祖時，馬可波羅（Marco Polo, 1254～1324）東來；明代鄭和下西洋；明末基督教士陸續來中國傳教等。如單士釐提到丈夫錢恂曾經告知馬哥博羅（馬可波羅、馬可孛羅）東遊，便嚮往一遊其故鄉「歐洲」：

> 積跬步主人於二十年前，初次從西歐歸來，爲予道元世祖時維尼斯人馬哥博羅仕中國事，即艷羨馬哥之爲人。越十有九年，予親履維尼斯之鄉，訪馬哥之故居，瞻馬哥之石像，既記游事，并記馬哥父子叔姪來華之踪跡及行事大略。〔註29〕

可惜，中西交通並未因馬可波羅東來而熱絡，明太祖朱元璋鑑於元末海盜猖獗，實行鎖國制度，嚴禁人民出海。並規定封貢貿易制度（受封爲朝貢之國才能進入中國貿易），加上中國一向重視大陸發展遠多於海洋。明末，北方強敵環伺，更無心顧及東南沿海一帶。如柏楊直言君主的封閉尊大所造成的落後局面：

> 十三世紀馬可孛羅眼中，中國簡直遍地黃金。可是十四世紀明政府採取愚民政策，大黑暗時代開始，對所有的外來文化深閉固拒，中國遂跟西洋隔絕，遠落在西洋之後。〔註30〕

反之，歐洲持續探索新航線及開發新大陸，於是越來越多國家遣船東來，包括商船和天主教、科學知識都隨耶穌會教士傳入中國。因這批教士主要目的是傳遞基督教教義，西學也偏重科學技術層面，對傳統思想並沒有產生太大的衝擊。

　　直到清代自強運動、戊戌變法，西學對中國逐漸產生深遠且廣泛的影響，甚至有改革人士主張積極向西方文明取經。〔註31〕尤其二次鴉片戰爭

〔註29〕 參見《歸潛記》第九章〈馬哥博羅事〉，頁894。

〔註30〕 參見柏楊：《中國人史綱》下冊，臺北：星光出版社，1996年8月修訂版第1刷，頁927。

〔註31〕 「溯自泰西通商以來，我中國人士見其國家富強，器械精利，天文、地輿、格致、製造、算學、礦學、化學等，靡不效法。而各製造局肄業生，或淺嘗而輒止，或泛騖而不專，或得其皮毛而未悉實濟，卒無有成一藝可與西人相頡頏者。」參見鄭觀應：《盛世危言・西學》收於夏東元編：《鄭觀應集》全

後，歐美依據不平等條約，增派傳教士來中國辦學。〔註32〕

　　中國社會則因西學傳入，觀念逐漸開放，由抗拒轉為追求新奇事物，甚至有改革派更企望掙脫亡國滅種的危機，成為世界一等強國。如單士釐強調新式教育的論點便與改革派不謀而合：

> 國所由立在人，人所由立在教育。……教育之意，乃是為本國培育國民，……況無國民，安得有人材？無國民，且不成一社會！〔註33〕

可惜，事與願違！畢竟兩千年來，統治階級為達到政治目的而進行的封建教育，製造出一批又一批的文人儒士，即使不乏治國安邦、經世濟民的棟樑出現，卻有更多食古不化的蠹書蟲與冬烘先生。

　　直到晚清，雖面臨亡國滅種之危，亦可視之為中國啟蒙時代，現代化的關鍵期。因為傳統士大夫洋洋自得的舊習，一夕之間變成眾所唾棄的毒瘤；倫常價值、傳統道德觀直接受到抨擊；加上新式教育日漸普及、西方科學、思想不斷傳入，社會大環境、階級觀念更有明顯變化。在改革派建議對症下藥的請求下，滿清政府針對八股取士的科舉制度及舊書院、學堂與私塾進行改善。且改良課程、教學形式，漸漸接近新式學堂。〔註34〕此後，中國各地陸續出現新式學堂，開設的課程也趨向專業與多元，並視社會需要而調整。如 1874 年，徐壽（1818～1884）與英國傳教士傅蘭雅（1839～1928）在上海開設格致書院。〔註35〕1901 年，滿清正式下令廢除八股，改以策論取士，

二冊，上海：上海人民出版社，1982 年 9 月第 1 版，（上冊），頁 286。

〔註32〕「一八九○年『在華基督教傳教士大會』改組了『學校教科書委員會』，擴大工作範圍，成立『中華教育會』。教會學校有了較大發展。一八七六年，教會學校總數為三百五十所，學生總數五千九百七十五人。一八八九年，學生增加至一萬六千八百三十六人。到一八九八年，單單美國傳教士開辦的初等學校就有一千零三十二所，中等以上學校七十四所，學生人數超過兩萬。」參見馮天瑜、何曉明、周積明：《中華文化史》（下），臺北：桂冠圖書股份有限公司，1993 年 5 月初版一刷，頁 1307～1308。

〔註33〕參見《癸卯旅行記》（卷上）二月十八日（陽三月十六），頁 686～687。

〔註34〕「一八八七年，御史陳琇奏准將算數列為科舉科目。次年，戊子科鄉試報考算數者有三十二人，取中舉人一名。這是我國最早一次將西學與中學同考。一八九八年，貴州學政嚴修奏請開設經濟專科，中試者名經濟舉人，亦獲批准。」參見馮天瑜、何曉明、周積明：《中華文化史》（下），臺北：桂冠圖書股份有限公司，1993 年 5 月初版一刷，頁 1311。

〔註35〕「聘西人教習化學、礦學等課。一八七八年，張煥倫在上海創辦正蒙書院，開設國文、輿地、經史、時務、格致、數學、歌詩等科。」參見馮天瑜、何

並廢除武試。1903 年，張之洞等訂定的〈奏定學堂章程〉（又稱「癸卯學制」）
獲准頒布，共分三階段七等級的新學制就此展開，教育制度邁向嶄新前程。
〔註36〕

　　更令人注意的是女子教育的創辦。如梁啟超從強國保種的愛國角度切
入，強調國強必來自民富，而民富又在使人人足以自養。所以，女子教育成
爲達到民富國強的工具之一。如《女界鐘》言明施行教育有助於提升婦女地
位。又如北京女報主人會稽杜氏張筠薌〈創設北京女報緣起〉一文提到：

> 中國女學不昌數千年矣！女子無才便是德一語，實誤盡蒼生，幽囚
> 我二萬萬婦女於黑暗世界。痛哉！地球文明，各國競言女權。而女
> 權發達之始，基由於女學。〔註37〕

因此，女子教育漸受注意，政府頒布女子新學制。〔註38〕單士釐也強調女子
教育的重要，如：

> 論教育根本，女尤倍重於男。中國近今亦論教育矣，但多數人材一
> 邊著想，而尚未注重國民，故談女子教育者尤少。〔註39〕

但留學教育一開始仍限於男性，女子出洋留學必須在更晚期以後。如：

> 19 世紀 40 年代至 60 年代之初，……保守落後的清王朝不得不採
> 取一些改革措施，企圖通過引進外國科學技術，發展「洋務」，以
> 求富強。其中有關教育方面，最重要的便是舉辦一批西式學堂並開
> 始選派青少年學生出國留學。然而那一切萌芽中的新式教育，一概
> 都是男子的專利。〔註40〕

晓明、周積明：《中華文化史》（下），臺北：桂冠圖書股份有限公司，1993
年 5 月初版一刷，頁 1311。

〔註36〕「第一段爲初等教育，分蒙養院四年、初等小學堂五年（七歲入學）、高等小學
堂四年，共三級十三年。第二段爲中等教育，設中學堂一級，五年。第三段爲
高等教育，分高等學堂或大學預備科三年，分科大學堂三年到四年，通儒院五
年，共三級十一到十二年。與以上系統並行的，還有師範教育、實業教育兩系。
師範教育分初級、優級師範學堂兩等，共修業八年，實業教育分初等、中等、
高等實業學堂三等，共修業十五年。」參見馮天瑜、何曉明、周積明：《中華文
化史》（下），臺北：桂冠圖書股份有限公司，1993 年 5 月初版一刷，頁 1312。

〔註37〕參見光緒三十一年五月二十六日《順天時報》。

〔註38〕參見劉王立明：《中國婦女運動》，臺北：商務印書館，1934 年 6 月初版，頁
75～77。

〔註39〕參見《癸卯旅行記》（卷上）二月十八日（陽三月十六），頁 687。

〔註40〕參見韋鈺主編：《中國婦女教育》，杭州，浙江教育出版社，1995 年 7 月第 1

三、生活、觀念

中國以農立國，全國大約近八成必須仰賴農業相關行業生活。所以，農作物收成、技術發展、政治與社會穩定度，以及資源分配不均、耕地不足、稅賦過重、人禍天災頻仍等，都左右著農民的命運。

清末，在一片模仿西法，振興工商實業的呼籲中，政府也不甚重視農業，再者農民知識水平偏低，不熱衷改善或缺乏革新的勇氣，構成農業改良進展不順，成效不顯著。

相對而言，都市發展因政府關切、水陸交通便利、工業興起及貿易擴展等諸多有利因素推動，經濟突飛猛進，人口便開始往都會地區聚集。尤其是沿海地區幾個重要大城市廣設通商口岸，對城鄉改變與經濟結構影響尤劇，外國商品引入中國市場，使中國經濟、交通等發展快速：

> 鴉片戰爭以後，通商口岸制度在中國沿海、沿江建立起來，直到清末，通商口岸超過一百個。不平等條約、租界、治外法權、協定關稅、外資的引入等，都在此進行，影響近代中國社會經濟與政治文化至深且劇。〔註41〕

此外，改革運動也產生移風易俗作用：

> 作為近代改變陋習突出事項的「戒纏足」，……戊戌變法前後，還成立了戒鴉片會、蒙學公會、醫學善會等 50 個學會。……《剪辮易服說》、《家庭革命說》、《婚姻改良說》、《奴婢廢止說》、之類的文章俯拾皆是。〔註42〕

雖然戊戌變法遭到阻撓而失敗，但它仍對社會起了覺醒作用！

單士釐無論婚前或婚後，都定居於長江下游一帶的大城，首先接觸這種新氣象，加上長輩們以開放態度啟蒙，使她對西方新知有頗高的接受度，如日常生活的記日兼用格勒陽曆：

> 世界文明國，無不用格勒陽曆（回教各國自用回曆，安南國別有曆），……於家中會計用陽曆，便得無窮便利。〔註43〕

版，頁 11。

〔註41〕 參見孫同勛總校訂；邵台新、戴晉新、稽若昕、宋德熹、黃湘陽編著：《中國文化史》，臺北：大中國圖書公司，1996 年 5 月一版一刷，頁 177。

〔註42〕 參見馮天瑜：《中國文化史綱》，北京：北京語言學院出版社，1994 年 8 月第 1 版，頁 174～175。

〔註43〕 參見《癸卯旅行記》（卷中），頁 710。

又如光緒二十九年二月廿二日（陽三月二十），冒著滂沱大雨前往大坂博覽會參觀：

> 大雨竟日，予等冒雨遊博覽會。是日遊人少，予等得從容細觀。〔註44〕

晚清時期，男尊女卑價值觀亦開始鬆動，受到西方婦女運動以及女性主義影響，中國女權逐步提升。如：

> 甲午戰爭以降，「興女學」「新女界」之類詞彙屢屢在新派文人筆下突顯，一時間「女子地位」不僅成為中外文化傳統差異的標幟，而且成為中國的過去與中國的未來的分野，性別觀念因此幾致成為文明進化的象徵。〔註45〕

諸多改革人士都倡議前往日本學習，除了地利之便，明治維新後的強盛應是主因：

> 在東方世界，日本可以說是率先謀求傳統的近現代化而大量引進西方文化學術，推行全國人民啟蒙教育的第一個國家。明治維新時期的「文明開化」口號，算是近代日本啟蒙教育的開端。〔註46〕

如與單士釐同一時期的秋瑾，也曾留學日本，倡議平等，國民共擔負國家興亡之責。在 1904 年〈敬告中國二萬萬女同胞〉〔註47〕一文宣告女性必須打破被壓迫的現況，放棄依賴性與奴性，自立自強。中西方女權運動者開始挑戰男性為中心的社會結構，促使女性也可以參與公共領域，如工作、政治等。

　　單士釐隨夫出使海外，有許多相關作品流傳，就是中國女性走出閨房，提升自主地位，呼吸自由空氣的最佳例證。如錢仲聯〔註48〕稱讚：

> 其《歸潛志》及《癸卯旅行記》……無論從中國人接受近代思想之

〔註44〕 參見《癸卯旅行記》（卷上），頁 692。

〔註45〕 參見胡纓：〈歷史書寫與新女性形象的初立：從梁啟超〈記江西康女士〉一文談起〉，收於《近代中國婦女史研究》第 9 期，2001 年 8 月，頁 1～30，第 6～7 頁。

〔註46〕 參見文字作者 Susan Alice Watkins、漫畫作者 Marisa Rueda／Marta Rodrigues：譯者朱侃如：《女性主義》，臺北：立緒文化事業有限公司，1995 年 10 月 20 日初版一刷，傅偉勳〈序〉。

〔註47〕 參見秋瑾：〈敬告中國二萬萬女同胞〉，收於中國國民黨中央委員會（黨史委員會）編：《秋瑾先烈文集》，臺北：黨史委員會，1982 年 6 月 30 日，頁 133。

〔註48〕 名錢萼孫，字仲聯，以字行，號夢苕，又號苕隱，知止齋主、攀雲拜石師竹移主。江蘇常熟人。原籍浙江湖州。1908 年生。參見錢仲聯：《錢仲聯學術自傳》，成都：巴蜀書社，1993 年 11 月第一版，〈自傳〉頁 1。

深度或從介紹世界藝文學術之廣度看，此二書在同時代人同類作品中，超出儕輩遠甚，足以卓然自立，評論家以爲「確實是中國婦女的光榮與驕傲」，「本人不但讀書精博，而且善筆能文」。〔註49〕

其實，中國並不是每個朝代都嚴重歧視女性，〔註50〕唐代以前的女性自由度較高。〔註51〕女性地位低落起因於宋明理學興盛，促使男尊女卑觀念在明清達到鼎盛。理學以儒家爲主，糅合佛、道形成新儒學，三綱五常是理所當然的人倫網，變本加厲的貞操觀更逼迫中國婦女淪入煉獄：

> 中國的貞操觀至南宋，才眞正確立了系統的理論根據。……元代「獨尊」的「儒術」，不是孔子的原始儒學，而是朱熹的「新儒學」，亦即理學……明清兩代貞操觀已形成殘殺婦女的反人道的暴虐的宗教信條，達到了登峰造極的地步。〔註52〕

然而隨著歷史演進，有越來越多人表達出對女性的憐憫。這些先進思潮表達

〔註49〕 參見錢仲聯：《清詩紀事》（二十二）《列女傳》，南京：江蘇古籍出版社，1989年7月第一版，頁15984～15985。

〔註50〕 「史前的中國神話並不歧視女性。比如，西王母既富同情心，又法力高強：……儒學是在漢朝才成爲朝廷官學，但儘管如此，平心而論，女性在漢、唐、北宋，都能享受到相對較高的社會地位和較多的人生自由。……中國婦女地位約於十一世紀（即晚宋）和明清之際衰落。纏足開始、守節和殉節的婦女增加，重男輕女思想……。」參見吳大品著、徐昌明譯：《中西文化互補與前瞻——從思維、哲學、歷史比較出發》，香港：中華書局，2009年7月再版，頁117～120。

〔註51〕 「秦始皇……『爲築女懷清台』……公元前58年（神爵四年），漢宣帝下詔，『賜賞貞婦順女以帛』……。公元119年（元初六年）東漢安帝又旌表貞節，『詔賜貞婦有節義谷十斛，甄表門閭，旌顯厥行』。前漢劉向撰寫了一本《列女傳》，後漢班昭著《女誡》。……儘管秦漢統治者倡導貞操，但兩漢的社會習俗表明，兩漢婦女再醮，既有人願娶，也無人制止，……魏晉南北朝時期，在門閥士族階層内部，力求破除貞操觀的約束；對被壓迫階級和廣大婦女，卻片面強調守貞盡節。……隋唐時普遍出現了貞操觀念淡漠的情勢。婦女離婚易嫁之風，在唐代非常時興。武則天初爲才女時，曾得幸於唐太宗，繼而又被太宗之子唐高宗寵愛，嗣後，竟被立爲皇后。楊貴妃原爲唐玄宗之子壽王李瑁妃，後爲玄宗所寵愛，納爲貴妃。另外，唐代公主改嫁者，多達二十三人，其中三嫁者四人。可見唐代貞節觀念的鬆弛與寬泛。但對於貞操觀念仍還有人在提倡。唐代宋若莘、宋如華撰《女論語》七篇，陳邈妻鄭氏著《女孝經》十八篇，唐太宗皇后作《女則》三十卷。」參見劉士聖：《中國古代婦女史》，青島，青島出版社，1991年6月第一版，頁376～380。

〔註52〕 參見劉士聖：《中國古代婦女史》，青島，青島出版社，1991年6月第一版，頁376～380。

對抗封建禮教的論述，鞭撻男尊女卑的觀念，雖然引起衛道人士反擊，但他們的努力無疑替往後中國女性開啓通往自由平等之途。晚清知識份子努力促成兩性在各層面的平等，單士釐便是其中之一，如：

> 教育之意，……男女並重。〔註53〕

清末改善婦女地位、提升婦女能力乃基於強國必先強種的觀念。具體措施有纏足風氣的革除、女子教育的發展、女性就業與創業的普及化等。〔註54〕單士釐也有相近的觀點，如廢纏足：

> 諄戒纏足，群以爲然。〔註55〕

由上可見知識份子面對江河日下的國勢，莫不奮起圖強。他們批判政治、經濟、文化等黑暗面，並針對傳統家庭制度、婚姻形式等女性較關注的議題進行改變。

尤其婚姻對女性的重要性，從中國乃至世界史都是如此。它所牽涉的範圍很廣，如婚姻制度的基本模式如下：

> 婚姻作爲社會組織的基層單位、社會秩序的基本成份，是整個文化
> 整合的一部份，……它將很多權利和關係結合起來，不僅規範了性
> 關係，而且還界定了個人的社會地位及其在群體中的成員身分，建
> 立了家庭經濟單位，形成個人與其他家族、家族與家族的關係，規
> 定其禮法權利和地位。〔註56〕

而中國傳統婚姻又大多以男性需求爲主：

> 之子于歸，宜其室家。〔註57〕男有份，女有歸。〔註58〕婦人生以
> 父母爲家，嫁以夫爲家，故謂嫁曰：「歸」。〔註59〕

〔註53〕參見《癸卯旅行記》（卷上），頁687。

〔註54〕參見孫同勛總校訂：邵台新、戴晉新、稽若昕、宋德熹、黃湘陽編著：《中國文化史》，臺北：大中國圖書公司，1996年5月一版一刷，頁175～185。

〔註55〕參見《癸卯旅行記》（卷上）三月十三日（陽四月十日），頁699。

〔註56〕參見蘇冰、魏林：《中國婚姻史·導言》，北京：文津出版社，1994年4月初版，頁2。

〔註57〕參見《毛詩正義·周南·桃夭》收於（清）阮元校刻：《十三經注疏（附校勘記）》中華書局影本，全二冊，北京：中華書局，1980年9月第1版；1991年6月北京第5次印刷，（上冊），頁279。

〔註58〕參見《禮記正義·禮運·大同》收於（清）阮元校刻：《十三經注疏（附校勘記）》中華書局影本，全二冊，北京：中華書局，1980年9月第1版；1991年6月北京第5次印刷，（下冊），頁1414。

〔註59〕參見《公羊傳》隱公卷第二「婦人謂嫁曰歸」何休疏，收於（清）阮元校刻：

由此可知，傳統婚姻雖是男女結合，實則男性掌握主控權及決定權等，女方離開原生家庭，從父系體制（父家）到另外一個父系體制（夫家），以夫家為依歸的結果，致使男尊女卑的權力結構更形鞏固！

傳統女性就算覺悟到被壓迫，也鮮少有能力與勇氣與之奮鬥。婚姻經常是將中國女性推入火窟的劊子手。即使晚清有越來越多婦女接受較開放的觀念，但以家庭為重或無法自主謀生，夫妻之間主從之分依然明顯。女性缺乏具體保障，仍並隱形於社會各階層中，宛如菟絲草般依附男性苟活。傳統婚姻制度的荼毒之廣，令人不寒而慄。雖然眾多女子面對傳承已久的舊俗，採屈從的消極態度，想脫離桎梏的亦大有人在。〔註60〕

單士釐算是頗為幸運的女子，能夠從婚姻中獲得更多幫助。她不僅在婚後仍可繼續學習，更因夫家鼎力支持，在編纂女性文學以及旅遊書寫領域裏有出色的表現。

而女性文學產生顯著改變約在清中葉以後，隨才女文化、主情論文學迅速盛行，促使女性觀念產生極大轉變，加上清末朝政腐敗，社會秩序紊亂，異邦侵略更迭，有識之士變法圖強，民族及民主主義萌芽、女性意識覺醒，一場巨大的改革思潮就此掀開！

單士釐展現出對清末世局的理解與觀點，試圖定位新舊時代衝擊下，知識婦女該有的作為。

第二節　身　世

本節主要從家族背景與婚姻關係來探究單士釐的身世。

一、家族支持

家族團體在中國舊時代的教育裡擔任文化傳承的核心，家庭成為女性接受教育的主要場所，至於才女文化則局限於上流社會，或者富裕地區有機會

《十三經注疏（附校勘記）》中華書局影本，全二冊，北京：中華書局，1980年9月第1版；1991年6月北京第5次印刷，（下冊），頁2203。

〔註60〕「秋瑾（1875～1907）衝破封建家庭的羈絆，負笈東渡；蔡元培續絃，公開提出「男女兩方意見不合可以離婚」；吳玉章（1878～1966）頂住輿論壓力，不為女兒纏足，開當地風氣之先。」參見馮天瑜：《中國文化史綱》，北京：北京語言學院出版社，1994年8月第1版，頁175。

接受教育的婦女。如下所言：

> 江南才女文化的發展，是隨著這一地區因城市化和商品化而增殖的
> 財富，相輔相成的。婦女受教育、讀書、出版和旅行機會的不斷增
> 加，都是這一才女文化增長的必要條件。還有，一個相當大的文化
> 女性群體的存在，也給這一地區的城市文化留下一個持久的印記。
> 作爲讀者、作家、畫家、塾師、和旅行者，這些婦女延伸了好妻子
> 和好母親的傳統性別角色，甚至上升到爲婦女重新定位。〔註61〕

富庶的環境，除了提供子弟優厚的政經、社會條件，家族中飽讀詩書的父執
輩，若能悉心教導子弟，亦可奠下深厚的才學基礎。在家學傳承、延師請益、
砥礪學習的氛圍裡，閨秀女子也可獲得教育。〔註62〕

尤其是六朝之後的江南（特別是江蘇、浙江一帶），城市經濟漸趨繁榮，
教育文化發展水平高於其他地區。明清以降，更形成豐富的地域性文化，在
整個中國文化上占有一席優勢位置，才學傑出的女子多匯集於此，才女文化
蓬勃發展：

> 對《眾香詞》中的「書集」和「射集」進行抽樣統計，二集所輯女
> 詞人總人數爲 121 人，南方人爲 107 人，佔總數 88.43%。而清代
> 著名女詞人也大都出自南方諸省，如江蘇的徐燦、席佩蘭（1760
> ～1829），浙江的林以寧（1655～？）、吳藻（1799～1862）、孫雲
> 鳳（1764～1814）等。〔註63〕

如錢氏家族中另一位傑出才女翁端恩，亦是類似這樣的環境培養出來：

> 我祖父錢振倫，擅長駢文，……祖母翁端恩是翁心存的女兒、翁同
> 龢之姊，擅長詩詞，有《簪花閣集》，葉恭綽選其詞入《全清詞鈔》。
> 〔註64〕

因此，單士釐得到優越的學習環境，有機會接受教育，無疑是這種占盡優勢
的地域文化，助長單士釐才學與識見。

〔註61〕參見（美）高彥頤著、李志生譯：《閨塾師──明末清初江南的才女文化》，
　　　　江蘇：江蘇人民出版社，2005 年 1 月第 1 板；2006 年 6 月第 2 次印刷，〈緒
　　　　論〉，頁 21。
〔註62〕參見戴慶鈺：《明清蘇州名門才女群的崛起》，收於《蘇州大學學報》第 1 期，
　　　　1996 年一月，頁 130～132。
〔註63〕參見王力堅：《清代才媛文學之文化考察》，臺北：文津出版社，2006 年 6 月
　　　　出版一刷，頁 8～9。
〔註64〕參見錢仲聯：《夢苕盦論集》，北京：中華書局，1993 年 11 月第 1 版，頁 539。

　　尤其南方地域文化在「家族性」的兩大特徵，﹝註65﹞完全體現於單士釐身上。如父家單氏是地方望族：

> 單氏爲吾蕭望族，至棣華先生而益顯，先生以名孝廉掌嘉興，道德
> 文章爲世推重。﹝註66﹞

如夫家錢氏爲吳越王錢鏐後裔。﹝註67﹞雖分支後曾經家道中落，但從錢恂祖父錢廣泰中進士後又再度興盛。據錢恂《吳興錢氏家乘卷之一》所寫：

> 第六世示樸公﹝註68﹞曰：「錢氏受姓老彭，至吳越建國而始大。﹝註
> 69﹞大江以南，子孫繁衍，類皆爲後人。我家世業農，爲浙湖烏程
> 籍，理當爲旁支。顧譜牒散亡，莫能自詳世數也。就所知者，自高
> 高祖奉川公以下，世居城南之鮑山，鄉居墓域，多不遠廬。……吾
> 家自第五世由農而士，第六世兩公由士而官。」﹝註70﹞

又如胡適〈三百年中的女作家—《清閨秀藝文略》序〉依單士釐編修《清閨秀藝文略》中女作家籍貫，統計出江蘇和浙江一帶各佔全國近三分之一；江蘇、浙江、安徽三省，便佔全國三分之二以上；加上福建、湖南，就佔全國四分之三。從女作家的地域分配比例確知與文化發展有密切關聯。﹝註71﹞

﹝註65﹞　「特徵一：長輩的教育以及家庭環境的薰陶；特徵二：夫唱婦和的生活。」
　　　　參見王力堅：《清代才媛文學之文化考察》，臺北：文津出版社，2006年6月
　　　　出版一刷，頁10～12。

﹝註66﹞　參見單士釐：《懿範聞見錄》序二，浙江印刷公司，約1933年。轉引自邱巍：
　　　　《吳興錢家：近代學術文化家族的斷裂與傳承》，杭州：浙江大學出版社，2009
　　　　年10月第1版，頁116。

﹝註67﹞　另有一說。錢仲聯：「我的家庭，沒有什麼顯赫的家世可以炫耀。我家原籍浙
　　　　江湖州，字高祖以上都是農民。曾祖父孚威，字港汰，始讀書中秀才。我祖
　　　　父錢振倫才在文壇上嶄露頭角。他字楞仙，道光十八年戊戌（1838）二甲進
　　　　士。」參見錢仲聯：《錢仲聯學術自傳》，成都：巴蜀書社，1993年11月第一
　　　　版，〈自傳〉頁2。

﹝註68﹞　「吾家舊缺譜牒，示樸公即就所知溯始於奉川公。今遵斯意，以奉川公爲第
　　　　一世，而遞衍至今日之第九世。」參見錢恂纂：《吳興錢氏家乘》，收於《代
　　　　民國名人家譜選刊》第34冊，臺北：國家圖書館地方志家譜文獻中心編，2006
　　　　年，頁5。

﹝註69﹞　但據錢文選《錢氏家乘》中並無錢恂一族人的相關記錄。參見錢文選纂修：《錢
　　　　氏家乘》，收於《代民國名人家譜選刊》第32、33冊，臺北：國家圖書館地
　　　　方志家譜文獻中心編，2006年。

﹝註70﹞　參見錢恂纂：《吳興錢氏家乘》，收於《代民國名人家譜選刊》第34冊，臺北：
　　　　國家圖書館地方志家譜文獻中心編，2006年，頁7～8。

﹝註71﹞　參見胡適：〈三百年中的女作家——《清閨秀藝文略》序〉，收於歐陽哲生編：

　　單士釐的父親單恩溥（另有一說單思溥），〔註72〕字吉甫、號第花、又號棣華、行一，並以蘇軾（東坡居士）名號自稱爲「坡仙」，如單士釐這樣描述：

> ……有時酒酣得佳句，天驚石破龍蛇走；有時草聖學張顛，醉墨淋漓更濡首。賴有傳神顧虎頭，應留韻事千秋後。貌出坡仙海鶴姿，不將笠屐驚雞狗。……〔註73〕

此外，母族先人許汝霖，曾任禮部尚書官職，家學淵源。後來因爲太平天國的軍隊攻入浙江，舉家遷往硤石，因此家道開始中落。幸有雙親的教導，尤其是父親教她詩文，使她得以浸淫古典文學之海。如〈偕夫子遊箱根（初見電車）〉（四首）之三中回憶昔日庭教之樂，與今日人事全非之嘆，而「親不知」則一語雙關地指父親背離與所遊之山：

> 憶昔趨庭學詠詩，松濤流水沁吟思。只今重結烟霞夢，樂境翻悲親不知。（近處有山名「親不知」）〔註74〕

另外，舅父許壬伯〔註75〕也在父親忙於仕宦之際，擔起教育重責，尤其單士釐母親去世〔註76〕後，給予單氏許多支持、安慰。如：

> ……尚書清望高山斗。憶昔紅巾遍地來，東南半壁非吾有。此時只恐劫灰埋。……悠悠忍讀渭陽詩，嗟我廿年失慈母。披圖彷彿緗音容，不能見母幸見舅。（明太祖云：外甥見舅如見母。）垂髫問字慣追隨，提撕敢忘諄諄口。〔註77〕

《胡適文集4──胡適文存三集》，北京：北京大學出版社，1998年，頁585～586。

〔註72〕本論從單恩溥：「繼配氏單爲蕭山壬戌舉人嘉興縣學教諭恩溥公女。」參見錢恂纂：《吳興錢氏家乘》卷三，收於《清代民國名人家譜選刊》第34冊，臺北：國家圖書館地方志家譜文獻中心編，2006年，頁82：「舉人嘉興縣學教諭恩溥女。」參見錢仲聯：《清詩紀事》（二十二）《列女卷》，南京：江蘇古籍出版社，1989年7月第一版，頁15984。

〔註73〕參見《受茲室詩稿・舅氏命題捧硯圖》（卷上），頁20。

〔註74〕參見《受茲室詩稿》（卷上），頁24。

〔註75〕許壬伯號渭陽，著《景陸粹編》、《人譜》、《杭郡詩續輯》三輯已刊，尚有未刊者十餘種。參見《受茲室詩稿・江行感念舅氏許壬伯先生》（卷上），頁21。

〔註76〕單士釐21歲時，母親許安人去世，父親再娶費安人爲單氏繼母。費安人對單士釐亦視如己出。如「能使兒心漸淡忘，捕天有術賴慈祥。重闈康健家庭樂，依舊雙懸日月長」。參見《受茲室詩稿・繼母費安人哀輓詞（四首）》之二（卷中），頁63。

〔註77〕參見《受茲室詩稿・舅氏命題捧硯圖》（卷上），頁20～21。

又如〈江行感念舅氏許壬伯先生〉回憶舅父生前的慈愛：

> 更誰屈指念行舟，卅載深慈竟莫酬。放眼湖山還似昔，驚心歲月逝
> 如流。（舅氏捐館已逾百日）……〔註78〕

使單士釐在閨房中亦能寫詩為文、涉獵經史，飽受知識澆溉，而且頗有文人
雅士的高潔。如〈和張甥菊圃戊寅除夕詩原韻〉：

> 詩家多傑作，天試亂離時。佳句人傳誦，清操我獨知。……（二首
> 之一）垂暮思親串，……家世餘黃卷，（余家世代清貧而書籍不少）
> 高吟錄絳箋。慳囊慣羞澀，（曾孫輩糕果每以廉價者購畀）不容讀
> 書錢。（二首之二）〔註79〕

也許是這種迥異於傳統女性無才便是德的環境，讓日後的單士釐展現更多新
時代思維與突破傳統束縛的勇氣。

二、夫唱婦隨

　　單士釐二十六歲歸錢恂（另有一說是二十九歲），〔註80〕錢恂元配董氏
於光緒八年（1882）過世，單士釐乃錢恂繼室。〔註81〕生稻孫〔註82〕與穉孫
二子。

〔註78〕 參見《受茲室詩稿・江行感念舅氏許壬伯先生》（卷上），頁 21。

〔註79〕 參見《受茲室詩稿・和張甥菊圃戊寅除夕詩原韻（二首）》（卷下），頁 102。

〔註80〕 本論從陳鴻祥說法：「『結縭廿五載，今歲始營家。』《己酉除夕步夫子原韻》
　　　　 這是單士釐跟隨錢恂，自國外歸來，築室『歸潛』之初所寫下的詩句。其時
　　　　 為一九一〇年初，她已經五十歲出頭。由此可以揣見，她大致在二十六歲（1884
　　　　 年）那年與錢恂結婚的。」參見陳鴻祥：《受茲室詩稿・前言》，頁 3。

〔註81〕 參見錢恂纂：《吳興錢氏家乘・卷三》，收於《清代民國名人家譜選刊》第 34
　　　　 冊，臺北：國家圖書館地方志家譜文獻中心編，2006 年，81 頁。

〔註82〕 錢稻孫（1887～1966）錢恂子。學者、翻譯家。畢業於東京高等師範學校，
　　　　 後隨父任到歐洲攻讀醫學、德語，畢業於羅馬大學。精通日語、意大利語、
　　　　 德語、法語，歷任教育部主事、北京大學、清華大學教授，曾兼任國立北京
　　　　 圖書館館長。抗戰期間出任北京大學校長兼文學院院長。其學術上最為突出
　　　　 的成就在翻譯事業。譯有《萬葉集選》、《近松門左衛門、井原西鶴選集》、《東
　　　　 亞樂考》及日本醫學書籍。參見錢恂纂：《吳興錢氏家乘》民國十年（1921），
　　　　 收於《清代民國名人家譜選刊》第 34 冊，臺北：國家圖書館地方志家譜文獻
　　　　 中心編，2006 年，頁 2。相關論述可參見〈憶錢稻孫先生——兼憶賈德納〉
　　　　 收於楊聯：《哈佛遺墨》，臺北：商務印書館，2004 年 12 月 1 日初版；文潔若：
　　　　 〈我所知道的錢稻孫〉收於陳遠編：《斯人不在》，廣西：廣西師範大學出版
　　　　 社，2006 年 6 月 1 日第一版；孫郁、黃喬生主編：《研究述評》，河南：河南
　　　　 大學出版社，2004 年 4 月 1 日第一版。

在尚稱保守的晚清，世家女子遲至二十幾歲才論婚嫁，實在少見。〔註83〕

單士釐雖爲續絃，但對已逝元配所留下的女兒視同己出，〔註84〕如〈五月十二日悼長女德瑩并序〉談到身爲繼母，與長女錢德瑩（字蘊輝）情同親生母女，並憂嘆佳人早逝、蘭摧蕙折：

> 長女字蘊輝，爲前室董氏姊所生，失恃後寄養同鄉李淞筠家。迨予來歸，已十三齡。長於外家，每予歸寧，始得相聚，臨別輒涕泣不捨。自丁酉年夫子挈眷之楚，贅長婿徐昭宣，從此始慶圍聚。戊戌年一索得男。孰意己亥〔註85〕仲夏，母子相繼夭折！〔註86〕

丈夫錢恂極力維新、批評守舊的觀念，亦對單士釐影響頗大。尤其晚清在激進派與守舊派水火不容、相持不下的角力中，鄉紳階層務實姿態成爲這段時期的改革主力。如下所論：

> 明代中期逐漸的「鄉紳」是中國近代鴉片戰爭、太平天國等清末政治上的要角。……「鄉紳階級」不再只是平面的文人而已，而是集官僚、地主、資本家、鄉評者、地域社會的領導者、文化的主流等角色於一身的全方位階層。〔註87〕

晚清鄉紳的立憲訴求、中西觀念合併的趨向，又以維新派爲最佳的代表。

單士釐作品中便經常出現與錢恂相近的看法，或讚美夫婿的識見、貢獻，如：

> 外子於教育界極有心得，故指示加詳。……日本誠善教哉！〔註88〕

此外，單士釐對於國際局勢的新知、新聞、新事物的理解也多由丈夫轉告而得，所以錢恂對於單士釐走向世界的功勞不小。如：

> 外子云：彼一切度置配合，悉符西法，可微其辦事之不苟。其他休

〔註83〕「明清依前代之禮，以男十六以上、女十四以上爲適婚年齡。」參見蘇冰、魏林：《中國婚姻史》（臺北：文津出版社，1994年4月初版），頁285。

〔註84〕董氏生四女，其中錢珊、錢瑤皆早夭。長女適徐昭宣，次女適光緒丙午年舉人董鴻禕。參見錢恂纂：《吳興錢氏家乘》卷三，收於《清代民國名人家譜選刊》第34冊，臺北：國家圖書館地方志家譜文獻中心編，2006年，頁102。

〔註85〕陳鴻祥校注：「原稿作『乙亥』（1875年），誤。按：序云：『迨予來歸，已十三齡』，則生於一八七一年，故應爲『己亥』（1899年），卒年二十八歲。」

〔註86〕參見《受茲室詩稿》（卷中），頁42。

〔註87〕參見毛師文芳：《晚明閒賞美學》，臺北：學生書局，2000年4月初版，〈緒論〉，頁10、15。

〔註88〕參見《癸卯旅行記》（卷上），頁686～687。

憩所、遊戲所等，凡以便客娛客者數十處。並有醫療所，蓋日聚一二萬人於一地，安必無猝遭傷病者乎？〔註 89〕外子言，此與西國宮殿，華樸天淵。西國宮殿，一石之嵌，一牖之雕，動以千萬金相誇，陳列品無非珠鑽珍奇。〔註 90〕釜山海關役服裝與中國者同。外子云，蓋本昔年赫德所定，今雖入日本人手，猶沿舊制耳。〔註 91〕

顯現錢恂帶領單士釐走向世界，吸收新知、擴展見識的具體行動，同時，她也適度參酌夫婿意見。從單士釐一再徵引丈夫所言，可知單士釐夫唱婦隨的旅行模式，更可以進一步證明夫妻興趣相投，分享是彼此的默契。

　　錢恂身爲清末知識份子，更以身作則地尊重女性的行動與求知的作法，如下所述：

　　　　錢恂長她五歲，在婚後十餘年時間內，她攜挈孩子，與丈夫同住國外。錢恂先後出使過日、俄、德、法、英等國，多次經歷過埃及、羅馬、希臘諸國的古都。他的出國行蹤，即「探幽處處」的足跡，幾乎全靠著「追陪」他作「仙侶遊」的夫人單士釐給留下的。〔註 92〕

錢恂支持單士釐浸淫卷帙之趣，付諸行動替《癸卯旅行記》作題記，將作品付印，企望可以喚醒更多尚在蒙昧當中的中國女性。此外，錢氏家族眾多的人才，〔註 93〕也給予單士釐頗大的幫助。如：

　　　　自庚午年以著作者之名，亦照《廣韻》編次序。彼時賴玄同小郎排比釐校，積久漸多，自鈔者十餘部，愈近愈增，而謬誤亦愈不少。小郎謝世，已逾五載，更無人指示。〔註 94〕

說明小郎（小叔）錢玄同〔註 95〕對單士釐編《清閨秀藝文略》的貢獻，跋言

〔註 89〕參見《癸卯旅行記》（卷上），頁 689。
〔註 90〕參見《癸卯旅行記》（卷上），頁 691。
〔註 91〕參見《癸卯旅行記》（卷上），頁 703。
〔註 92〕參見陳鴻祥：《受茲室詩稿・前言》，頁 4。
〔註 93〕如錢振鍞、錢恂、錢稻孫、錢仲聯、錢玄同、錢三強等。
〔註 94〕參見胡文楷編著：《歷代婦女著作考》增訂本，上海：上海古籍出版社，1985年 7 月第 1 版，（附錄二），頁 950～951。
〔註 95〕「錢玄同（1887～1939），浙江嘉興人，原名德潛，字師黃，又字季、中季，後改名玄同，號疑古、餅齋、急就廎等。他是著名的文字音韻學家，北京大學教授，《新青年》編輯，文學革命乃至整個新文化運動的重要代表人物。」參見北京魯迅博物館編：《錢玄同日記》影印本，第 1 冊（1905 年 12 朋～1907 年 12 月），頁 1；相關論述參見周維強編：《掃雪齋主人──錢玄同傳》，

中更稱許錢玄同對校勘本書的重要性，並感慨他的早逝；〔註96〕又如錢稻孫
翻譯西文，幫助單士釐了解歐洲文化，完成《歸潛記》。

　　單士釐也經常在詩中表達對丈夫一往情深，如丙申（1896）除夕寄給外
子的詩裡所吐露的寂寞：

　　　　捲地北風寒，驚心歲又闌。仍聞喧臘鼓，未解頌椒盤。矍鑠高堂健，
　　　　嬉戲稚子歡。遙憐遊宦客，誰與話團圓。〔註97〕

隻身孤影，臘鼓頻催，聲聲傳入閨婦單士釐之耳，揪心刺骨更勝歲暮風寒。
又如觸景有感，藉「柳」抒發離別愁緒，豐潤的春景及此起彼落綻開的柳眼，
襯托思念遠別丈夫的縷縷情思：

　　　　……點點隨春還潤物，疏疏破曉試催花。垂柳不管離人恨，又向東
　　　　風長嫩芽。〔註98〕

單士釐從封閉閨閣走向廣大世界，丈夫錢恂是最重要的推手。錢恂是滿清外
交官，有機會出使異邦，讓妻子趁此之便遠渡海外，他的支持是單士釐逐夢
成真的最大功臣。

　　這是很難能可貴的舉動！因為在傳統的中國社會，能夠將光環讓給妻
子，需要有不顧他人異樣眼光的氣度。如下言之：

　　　　隨著女性受教育程度的提高和新女子特性的傳播，……最能說明上
　　　　層之妻文化水準提高的兩種婚姻關係範式的再現——伙伴式婚姻
　　　　關係，在這種婚姻中，男性和妻子是和諧相處的，儘管很少是平等
　　　　的。〔註99〕

錢恂更用欣賞與引以為榮的態度來看待妻子的才學，如：

　　　　右日記三卷，……得中國婦女所未曾有。方今女學漸興，女智漸開，

　　　　浙江：浙江人民出版社，2003 年 11 月 1 日第一版；牛大勇、歐陽哲生主編：
　　　　《五四的歷史與歷史中的五四》，北京：北京大學出版社，2010 年 1 月 1 日
　　　　第一版。

〔註96〕 自跋：「此稿十年前嗣弟單丕曾取載於浙江圖書館館報，故未整理也。翌年弟
　　　　亡，修整遂亦廢功。而近十年見聞所及，頗得多人，著錄之數，約增三分之
　　　　一。又以前後生卒時代，不能一一確知，乃依廣韻編次人名，寫付排印。中
　　　　途又遇印刷局罷閉之厄，爰自寫數部，留付子孫而已。亦以自遣餘年，謬妄
　　　　更非所計矣！戊寅秋日，蕭山錢單士釐自識，時年八十有一。」

〔註97〕 參見《受茲室詩稿·丙申除夕》（卷上），頁 17。

〔註98〕 參見《受茲室詩稿·立春夜聞雨》（卷上），頁 17～18。

〔註99〕 （美）高彥頤著、李志生譯：《閨塾師——明末清初江南的才女文化》，江蘇：
　　　　江蘇人民出版社，2005 年 1 月第 1 版；2006 年 6 月第 2 次印刷，頁 191～192。

必有樂於讀此者。故稍爲損益句讀，以公於世。〔註100〕

錢恂稱讚妻子開創中國婦女風氣之先的成就，肯定《癸卯旅行記》在女教漸受重視、女性知識逐漸開展的當代，一定可以找到志同道合、情性相契的女性讀者們。所以，錢恂竊會計之餘功，爲這本堪稱中國第一位女性遊歷海外的日記校勘、付印等相關事宜奉獻心力。而單士釐在遊記中也時常展露夫婦相隨的和諧、愉悅。如：

> 觀博覽會。外子承日本外務省招待，爲赴會之賓，有優待券。予相
> 偕而往。〔註101〕

因丈夫受重視，獲日本外務省贈送優待券，才有機會受到禮遇和招待前往參觀日本的內國博覽會。又如「幸好」得到丈夫帶領之便，方能順利參訪、遊覽：

> 外子出名刺與優待券示守官，守官導入門，出簿請書姓名。日本用
> 西例，得挈妻子遊，故予及子婦均隨入。〔註102〕

單士釐也使用具體文字表達對丈夫的崇敬與仰慕，並對丈夫的成就、先進思想、爲人處事的成功引以爲傲，從《歸潛記》中第十章〈義國佩章記〉、第十一章〈奧蘭琦——拿埽族章〉、第十二章〈寶星記〉，記錄丈夫錢恂獲頒三種不同的勳章，就可清楚看出單士釐以夫爲榮。如宣統元年十月十六日錢恂上稟滿清皇帝奏曰：

> 義國定章，凡友邦駐使，無論爲大使，爲公使，倘一年屆滿，於其
> 離也，例贈勳章……今年奉旨歸國，正屆一年。……又臣前年使和，
> 亦一年而離。和例必二年屆滿方贈勳章。乃臣告辭後，和女王飭其
> 駐義使送來橘綬大十字章一座，亦系例贈各國公使之章。〔註103〕

雖然錢恂謙虛〔註104〕說道凡是出使屆滿一年即獲頒義國勳章，看似和其他公使或大使並無相異之處，且破例獲和女王所補頒的佩章也是按常例贈送各國公使，實則爲極光榮之事。如《吳興錢氏家乘》卷三：

> 光緒三十四年三月，奉旨以二品實官充出使和國大臣並保和會會議
> 大臣，以一分省知府超授二品實官，洵殊遇。旨下之日，慶王奕劻

〔註100〕 參見《癸卯旅行記》〈題記〉，頁 683。
〔註101〕 參見《癸卯旅行記》（卷上）二月十八日（陽三月十六），頁 686。
〔註102〕 參見《癸卯旅行記》（卷上），頁 691。
〔註103〕 參見《歸潛記》第十章〈義國佩章記〉，頁 905。
〔註104〕 參見錢恂纂：《吳興錢氏家乘》卷三，收於《清代民國名人家譜選刊》第 34
　　　　冊，臺北：國家圖書館地方志家譜文獻中心編，2006 年，頁 81。

正請假也。三十四年，調充出使義國大臣，賞二等第一寶星。

又如單士釐寫道：

> 國使往來，亦且以敘族贈章，爲增光交際之用。……蓋禮意所重，
> 重在敘名族。〔註105〕

所以獲贈佩章本身就是一種榮耀。再者，單士釐又提到：「日十字章者，正
章與大綬不連，爲最大之章。」〔註106〕佩章按等級分爲五等，其中丈夫所
獲的「橘綬大十字章」便是最高等級，代表至高無上的光榮。如〈奧蘭琦──
──拿埽族章〉：

> 積跬步主人由駐和量移駐義，既六旬，和女王命其駐義使賫奧蘭琦
> ──拿埽族大綬十字章來贈。論和律，客國外交官駐其國未滿二年
> 者不贈章，今補贈此章，頗疑訝。繼聞前使亦未滿二年而離，曾贈
> 章，且加等；似嫌於前後兩使之歧視也，故有此補贈之舉，理或然
> 歟？〔註107〕

單士釐「疑訝」的語氣，似乎對丈夫獲贈勳章一事感到不可思議？又提到前
任派駐此地的中國使官也獲贈同等勳章且加等一事，解釋「補贈」僅爲消弭
前後任使官心中可能存有的芥蒂。但是，從「理或然歟」的疑惑與「和例必
二年屆滿方贈勳章」〔註108〕一句言明丈夫表現傑出，才會獲得和女王破例
贈勳。

這番解釋正因爲單士釐始終深信丈夫的才能，所以對於補贈勳章的相關
傳聞抱著存疑的態度。又如〈寶星記〉：

> 光緒三十四年十二月二十八日，積跬步主人在駐義任內，得佩帶寶
> 星之電信。……遣使逾三十年，而本國外交官獲佩本國寶星，此爲
> 創典。前此謹製以贈外人，贈例固寬，外交官、軍械商、兵弁皆獲
> 贈，佣雇之稅務司，在外人視之以爲服役於中國，而中國人視之仍
> 以其爲外國人，故亦在獲贈之列。〔註109〕

其中透露出單士釐喜憂參半的心情，喜的是丈夫首創中國人獲頒寶星〔註110〕

〔註105〕參見《歸潛記》第十章〈義國佩章記〉，頁902。

〔註106〕參見《歸潛記》第十章〈義國佩章記〉，頁903。

〔註107〕參見《歸潛記》第十一章〈奧蘭琦──拿埽族章〉，頁907。

〔註108〕參見《歸潛記》第十章〈義國佩章記〉，頁905。

〔註109〕參見《歸潛記》第十二章〈寶星記〉，頁911。

〔註110〕如李鴻章在〈總理衙門請酌定寶星式樣摺〉裡提到寶星佩章的作用與式樣：「近

勳章的榮耀，對中國外交的正面貢獻；憂的是中國人妄自菲薄的次等國家心態，將外國人小心翼翼的捧於手掌，無論其身份、地位或等級，在中國都會受到某個程度以上的尊敬。相較之下，反倒輕忽對中國有貢獻的本國人民，甚至有蔑視意味的差別待遇極為明顯。中國政權當局不懂得尊重本國人，猶如國家沒有國格一般可憐。此外，《癸卯旅行記》二月廿三日（陽三月廿一），單士釐再一次以日本對錢恂的重視，表現出以夫為榮的想法：

> 蓋日本重視外子，以為與時局有絕大關係。〔註111〕

又如〈庚子四月十八日舟泊神舟〉中化用樂府〈陌上桑〉詩句「東方千餘騎，夫婿居上頭」來讚美丈夫的成就：

> 去年來神洲，船窗遙見山中樓。……今茲夫婿偕重遊，東方千騎居
> 上頭。〔註112〕

單士釐能夠毫無後顧之憂的創作，並且擁有驚人的作品數量，除了本身才學卓然、家學陶鑄，更有來自丈夫的真心鼓勵與全力支持。單士釐夫妻的相處之道，或者可作為尋常夫妻相敬如賓、互敬互諒的典範。

所以，婚前諸多有益單士釐奠下才學基礎的因素，加上婚後夫婿錢氏家族的裨益，促使單士釐有更上一層的成就。

第三節 才 識

清代以前，受限於婦女地位遭到漠視，女性才華被懷疑，印刷技術較困難，造成女性作品不易流傳，甚至有諸多女性迎合主流思想，放棄自我。直到清中葉，女性受教育機會增加、地位提升，出版業日益發達，女性文人逐漸嶄露頭角。如《清代女詩人研究》歸納出清代女性作家大量湧現的主因：

> 晚明的文學環境、文人的獎掖、官宦世家的提倡以及婦女選集的出
> 現。〔註113〕

日邦交益密，往來贈答事類繁多。上而列國君之周旋；下及貴戚臣工之頒賜。典儀所在，義貴精詳。寶星取象列星，外國製造多為光芒森射之形，以顯昭而章華貴。」參見毛佩之輯二（卷五至卷十）：《變法自強奏議彙編》，收於沈雲龍主編：《近代中國史料叢刊續編》第四十八輯，臺北：文海出版社，1973年12月影印本。（卷七）頁199。

〔註111〕參見《癸卯旅行記》（卷上），頁693。
〔註112〕參見《受茲室詩稿》（卷上），頁21。
〔註113〕參見鍾慧玲：《清代女詩人研究》，臺北：里仁書局，2000年12月31日初版，

另外，依據胡文楷所言，中國女性作家總共約四千多位，明清兩代有三千七百五十多位之多，佔全部的百分之九十以上，尤其清代更達到三千五百多位，可謂「超軼前代，數逾三千」〔註114〕的盛況。又如《清代才媛文學之文化考察》引述以下統計：

> 清人徐樹敏與錢岳編輯的《眾香詞》便收載了 384 位明清女詞人的作品，其中清代女性詞佔絕大部分。……近人譚正璧編輯的《女性詞話》收宋代以來的女性詞人 56 人，其中即有 40 人屬清代，佔總數的 71%。〔註115〕

以上所言都驗證清代是個女性文學空前繁榮的時代。

　　本節從才學與著述兩方面，討論單士釐不受限於女子無才便是德的觀念束縛，從大門不出，二門不邁的閨閣走向世界，成為首位有遊記創作流傳於世的中國女子。〔註116〕

一、才　學

　　首要注意的是單士釐的語言能力除了助於本身吸收新知識，也助於丈夫推動外交及結交異邦朋友，了解風土民情與國際局勢，拓展見聞，也可間接將所見所聞介紹到中國。以此鼓勵國人走出狹隘的象牙塔，尤其是習慣關在家庭裡的中國女性。

頁 5。

〔註114〕參見胡文楷：《歷代婦女著作考・自序》，上海：上海古籍出版社，1985 年，頁 5。

〔註115〕參見王力堅：《清代才媛文學之文化考察》，臺北：文津出版社，2006 年 6 月出版一刷，頁 6。

〔註116〕「中國知識婦女之前往泰西，不知始於誰何。1896 年梁啓超記江西康女士云：『女士名愛德，江西九江人，幼而喪父母，伶仃無以自養。昊格矩者，美國學士有官籍者之女公子也，遊歷東方。過九江見之，愛其慧，憐其窮，挈而西行，時女士才九齡耳。既至美，入小學、中學，……最後乃入墨爾斯根省之大學。以發念救眾生疾苦因緣故，於是專門醫學。……』康女士之適美，當在 1870～1880 之間，遲於容閎；而其得以至美，入小學、中學，最後大學卒業，情形與容閎頗相仿彿。惜其無另一《西學東漸記》傳世，數及 1911 年以前身歷遠西而有親筆記載的女子，便只能推單士釐了。(最近獲知，還有一位金雅妹早期留美，但亦似無載記傳行世。)」參見鍾叔河〈第一部女子出國記〉，收錄於鍾叔河主編《走向世界叢書——歐洲十一國遊記二種・新大陸遊記及其他・癸卯旅行記・歸潛記（康有為・梁啓超・錢單士釐）》，湖南，岳麓書社，1985 年 9 月第 1 版第 1 次印刷，頁 658。

　　目前筆者可確定的是單士釐的日語溝通能力頗佳，足夠應付旅途中突如
來的狀況並獨當一面，如《癸卯旅行記》三月十六日（陽四月十三）：

> 午前四時抵長崎，予屢屢經此。……前屢偕外子帶若干人來日本，
> 皆神戶或橫濱登陸，行囊過稅關，予未親見，且每已得外務省知照，
> 故事事簡易。此次十人登陸，只予一人通語言，又未先告外務省，
> 不得不親入稅關。〔註117〕

「只予一人通語言」說明單士釐流暢的日語，正好替一行人解決通過日本長
崎海關時語言不通的困境。她甚至臨時受命擔任丈夫的翻譯人員，如《癸卯
旅行記》四月八日（陽五月四日）：

> 午後，日本之代理貿易事務官鈴木陽之助君及外務書記生佐佐木靜
> 君來訪，予亦出見，爲外子傳譯。〔註118〕

因爲翻譯官川上俊彥放假未返，又恰逢日本事務官鈴木陽之助及外務書記生
佐佐木靜造訪，自己便權宜地負責翻譯。又如：

> 寺僧以古法烹茶進。日本人好此，今女教中尚留此一種古派。昔在
> 愛住女學校校長小具貞子家曾飲之，彼道烹法飲法頗詳。昔在愛住
> 女學校校長小具貞子家曾飲之，彼道烹法飲法頗詳。〔註119〕

> 作東京諸女友書，告以別後事，船雖損，人無恙。〔註120〕

> 憶去歲旅居租界，曾訪城內務本女學堂主人之吳懷疚夫人，及日本
> 女教師河原操子氏。〔註121〕

> 訪本國女友及東國女友數人。〔註122〕

> 初以爲候船無事，將往此間附近之熊本地方，訪女友柳原氏，一覽
> 彼地名勝與所謂沙中溫泉者。〔註123〕

透過《癸卯旅行記》記下清光緒二十九年二月二十日（陽三月十八）與日本
愛住女學校校長小具貞子時有來往；二月廿六日（陽三月廿四）所乘西京丸
下碇長崎港口時，因船底誤觸岩石受損，寫信告知日本友人一切安好，切莫

〔註117〕參見《癸卯旅行記》（卷上），頁700。
〔註118〕參見《癸卯旅行記》（卷中），頁713。
〔註119〕參見《癸卯旅行記》（卷上），頁691。
〔註120〕參見《癸卯旅行記》（卷上），頁694。
〔註121〕參見《癸卯旅行記》（卷上），頁696。
〔註122〕參見《癸卯旅行記》（卷上），頁698。
〔註123〕參見《癸卯旅行記》（卷上），頁701。

掛心的信件；三月一日（陽三月廿九）談到去年（清光緒二十八年）曾經拜訪日本女教師河原操子；三月十日（陽四月七日）訪問日本女性友人數人；三月二十日（陽四月十七）拜訪日本女性友人柳原氏，皆說明單士釐流利的日文以及對國民外交的貢獻。

　　單士釐的日語，應是隨同錢恂出使日本之後才逐漸學會，從〈庚子四月十八日舟泊神舟〉便可窺知一二：

> 去年來神洲，船窗遙見山中樓。……今茲夫婿偕重遊，東方千騎居
> 上頭。……故人乍逢差幾許，渾忘異域來遮陬。雙環迎門殷笑語，
> 愧予未解難爲酬。〔註124〕

庚子年乃清光緒二十六年（1900年），是單士釐首度以外交使節二品夫人的身分隨同外交官夫婿錢恂東渡扶桑的第二年，〔註125〕此時的單士釐尚未懂日語，所以無法應付酬酢場合。又如〈遊塔之澤宿福住樓之臨溪閣〉也提到自己不了解「東文」：

> ……山迴朝猶暗，溪喧語莫分。欲留鴻爪印，愧未解東文。〔註126〕

所以，單士釐憑著好學的精神，在丈夫出使日本期間學會日語。〔註127〕如〈庚子秋津田老者約夫子偕予同遊金澤及橫須賀〉一詩，可看出她學習日語的成果：

> ……同行有女士，學校秉師鐸。（津田梅子）東語雜華言，居然通
> 酬酢。……〔註128〕

單士釐優越的日語能力也表現在創作和翻譯文學上頭，如翻譯日本女性教育家下田歌子《家政學》，〔註129〕又因喜愛福島安正《單騎遠征錄》而有意將之譯成中文，以利國人閱讀。如：

> 予昔年初習日本文時，曾試筆譯福島安正君（今少將）《單騎遠征
> 錄》（少將任中佐時，一人策馬於俄及滿蒙之境者再閱寒暑，所傳

〔註124〕參見《受茲室詩稿》（卷上），頁21～22。
〔註125〕錢恂於清光緒二十五年（1899年）第一次奉召出使日本。
〔註126〕參見《受茲室詩稿》（卷上），頁22～23。
〔註127〕「從己亥年（1899年）起，她攜帶子女，與錢恂一起居住日本，到癸卯年（1903年）正月離日赴俄，前後達四、五年，以至『視東國如鄉井』（《癸卯旅行記》），並學會了日語，能在無譯員時代擔任了丈夫的翻譯。」參見陳鴻祥：《癸卯旅行記‧前言》，頁4。
〔註128〕參見《受茲室詩稿》（卷上），頁25～26。
〔註129〕中譯本在1902年由上海廣智書局出版發行。

日記曰《單騎遠征錄》）。〔註130〕

而單士釐對粵語、俄文不甚通曉，至於古希臘羅馬文、拉丁文、英語等，或許仍待隨行的長子錢稻孫翻譯、解說。如《癸卯旅行記》卷中四月九日（陽五月五日）：

> 外子往訪同利號關君，予亦往訪其夫人。予不善粵語，賴關君通意，
> 又即在同利購旅用品數事。〔註131〕

旅行過程中因爲所乘遊亞、俄的伊勢丸船艦暫碇於海參崴之金角港，使單士釐得以有空陪同丈夫錢恂前往訪視駐於當地的中國商務委員關壽彭〔註132〕先生伉儷，但關夫人口操粵語，自己又不擅此語，所以與關夫人在交談溝通上，全仰賴關壽彭先生翻譯，方得以順利進行。

單士釐不諳俄語的情況，則可由以下所載得知，如：

> 午後十一時，抵柯樂特俕甫驛，華人稱爲五站……予等就停車場食
> 堂稍憩，入一等待和室。守者睨視久，蓋華人向不乘一等位也。食
> 堂男女客飲啖方喧，武官爲多。一婦人殷勤讓坐，語言不通，致謝
> 而已。〔註133〕

記錄清光緒二十九年四月十日（陽五月六日）乘火車抵達柯樂特俕甫驛站的食堂稍作休憩、飲食，正巧遇上客滿的情況，暫於一等室等待期間，雖遭到看守的俄國人睥睨、輕蔑的眼神，但也有善心的俄國婦人欲讓出食堂座位。可惜因彼此語言不通，單士釐無法暢所欲言表達內心的感謝之意，故僅止於口頭簡單的道謝罷了！又如：

> 遊育嬰院。宏大擬王居，岑樓五重，復道闊尋丈，勝於上海城外里
> 巷。……畢，命任乳之媼抱歸乳室，事務秩然。院中除下男、門役
> 外，皆歸女主院。老婦導觀周指畢，出冊請注姓名，並言前未有中
> 國婦人來此者。予不諳西文，爲書漢文數語，又捐附十盧布而出。

〔註130〕參見《癸卯旅行記》（卷下），頁737。
〔註131〕參見《癸卯旅行記》（卷中），頁713。
〔註132〕「此港中國設一商務委員（商務委員所享權利不如領事官，日本先欲於此設領
事，俄不允，遂降而設商務委員，中國踵其後），即李蘭舟也。蘭舟適假歸，
代理者爲同利號商主關君壽彭。關君粵人，商此港廿年矣，明事理，無中國官
氣。承蘭舟之託，來舟相迓。商務署中李君次山、黃君樓臣亦來坡上，極周摯。
予等一行九人，同投宿商務署，蓋蘭舟約也。蘭舟推外子愛以及同行諸人，尤
可感。否則驟入俄境，事事受窘矣。」參見《癸卯旅行記》（卷中），頁709。
〔註133〕參見《癸卯旅行記》（卷中），頁717～718。

〔註134〕

此為清光緒二十九年四月二十八日（陽五月二十四日）的記錄，單士釐夫婦暫宿於俄國舊都莫斯科，接受遠從森堡而至的友人陸子興招待，作二日之遊。期間在參觀完莫斯科育嬰院時，有一俄國老婦出示書冊請單士釐簽名，因未曾有中國婦人到過此地，所以單士釐的參訪令育嬰院的俄人頗感稀奇，希望她可以留下意見、感想等文字當作紀念。但是單士釐不熟悉俄文，僅寫幾句中文與捐款十盧布以表心意。至於所寫下的「漢文數語」為何？則未有相關記錄可以得知內容！

　　除了單士釐不懂俄文之外，《癸卯旅行記》四月十五日（陽五月十一）的日記亦提到丈夫錢恂不諳俄文：

　　　　外子又不通西文，將何由改告使館？〔註135〕

至於《歸潛記》雖有古希臘羅馬文、拉丁文、英語記錄歐洲宗教藝文等內容，如第一章〈彼得寺〉：

　　　　乏氏剛者，臘丁文作 Vaticanus，羅馬七邱之一。推其命名所由來，
　　　　為說凡二。一謂出於乏氏剛氣尼亞 Vaticinia，此在臘文為神言。古
　　　　羅馬信多神，有所疑，卜於神，神所言固弗信。邱本卜地，故名。
　　　　一謂出於乏奇都斯 Vagitus，此在臘文為神名。邱本奉祀乏神，顧
　　　　以神名名邱。二說皆是。〔註136〕

文中介紹乏氏剛之名源自於希臘文 Vaticanus，並詳細考證典故，幫助閱讀者獲得更多層面的了解。又如同一章裡記錄彼得寺門廊：

　　　　門額臘丁文曰 "IN HONOREM PRINCIPS APOST PAULUS V
　　　　BURGHESIUS ROMANUS PONT MAX A MDCXII PONT VII."

〔註137〕

翻譯大意並記下：「羅馬某姓，景宗保羅第五之第七年，為使徒首領（指彼得）於一六一二年。」〔註138〕單士釐更指出原文當中雖未有關建築等字眼，但已將建築之意涵蓋其中：「不言建而建意已含其中。」〔註139〕看似單士釐

〔註134〕參見《癸卯旅行記》（卷下），頁 751。
〔註135〕參見《癸卯旅行記》（卷中），頁 727。
〔註136〕參見《歸潛記》，頁 768。
〔註137〕參見《歸潛記》，頁 771。
〔註138〕參見《歸潛記》，頁 771。
〔註139〕參見《歸潛記》，頁 771。

精熟希臘文，卻不能算是單士釐的個人著述。因爲彼得寺相關的翻譯，主要乃依據長子錢稻孫所著《新釋宮》一書而來：

> 至於教寺一堂一殿，咸有專名；名稱不確，即遊事莫舉。長子稻孫有《新釋宮》摘其關景寺者附錄於後。本篇所用寺屋名稱，即採諸《新釋宮》。〔註140〕

又如：

> 聚珍始于景紀前百五十年頃，初惟用以敷地，所謂 Pavimentum，雖宏麗如廟宇，亦不過敷其一方而已。派別不外四種，曰 Sectile，其紋線直斜，惟幾何形體是准者也。曰 Tessellaum，其材料皆方粒，而紋未必方形者也。曰 Vermiculatum，專重摩畫，凡畫有曲折之線，其材料湊聚亦曲折其線，蟲狀之名，所以狀其線曲也。曰 Scalpturatum，其表面高下不平者也。〔註141〕

精彩且詳實地介紹羅馬彼得寺的聚珍畫，使閱者讀文如見其景物，彷彿親身經歷一場藝文的洗禮，但專有名詞部分仍仰賴長子錢稻孫翻譯。又如介紹希臘神話中的著名雕像：

> 勞貢（Laocoon）集像者，名雕巨擘也。像爲二蛇繞噬一老者、二少者。……阿博隆（Apollon）立像，初世紀羅馬仿古雕也，壯年美貌，沉勇威武。……眉溝（Mercure）石像，古雕也，……俾爾塞（Persee）立像，義國雕刻家嘉諾華（Canova）所作。〔註142〕

雖可以看出單士釐對旅途所親見的詳實記錄、仔細考據，並非走馬看花或一言以蔽之的輕率帶過，而是鉅細靡遺的以文字記載。但仍未提及單士釐個人在古希臘羅馬文、拉丁文或英語的了解程度。

所以，單士釐是否精通古希臘羅馬文、拉丁文和英語？學習的時間起迄於何時？又由何人所授？筆者目前尚且無法得知。唯獨可確定《歸潛記》不僅是中國比較東西方文化差異以及專文介紹古希臘羅馬神話的濫觴，單士釐也是第一位把歐洲神話介紹到中國的人。

單士釐以行萬里路來增廣見聞、吸收新知，並將這種以旅行擴展視野的興趣感染了錢氏家族的子女們，如《癸卯旅行記》光緒二十九年二月十七日

〔註140〕參見《歸潛記》，頁767。
〔註141〕參見《歸潛記》，頁801。
〔註142〕參見《歸潛記》〈章華庭四室〉，頁821～839。

（陽三月十五日）：

> 黎明，發自日本東京寓廬。……時大坂正開第五回內國博覽會，尤
> 喜一觀。遂命長子婦侍往大坂觀會，俾於工藝上、教育上增多少知
> 識。〔註143〕

記錄單士釐帶著長媳前往大坂參觀日本內國博覽會。很顯然地，單士釐已經
擴展了旅行的廣度與深度。

二、著　述

好學不倦，筆耕不輟，態度積極，考證詳盡，正說明單士釐擁有豐富著
作的原因之一。如單士釐樂於旅行的興趣及好學不倦的精神從以下的「予喜
相偕」一句便可查出端倪：

> 今癸卯，外子將蹈西伯利長鐵道而爲歐俄之游，予喜相偕。十餘年
> 來，予日有所記，未嘗間斷，顧瑣碎無足存者。〔註144〕

此外，她更說到勤於著作，將斷斷續續旅行長達十餘年的見聞寫下，並強調
自己未曾廢離的恆心以及堅持。如《歸潛記》第一章〈彼得寺〉：

> 彼得寺直逮於羅馬景宗，爲舊教萬寺領袖，宏大瑰麗，雖世界著名
> 之俄國帝宮，不敢望其肩背。予兩旅羅馬，瞻游此寺無慮二三十次，
> 逐有所記，匯而存之，不覺其言之過繁，然於寺藏之富與寺工之良，
> 仍未詳什一也。〔註145〕

單士釐自稱已經兩度旅經羅馬，參觀彼得寺的次數不下二、三十回，且每一
次都有不同的心得。於是將所有資料彙整後整理成篇，方便提供閱讀者參酌
的資料。雖然此時單士釐已白髮蒼蒼，依然對旅行感到興致勃勃，她的求知
態度與精神確實值得效法。又如：

> 燒鍋者，滿洲境上一大生業。其主必富資財，役人畜，製高粱爲酒，
> 所稱爲燒酒者也。其酒不但爲北方所盛行，且銷售於江南。鍋主既
> 營此大業，每扼要築垣，如城如隍，以防外侮。垣中亦有街市，群
> 奉鍋主爲長，儼有自治風氣。〔註146〕

〔註143〕參見《癸卯旅行記》（卷上），頁685。
〔註144〕參見《癸卯旅行記》〈自序〉，頁684。
〔註145〕參見《歸潛記》〈彼得寺〉，頁767。
〔註146〕參見《癸卯旅行記》，頁721。

將俄滿交界處的地方風俗，作了一番清楚描述。又如單士釐也是首先將俄國文學家托爾斯托介紹到中國的人：

> 購一托爾斯托肖像。托爲俄國大名小說家，名震歐美。一度病氣，
> 歐美電詢起居者日以百數，其見重世界可知。所著小說，多曲肖各
> 種社會情狀，最足開啓民智，故俄政府禁之甚嚴。其行於俄境者，
> 乃尋常筆墨，而精撰則行於外國，禁入俄境。俄廷待托極酷，剝其
> 公權，擯於教外（擯教爲人生莫大辱事，而托淡然）。徒以各國欽
> 重，且但有筆墨而無實事，故雖恨之入骨，不敢殺也。曾受芬蘭人
> 之苦訴：欲逃無資。托憫之，窮日夜力，撰一小說，售其板權，得
> 十萬盧布，盡畀芬蘭人之欲逃者，藉資入美洲，其豪如此。〔註147〕

單士釐盛讚托爾斯托不屈服於強權壓迫，且尊敬他是個竭心盡力揭發俄國政治醜陋面、啓發民智觀念的一代大文豪。

歸國後的單士釐繼續著閱讀與寫作的習慣。夫婿錢恂於 1927 年謝世之後，她曾經依靠住在瀋陽的次子錢稻孫。1936 年次子病逝，由長子錢稻孫接回北京奉養至終老。

丈夫和次子先後過世，對單士釐的打擊頗大。尤其白髮人送黑髮人的無奈，常令單士釐思之痛心不已。也許這是她晚年全副精神都寄情於編纂書籍或抄書的原因之一吧？轉移注意力，企圖忘卻悲傷的方式。如〈陽曆除夕悼次兒稻孫〉裡，單士釐三番兩次凝視次兒昔日愉悅顏色的照片，悲兮！嘆兮！特別在全家團圓的時刻，更反襯出她的椎心刺骨：

> 嗟予之不德兮，致汝養之未終；長埋地下兮，欲見無從！幸攝影之
> 留像兮，依然愉色與婉容；終朝凝視而不得通一語兮，魂惝恍兮怔
> 忡！去年此日汝回家兮，飲屠酥兮舉世融融；今茲又戒除夕兮，撫
> 遺胤兮摧心胸！〔註148〕

又如〈立秋日計次子逝世已廿七個月，孫輩釋服感賦〉表露出她對次子的殷切思情，禁不住涕淚縱橫：

> 北窗高臥聽蟬鳴，大火西流節序更。亂世得居安穩地，耄年倍切別
> 離情。親朋猶自嗟遙遠，母子何堪隔生死。繞膝孫曾寧不足，時時
> 老淚爲兒傾。〔註149〕

〔註147〕參見《癸卯旅行記》（卷下），頁 753。
〔註148〕參見《受茲室詩稿》（卷下），頁 90。
〔註149〕參見《受茲室詩稿》（卷下），頁 99。

此時的單士釐已是耄耋老人，無多餘心力或資財將《清閨秀藝文略》付梓，所以親手抄寫數本，分贈好友及圖書館，對清代婦女相關議題的研究上極具價值。〔註150〕如：

> 閨閣姓氏資考核（日抄《清閨秀藝文略》），伏案終朝戶不出。師承無自苦茫然，單獨生涯歲逾七（外子捐館已七年矣）。賴有良朋素志同，道義文辭互相匹。歷年酬唱解煩憂，蔗境怡怡忘苦疾。能將鎮靜免亂離，存問不辭寒凜冽。他年共食安期棗，天佑吾曹惠迪吉。
>
> 〔註151〕

在寫給摯友夏穗嫂（夏曾佑夫人）詩中，提到古稀之年抄寫《清閨秀藝文略》備感辛苦，但更有堅持爲之的原因和樂趣。另外，也可從《清閨秀藝文略》跋言看出這位老婦人投注於編纂書籍所耗費的心血：

> 此稿十年前嗣弟單丕曾取載於浙江圖書館館報，故未整理也。翌年弟亡，修整遂亦廢功。而近十年見聞所及，頗得多人，著錄之數，約增三分之一。又以前後生卒時代，不能一一確知，乃依廣韻編次人名，寫付排印。中途又遇印刷局罷閉之厄，爰自寫數部，留付子孫而已亦以自遣餘年，謬奪更非所計矣！〔註152〕

以上提到編修《清閨秀藝文略》的原因、過程及遭遇的困難等。雖然單士釐虛心謙讓的說明目的僅爲留給子嗣一些值得紀念之物及排遣、消磨晚年孤單的時光而已。但是這部書籍對於研究清代婦女文學者有莫大助益，並得到胡文楷與胡適等人讚揚。

單士釐在出洋旅途中一直秉持著打破砂鍋問到底的求知欲，如：

> 彼得寺直逮於羅馬景宗，爲舊教萬寺領袖，宏大瑰麗，……教例，耶穌之外不得別有他祀，則寺祀彼得爲非理，然寺名雖題彼得，而所拜仍是耶穌，非若中國之以某神名祀者，即拜某神也。至於教寺一堂一殿，咸有專名：名稱不確，即游事莫舉。……（景宗，即俚俗所謂教王者。原文有父意，無王意，即其他代稱亦絕無王號。故用《景教流行中國碑》例，稱爲景宗。……三二四年，康斯坦丁大

〔註150〕參見錢秉雄、錢三強：《受茲室詩稿·回憶伯母單士釐（代序）》，頁 1；羅守巽：《受茲室詩稿·跋》，頁 130。

〔註151〕參見《受茲室詩稿·和夏穗嫂種棗核詩原韻》（卷下），頁 100。

〔註152〕參見胡文楷編著《歷代婦女著作考》增訂本，上海：上海古籍出版社，1985 年 7 月第 1 版，（附錄二），頁 950～951。

帝允教士（名稱爾璽司芺，后追尊爲景宗）請，仿福羅（別見）之
跋棲黎嘎（別見）以建寺，就舊基增飾。帝親負土十二筐，以符十
二使徒之數，……八四六年，沙拉生人侵羅馬而寺毀。景宗保羅三，
大興工作，以新厥寺，而舊跡毀盡。保三固有名之毀舊人也。……
（十二使徒，其一彼得，即西門，爲使徒首領。寺名彼得，不僅爲
彼得死此而名也。其二安得烈，爲彼得之弟。其三雅谷，爲西庇太
之子。其四約翰，爲雅谷之弟。其五腓力。其六巴多羅馬。其七多
馬。其八馬太。其九亦曰雅谷，爲亞勒腓之子。其十達太，即勒拜。
其十一銳，亦稱西門。其十二賣耶穌之猶大。猶大死，門人公議，
補以馬提亞。）〔註153〕

她不僅以豐富的文字描摩彼得寺外觀，更深入探析基督教教義，比較基督教
不膜拜其他偶像的觀點與中國傳統多神信仰之異，介紹有關的大事、人物與
十二門徒姓氏，讓閱讀這本旅歐遊記的中國人能夠更深入了解東西方信仰、
建築的相異之趣。又如：

先至大教堂，即歷代君后加冕處。四周黑暗處皆教士骸棺。正中座
下，黑木長數寸者，云是耶穌受釘之木。出堂入舊宮，一廠室正中
玻璃立櫥中，懸其君后及太后當加冕式時所服知銀鼠氅、鑽寶冠、
教杖等。……中有鞍韉一具，云是一七八九年中國所贈。工固華產，
非不精細，但較各國所贈，不免相形見拙。且既爲帝室餽贈，而中
國記載不聞此事，何也？又一銀製杯，已毀損，爲其先帝阿列克三
特第三被轟不中時留遺物。歷觀各種勳章殿。……更觀其餐殿、寢
殿、讀書殿、梳沐殿、咖啡殿、延見男女賓客殿（俄雖專制，然待
臣下猶用客禮，共坐共餐，不事跪拜）。一柱、一門、一地板、一
用具、一繪幅，種種奇富，不可名狀。先聞各國宮殿推俄爲第一宏
富，外子云誠然。及觀其先帝大彼得手製靴，硬大無朋，而製作堅
樸。又其所臥床褥，亦樸陋。可見彼邦崇尚奢侈，乃在大彼得以後。
〔註154〕

單士釐仔細描述莫斯科大教堂宏偉壯麗的形貌，更善盡介紹之能以文字展現
所見景象，而且她還介紹沿途見聞，說明其中的特色或歷史淵源。其實單士

〔註153〕參見《歸潛記‧彼得寺》，頁767～768。
〔註154〕參見《癸卯旅行記》（卷下），頁752。

鬘並不是最早隨夫出使外國的清廷命婦，如光緒四年起，曾紀澤帶領妻兒與胞妹出使法、英、俄等地：

> 紀澤出使法、英、俄前後 8 年（光緒 4 年至 12 年，1878〜1886），妻子、兒女和一位妹妹隨行。她們不由自主地成爲中國近代少數暴露於西方文化環境中的官家婦女。〔註 155〕

而《出使英法俄國日記》一書中記載夫人隨行，行動卻不甚自由的情況：

> 申刻出門，因内人、仲妹欲觀圓屋畫景，本日聞無遊客，乃率婦孺至其處，縱觀極久，車繞至博浪大花園池傍一觀，歸途繞至電氣燈處一觀，夜歸。〔註 156〕

又如《曾紀澤日記》主要仍由男性記錄風土民情，女眷的活動並不是主要目的。雖然女性也獲得出洋的機會，但是曾氏家族堅守儒家觀念，使女眷的日常行動受到限制。此外，可能是爲了避免日記內容一旦公諸於世，家庭生活恐引起衛道人士非議。所以，曾氏家族女眷的舉止仍受到中國禮教約束，更遑論打破内言不出、三從四德等關卡，將旅遊所見以文字記錄下來。〔註 157〕當錢恂與有榮焉寫下：「得中國婦女所未曾有」，〔註 158〕即可見單士鬘在晚清的女性旅遊書寫上極具開創性。〔註 159〕

造成中國男女才學及識見的差異，歸因於大環境的束縛與限制，如果外

〔註 155〕 參見林維紅：〈面對西方文化的中國「新」女性：從《曾紀澤日記》看曾氏婦女在歐洲〉收於羅久蓉、呂妙芬主編：《無聲之聲（III）：近代中國的婦女與文化（1600〜1950）》，臺北：中央研究院近代史研究所，2003 年 5 月初版，頁 216。

〔註 156〕 （清）曾紀澤：《出使英法俄國日記》，收於鍾叔河編《走向世界叢書》，頁 162。

〔註 157〕 相關論述參見林維紅：〈面對西方文化的中國「新」女性：從《曾紀澤日記》看曾氏婦女在歐洲〉收於羅久蓉、呂妙芬主編：《無聲之聲（III）：近代中國的婦女與文化（1600〜1950）》（臺北：中央研究院近代史研究所，2003 年 5 月初版），頁 215〜241。

〔註 158〕 「右日記三卷，爲予妻單士鬘所撰，以三萬數千言，計二萬數千里之行程，得中國婦女所未曾有。」參見《癸卯旅行記》〈題記〉，頁 683。

〔註 159〕 「如珍潔・如希斯（Jinger Heath）在《夢想無價（Positively You）》一書中提到，女性在自我探索當中將獲得寶貴的經驗。但是她也點出了一般女性容易陷入狹隘、自我限制的角色當中而不自知，所以，女性在面對追求理想之際所可能面臨的困難，應該懇切的睜開雙眼，勇敢克服——勇於嘗試新鮮的事物，向冒險挑戰，當我們一旦學會接受難題的挑戰，自信心便將源源不絕的自心裡湧現，新的自我便誕生。」相關論述參見珍潔・希斯（Jinger Heath）原著：劉娟君、畢馨云譯：《夢想無價（Positively You）》，臺北：星光出版社，1999 年 1 月第一版。

在客觀條件相同，女性也有機會無拘束的遨遊四方，則成就未必會遜於男性。〔註160〕

〔註160〕 「有一些人，例如旅行家……很容易成爲作家的。他們閱歷豐富，見多識廣，往往信手拈來，便成佳作。文學創作最重要的是生活知識，沒有材料，即便是『巧婦』，也難爲『無米之炊』。」參見秦牧：〈序〉，收於沈吉慶著：《國土與國風》，上海：學林出版社，1990 年 8 月第 1 版，頁 1。

第三章　新女性形象

　　中國傳統女子被剝奪基本人權，是個存在已久的不爭事實，[註1] 綜觀過往，男性能夠成功宰制女性、維持男尊女卑地位的主要因素如下：

> 男性宰制業已深入生活每個層面——確言之，隨著宗教、生物「科學」、精神分析及經濟因素，彼此連結成一套（能合理化男尊女卑的）結構。這套結構且代代傳遞，遞增男性宰制在每個時代都被結結實實地重新發明一次。……女性只有成爲這無可逃避的男性宰制的共犯——安於自身的範疇，安於她們，接受自己，接受男人的方式。[註2]

女性委曲求全地生活在父權陰影之下，有時爲爭取青睞而勾心鬥角。女子教育或權利常被忽略，女性大都被剝奪了尊嚴、自主性，甚至有登徒子將女性視爲掌中玩物！[註3]

　　本章分成廢纏足、興女學、享權力及存婦德等四個面向，談論單士釐主張的中國新女性形象，以及她設法激發中國女性走出傳統、邁向獨立的未來，

[註1] 西方女性在歷史過程中，也曾經遇到類似情境。如西蒙・波娃（Simonede Beauvoir）在《第二性・序》提到眾多對女性附屬、次要地位的定義與解釋：「聖・托馬斯，則說女人是『不健全的人』，是『附屬的人』。……人就是指男性。……她是附屬的人，是同主要者（the essential）相對立的次要者（the inessential）。他是主體（the Subject），是絕對的（the Absolute），而她只是他者（the Other）。」參見西蒙・波娃（Simonede Beauvoir）著、陶鐵鑄譯：《第二性》，臺北：貓頭鷹出版社，2004 年 12 月初版 11 刷，頁 3。

[註2] 參見羅莎琳・邁爾斯（Rosalind Miles）著、刁筱華譯：《女人的世界史》，臺北：麥田出版社，1998 年初版，頁 16

[註3] 相關論述參見黃嫣梨：〈呂碧城與清末民初婦女教育〉，收於鮑家麟編：《中國婦女史論集》五集，臺北：稻香出版社，2001 年 7 月初版，頁 235～256，頁 237。

認清自身能力與人生目標，勇於追求自我價值等所做出的努力。

第一節　廢纏足

　　中國女性受到的壓迫包括身心兩個層面。因此，要讓中國女性自我意識甦醒的首要條件便是解放婦女身體的束縛，還給女性身心自主權。如梁啓超等變法維新人士，繼李汝珍、俞正燮後，在一片熱血澎湃的改革思潮裡，紛紛提出改善中國婦女傳統生活模式的主張：

> 他們發現纏足與目不識丁是中國婦女的兩大弊端，也是國家貧弱的
> 根源。纏足致使婦女體弱，以致種弱。目不識丁，無知無識則缺乏
> 謀生能力，而成為分利之人。而且因為知識不足，以致無法養育健
> 康的下一代。〔註4〕

中國長期以來實行的纏足陋風，造成女性足骨變形，僅能勉強觸地行走的窘態，嚴重迫害婦女健康。纏足在中國歷史亦是盛行已久的審美觀，造成根深柢固的觀念，致使歷代雖有廢除纏足之議，可惜成效不彰。

　　大致而言，纏足之風隨著制度、宗教、種族、習俗等差別而不同，如一夫多妻制，或女性被迫接受從一而終、一女不事二夫等貞操觀，就格外容易迫使女性為取悅男性，願意忍受纏足帶來的劇痛。〔註5〕纏足風氣能夠多年不衰，雖然主因起自男性癖好，同時也蘊含女性自我迷思，藉傷害身體以滿足男性欲求或從中獲得地位、謀取利益。

　　而清代纏足風氣雖盛，卻非每個婦女都必須纏足，如 1878～1879 年間《萬國公報》刊載：

> 於城市則染之較深，於鄉曲染之較淺，……農人之女則鮮有裹足。

〔註4〕　參見廖秀真：〈清末女學在學制上的演進及女子小學教育的發展（1897～
　　　　1911）〉，收於李又寧、張玉法編：《中國婦女史論文集》第二輯，臺北：臺灣
　　　　商務印書館，1988 年 5 月初版，頁 203～255，第 203 頁。

〔註5〕　「體現內／外和男／女界限的空間定位被纏足所強化，纏足是對女性身體的
　　　　一種改造。纏足一直被視作在以男權為主的中國家庭體系中，女性受制和受
　　　　害的明證。……她們感到的自豪，帶著發自內心的喜悅，……纏足普及的動
　　　　力，是建立在定義國家地位和社會性別的更大關注點上的，……明末清初，
　　　　纏足已成了江南城市長大的女孩都接受的習俗。……強化了分離的男／女領
　　　　地這樣一種理想和實踐。」參見（美）高彥頤著、李志生譯：《閨塾師——明
　　　　末清初江南的才女文化》，江蘇：江蘇人民出版社，2005 年 1 月第 1 版；2006
　　　　年 6 月第 2 次印刷，頁 157～160。

〔註6〕

村姑民婦爲求行動之便，並無纏足習慣。但基本上，漢族社會的纏足風氣極爲普及，且多以纏足作爲女子身份的重要象徵。自然，單士釐亦不能免俗的接受纏足。特別的是，單士釐仍能樂於遊山玩水之中，絲毫不因纏足而苦於步行。並表達自己倖免於傳統官宦世家女子大門不出、二門不邁的規矩。如：

> 中國婦女向以步行爲艱，予幸不病此。當在東京，步行是常事。〔註7〕

又如單士釐從日本準備赴俄期間，曾繞回硤石鄉探視親友幾日。從這幾天的《癸卯旅行記》內容裡，也可以看出她無所拘束：

> 當在東京，步行是常事。辛丑寓居鎌倉，遊建長寺則攀樹陟巔，賞金澤牡丹則繞行湖壖。此硤石爲幼年生長地，今已老，鄉黨間尚不以予爲非，故特以步行風同里婦女。〔註8〕

單士釐希望能傳達出女性身體自主權，便從己做起。她甚至以文字傳達旅遊或步行的情景。如早年詩作〈侍祖慈母氏遊妙高山〉除了沉浸山水之樂外，亦可知單士釐行動自如的幸運，從婚前便是如此：

> 重闈欣履和，愛此韶華舞。命駕陟崇岡，行行修且阻。鳥鳴格杰聲，峰轉蜿蜒路。竹梢露危欄，迎人野花舞。松濤作鼓吹，輕袂迎風舉。……〔註9〕

或者表達婚後夫妻相隨而行的種種情趣，如〈庚子四月十八日舟泊神戶〉、〈遊塔之澤宿福住樓之臨溪閣〉〔註10〕、〈偕夫子遊箱根（四首）〉、〈二十世紀之春，偕夫子住鎌倉日遊各名勝，用蘇和王勝之遊鐘山韻〉、〈庚子秋津田老者約夫子偕予同遊金澤及橫須賀〉、〈江島金龜樓餞歲積蹏步齋主人原韻〉、〈辛丑春日偕夫陪夏君地山伉儷重遊江島再步韻〉、〔註11〕〈壬子五月六日，偕夫子挈稚弱遊西湖靈隱寺，憩冷泉亭，示長子稻孫，時將北遊詩以勖之〉〔註12〕、〈和夫子系匏州詠即步原韻（三十首）〉。〔註13〕又或者以行萬里路之姿，增

〔註6〕 參見〈裹足論〉，《萬國公報》（華文書局影印本）卷11（1878～1879），頁30～31。
〔註7〕 參見《癸卯旅行記》（卷上），頁697。
〔註8〕 參見《癸卯旅行記》（卷上）三月六日（陽四月三日），頁。697
〔註9〕 參見《受茲室詩稿》（卷上），頁7。
〔註10〕 參見《受茲室詩稿》（卷上），頁21～22。
〔註11〕 參見《受茲室詩稿》（卷上），頁24～31。
〔註12〕 參見《受茲室詩稿》（卷中），頁51。
〔註13〕 參見《受茲室詩稿》（卷中），頁53。

廣見聞，如〈光緒癸卯春過烏拉嶺〉、〈西伯里亞道中觀野燒〉、〈遊俄都博物館〉。〔註14〕或藉景抒懷，闡發己志，如〈辛酉重九登八達嶺〉〔註15〕、〈乙丑正月六日攜孫女雅榮車中看雪感賦（二首）〉。〔註16〕又如《癸卯旅行記》和《歸潛記》更是單士釐隨夫遠渡重洋的最佳證明。

一直到晚年，單士釐都喜好旅遊或步行，如〈步夏穗嫂遊花之寺及崇效寺看牡丹兩首原韻（二首）〉、〔註17〕〈和夏穗嫂遊北海公園遇雨原韻〉〔註18〕、〈遊朗潤、蔚秀、達園三處〉、〈穗嫂和予遊三園詩再疊前韻〉〔註19〕、〈丁丑春日攜孫婦袁縈猷，孫女雅滿遊公園〉〔註20〕、〈初春遊清華園〉〔註21〕、〈戊寅春日長子陪遊公園〉〔註22〕、〈七月十四日，長孫端仁夫婦奉我遊公園，飲於來今雨軒〉〔註23〕、〈和羅通嫂遊公園詩（三首）〉、〈和羅嫂重遊公園原韻〉、〈和羅嫂寄示闔家至公園原韻（二首）〉〔註24〕等。

而且單士釐還倡議廢止纏足陋俗。這在當時官宦家族的女子中，可算是罕見而且前衛，如單士釐曾經應友人李蘭州邀請，發表反纏足看法，她提出激昂愷切的言論：

十三日（陽四月十日）李君蘭舟家招飲，其太夫人率兩女、一外孫女接待。席間談衛生事。因譚戒纏足，群以為然。〔註25〕

單士釐冀望透過身體力行與勸導的方式，達到移風易俗的積極成效。

其實，歷史上不乏反纏足論述，如南宋車若水《腳氣集》痛陳纏足弊病：

夫人纏足，不知始於何時？小兒未四五歲，無罪無辜，而使之受無限之苦：纏得小束，不知何用？〔註26〕

〔註14〕參見《受茲室詩稿》（卷中），頁 37～40。
〔註15〕參見《受茲室詩稿》（卷中），頁 65～66。
〔註16〕參見《受茲室詩稿》（卷中），頁 71。
〔註17〕參見《受茲室詩稿》（卷中），頁 70。
〔註18〕參見《受茲室詩稿》（卷下），頁 74。
〔註19〕參見《受茲室詩稿》（卷下），頁 77～78。
〔註20〕參見《受茲室詩稿》（卷下），頁 91。
〔註21〕參見《受茲室詩稿》（卷下），頁 92。
〔註22〕參見《受茲室詩稿》（卷下），頁 98。
〔註23〕參見《受茲室詩稿》（卷下），頁 103。
〔註24〕參見《受茲室詩稿》（卷下），頁 126～127。
〔註25〕參見《癸卯旅行記》（卷上），頁 699。
〔註26〕賈申〈中華婦女纏足考〉指出「這是中國反纏足的第一聲。」參見鮑家麟編著：《中國婦女史論集》，臺北：稻鄉出版社，1979 年 10 月，頁 189。

又如明太祖下詔禁止浙東丐戶女子纏足；〔註27〕清順治和康熙頒布禁纏足令；〔註28〕清代中期以後，袁枚、李汝珍、俞正燮、龔自珍等都曾經相繼提出反纏足言論，他們大多從審美觀或憐憫、體恤女性身體受迫害的立場，主張廢纏足以解放天足。〔註29〕

到了太平天國時期，因洪秀全受基督教影響，在其掌控的地區飭令廢纏足：

> 天下多男人，盡是兄弟之輩；天下多女子，盡是姊妹之群，何得存此疆彼界之私，何可起爾吞我併之念？〔註30〕

以上反對纏足論都未能引起廣大民眾的回應，或許是男尊女卑的機制作祟，廢纏足的倡導無法在一時片刻間改變人民想法。

至於清末反纏足的改革理念，被當作全中國女性的共同問題，纏足是罪無可逭的惡俗。如周作人痛斥：

> 男尊女卑，雖說是東方各民族的通病，女人總是被侮辱與損害的，但是一千多年來的纏足，實爲中國所獨有，夠得上稱爲國渣了。〔註31〕

又如以下文句，字字針砭著纏足風氣：

> 纏足是野蠻習俗。起於「污君獨夫民賊賤丈夫」〔註32〕的父權封建

〔註27〕參見姚靈犀編：《采菲精華錄》，天津書局，1941年，頁1。

〔註28〕「順治十七年（1660）詔：『其女若婦有抗旨纏足者，其父若夫杖八十，流三千里』」。康熙三年重申禁令，將杖數減爲四十。

〔註29〕參見鮑家麟：〈辛亥革命時期的婦女思想〉，收於《中國婦女史論集》，臺北：稻鄉出版社，1979年10月，頁269。

〔註30〕參見羅爾綱：《太平天國史事考》，三聯書局，1955年，頁318；鄭鶴聲：《太平天國婦女解放運動及其評價》，《文史哲》8（1955年），頁42。

〔註31〕參見周作人著；陳子善、鄢琨編：《周作人自選精品集——飯後隨筆》上冊，石家莊，河北人民出版社，1994年9月第1版，頁52。

〔註32〕「『污君』語出梁啓超，〈戒纏足會敘〉（1896），收入李又寧、張玉法編：《近代中國女權運動史料》，下冊，臺北：傳記文學，1975，頁841；「廢物中的廢物」語出胡適，〈敬告中國的女子〉（1906），《胡適文存》，卷九，北京：北京大學，1998，頁421；「野蠻之識」語出康有爲，〈請禁婦女裹足摺〉（1898），收入《近代中國女權運動史料》，上冊，頁510；「漸滅之厄」語出金一（金天翮），《女界鐘》（1903），上海：上海古籍，2003，頁16。所謂的「廢物」，胡適這麼「定義」：「大凡女子纏了腳，不要說這些出兵打仗做書做報的大事情不能去做，就是那些燒茶煮飯縫縫洗洗的小事情也未必人人能做的，咳！這豈不是眞正的一種廢物麼？」（〈敬告中國的女子〉）參見（美）高彥頤（Dorothy Ko）著、苗延威譯《纏足：「金蓮崇拜」盛極而衰的演變》，臺北：左岸文化，2007年6月初版，〈譯序〉頁27。

專制，不但纏足婦女身受其害──「纏了足，便是廢物中的廢物」
──而且，還敗壞國族形象，招致「外人野蠻之議」，牽累國族存續，
使國族面臨「漸滅之厄」。〔註33〕

所以，廢纏足在清末不僅是改革變法運動的一項要務，更是國人面臨內憂外
患之際，救亡圖存的關鍵問題。如此一來，身心健康的女性就成爲晚清推行
改革的基本條件。如陳虯、鄭觀應、嚴復、張之洞、劉頌虞、康有爲、梁啓
超等知識份子都持反纏足論點：

蓋 19 世紀以降，維新之士普遍認爲接受新知，調整或革除舊習是中
國救亡圖存的主要手段。在追求近代化的浪潮下，構成中國一半人
口的婦女，應如何擺脫傳統的束縛，成爲中國近代化的動力，自然
引起嚴重的關切。而當時中外人士不論維新派、革命黨、外國傳教
士或受到西方思想影響的人，無論他們的基本關懷爲何，幾乎一致
認爲要改變傳統婦女的生活或角色，應自不纏足始。〔註34〕

又如康有爲在 1898 年上書勸諫清光緒皇帝頒布禁婦女纏足令：

血氣不流，氣息污穢，足疾易作，上傳身體，或流傳子孫，……，
羸弱流傳，何以爲兵乎？〔註35〕

他提到纏足造成婦女血氣不通，氣息污穢，甚至禍延子嗣。又如梁啓超《變
法通議‧論女學》：

故治天下之大本二：曰正人心，廣人才。而二者之本，必自蒙養始。
蒙養之本，必自母教始。母教之本，必自婦學始，故婦學實天下存
亡強弱之大原也。〔註36〕

纏足一日不變，則女學一日不立。〔註37〕

〔註33〕 參見（美）高彥頤（Dorothy Ko）著、苗延威譯《纏足：「金蓮崇拜」盛極而
衰的演變》，臺北：左岸文化，2007 年 6 月初版，〈譯序〉頁 15。

〔註34〕 參見林維紅：〈清季的婦女不纏足運動（1894～1911）〉，收於李貞德、梁其姿
主編：《婦女與社會──臺灣學者中國史研究論叢 9／邢義田、黃寬重、鄧小
南主編，頁 375～420》，北京：中國大百科全書出版社，2005 年 4 月第 1 版
第 1 刷，頁 376。

〔註35〕 參見康有爲：〈請禁婦女纏足摺〉，收於黃彰健編《康有爲戊戌眞奏議》，臺北：
中央研究院歷史語言研究所，1974 年，頁 479。

〔註36〕 參見梁啓超：《梁啓超全集》第一冊，北京：北京出版社，1999 年 7 月第 1
版，頁 32。

〔註37〕 參見梁啓超：《梁啓超全集》第一冊，北京：北京出版社，1999 年 7 月第 1

他指出天下太平的根基源於母教，並強調先有健康母親然後有強健後代的道理，放諸四海皆準。唯有廢纏足、興女學，才能達到匡正人心、廣集人才，國強民富的理想目標。

從強國保種出發的論調，幾乎是變法維新人士一致反對纏足的基本觀念。或許單士釐受到丈夫錢恂主張變法維新的影響，所以有類似看法，只是單士釐也關心女性本身的行動權與自主權。雖然單士釐與維新派的看法雖有些許差異，但二者都賦予當時的女性解放身體束縛的機會，讓中國婦女獲得一線生機。

1912 年 3 月 13 日臨時大總統孫中山先生，通令禁纏足，但是纏足風俗的完全消失，必須遲至 1940 甚至 1950 年代以後。在晚清纏足仍盛之時，單士釐不同於一般婦女任受擺佈，勇敢提出反對纏足陋行劣風的理念，確實有其過人之處。

第二節　興女學

雖然長久的中國歷史充斥著對女子才學的反對，但明清時代仍有一些具有遠見的人士提出尊重女學、女教的看法。〔註38〕如晚明李贄（1527～1602）〈答以女人學道為見短書〉言明見識與才學的優劣，不會單純因性別不同而有差異，全仗肚內墨水多寡定之：

> 故謂人有男女則可，謂見有男女豈可乎？謂見有長短則可，謂男子之見盡長，女子之見盡短，又豈可乎？設使女人其身而男子其見，樂聞正論而知俗語知不足聽，樂學出世而知浮世知不足戀，則恐當世男子視之，皆當羞愧流汗，不敢出聲矣。〔註39〕

再者，兩性平等受教也是未來趨勢，如以下敘述：

> 女學一旦納入了「軌道」，更豐富與平等的教育，勢必隨著時代潮流

版，頁 33。

〔註38〕「明中後期以降，……中國是個充滿了矛盾和社會開始發生深刻變革的時代。一方面封建專制集權高度膨脹，正統女教讀物空前氾濫，封建婦德愈趨苛嚴；另一方面統治階級極端腐敗，綱紀陵夷，政教失控，……特別是明末……起義軍摧毀明王朝的天翻地覆巨變極大地解放了人們的思想，促進了對專制集權和綱常禮教的懷疑批判。……要求個性解放、平等、自由的早期啟蒙思潮。」參見曹大為：《中國古代女子教育》，北京：北京師範大學出版社，1996 年 12 月第 1 版，頁 427。

〔註39〕參見（明）李贄：《焚書》卷二，頁 59。

的推演而成爲指日可待。〔註40〕

換言之，如果女性有機會接受教育，成就值得期待。所以，明清除了是要求
女子堅守相夫教子、三從四德的婦德觀達到鼎盛的時期；另有一群開明者對
傳統價值給予嚴厲批判，到了新舊嬗替的晚清，更有人主張中國應該向列強
看齊，讓女子接受教育：

> 觀諸西人皆富強，男女均自食其力故也，是貴自立焉、自立之法何？
> 設女學、閱報章、交遊廣、知識多而已。……故凡女子皆宜入塾，
> 教之誨之，一與男子等，長則可以出而問世，坐而言者即可起而
> 行，……則將來更有勝於男者，亦未可限量也。〔註41〕

此外，知識婦女面對橫生荊棘的環境，開始展現韌性，設法從桎梏中破繭而
出、掙脫制度的控制，促使社會重視女性的存在，本論的單士釐便是代表人
物之一。如〈辛丑春日偕夫子陪夏君地山伉儷重游江島再步前韻〉：

> ……游人雜沓兼華歐，我亦重來探靈藪。……舊俗拘牽寧墨守。
> 我邦女學嗟未有，（夏夫人攜女循蘭才九歲，在日本華族女學校。
>
> 〔註42〕
>
> 現值放假，故隨父母來游。）闢故開新解樞紐。〔註43〕

單士釐支持好友將稚女送到日本學習，取他山之石以補中國女學之缺，並期
望能夠有更多中國女子接受教育，達到去舊立新的目的。

在當時，改革人士普遍認爲：如果可以發揮幾乎佔人口一半的女子力量，
便可以有效且迅速推動革新政策。也就是從女性的價值和地位當作評斷國家
強盛與否的標準，逐漸被清末以後的中國新知識份子接受。至於晚清最極力
爭取女學的革新人士非梁啓超莫屬：

> 是故女學最盛者，其國最強。不戰而屈人之兵，美式也；女學次盛

〔註40〕 參見廖秀眞：〈清末女學在學制上的演進及女子小學教育的發展（1897～
1911）〉，收於李又寧、張玉法編：《中國婦女史論文集》第二輯，臺北：臺灣
商務印書館，1988 年 5 月初版，頁 203～255，第 213 頁。

〔註41〕 參見《清議報全編》卷十五第四集文苑上來稿彙存頁 101～102，收於李又寧、
張玉法主編：《近代中國女權運動史料（1842～1911）》上冊，臺北，傳記文
學社，1975 年 12 月初版，頁 375～376。

〔註42〕 「1899 年夏循蘭赴日留學，就讀於華族學校。」參見孫石月：《中國近代女子
留學史》，北京：中國和平出版社，1995 年 9 月第 1 版，頁 367。

〔註43〕 參見《受茲室詩稿‧辛丑春日偕夫子陪夏君地山伉儷重游江島再步前韻》（卷
上），頁 31。

者，其國次強，英法德日本是也。〔註44〕

又如 1899 年《萬國公報》5 月號刊登林樂知譯文〈美女可貴說〉強調女學重要的程度：

> 有人言國之盛衰，教化之優劣，觀於婦女而知之。雖不能專恃無憑，
> 然亦莫妙於是矣！誠哉！是言也。」〔註45〕

中國近代的女性教育經常援引歐美經驗，和西方文明有關的一切，在清末的中國人認知裡，彷彿成為進步與開明的化身，〔註46〕而且歐美女性在教育上享有的機會和男性均等：

> 各類教育之門對女性開放，是十九世紀女權主義者的一大勝利。
> 〔註47〕

所以，中國效法歐美諸國廣推女子教育，女學議題就備受注目。興女學也變成配合救亡圖存，培育身強體健的女性以達到保種強國的手段之一。〔註48〕中國各地天足會如雨後春筍般陸續成立時，常在會議章程裡把廢纏足和興女學並列為施行重點。如梁啓超：

> 欲強國本，必儲人才；欲植人才，必開幼學；欲端幼學，必禀母儀；
> 欲正母儀，必由母教。……今不務所以教之，而務所以刑戮之，倡
> 優之，是率中國四萬萬人之半，而納諸罪人賤役之林，安所往而不
> 為人弱也。〔註49〕

廢纏足是興辦女學的最根本條件，二者相輔相成，而且女學成為治國途徑當中極重要的一環。

　　單士釐也認同女學與中國未來的發展，關係越來越緊密。因此她格外重視女子教育問題，甚至認為女子教育中的母教可以奠下強國基礎，如：

〔註44〕 參見梁啓超：〈變法通義‧論女學〉，收於《飲冰室文集》第 1 冊，臺北：中華書局，1960 年，頁 43。

〔註45〕 「歐化東漸，女學日興，吾儕女子始漸受完全之教育。」參見林樂知譯、蔡爾康錄：〈美女可貴說〉，收於《萬國公報》1899 年 5 月號，引自李又寧、張玉法編：《近代中國女權運動史料（1842～1911）》上冊，頁 179。

〔註46〕 參見杜英：〈論女子當具責任心〉，收於《神州女報》第一期，1912 年，頁 16～17。

〔註47〕 參見 A. Michel 著、張南星譯：《女權主義》，臺北：遠流出版社，1989 年 2 月 16 日初版，頁 93。

〔註48〕 參見陳三井主編，鮑家麟等著：《近代中國婦女運動史》，頁 22。

〔註49〕 參見梁啓超：《戒纏足會敘》，載於《時務報》，華文書局影印本第 16 冊，頁 4。

由女教以衍及子孫，即爲地球無二之強國可也。〔註50〕

如單士釐和丈夫、長媳（包豐保）一同遊覽日本內國博覽會的教育館，提到實施女子教育的看法：

> 且孩童無不先本母教。故論教育根本，女尤備重於男。中國近今亦論教育矣，但多數人材一邊著想，而尚未注重國民，故談女子教育者尤少。〔註51〕

單士釐感慨清末國民教育尚未普及，更憂心中國女子沒有平等的教育環境，以及悲嘆中國政府忽視女子教育。其中，單士釐也和維新派一樣，認爲母教是所有教育的基準。要有優秀的下一代國民，當務之急便是廣泛提倡中國婦女接受教育。所以，她呼籲社會能正視女學的重要性，並將女子教育當作改革圖治的首要政策。

又如單士釐抨擊傳統不重視女學的封建思想：

> 伯寬之友顧、金二君，欲見予談日本女學事。論鄉曲舊見，婦女非至戚不相見。予固老矣，且恆與外國客相見；今本國青年，以予之略有所知，欲就談女學，豈可不竭誠相告？〔註52〕

單士釐謙稱年高力薄，對於改善社會所能提倡的貢獻有限，但一旦有機會改善陋習舊風，她仍願意秉持著熱忱態度，傾己所知以相告。

可見單士釐正面肯定女性接受教育後所產生的力量。此外，單士釐也一語道破清末僅從強國保種的立場提倡女子教育的重大缺失，另從提升國民知識水平爲切入點。如：

> 要之教育之意，乃是爲本國培育國民，並非爲政府儲備人材，故男女並重。〔註53〕

她力主男女平等，女性亦具國民身份，理當擁有受教育的基本權利。再者，單士釐還認爲女子接受教育後有助於融入社會生活，發揮優點、專長。如夫妻二人觀覽完大坂內國博覽會工藝館後的感想：

> 十八日（陽三月十六）觀博覽會。……曰工藝館，……館中執役人，尚女少於男；竊度第六回之會，必女多於男矣。〔註54〕

〔註50〕參見《癸卯旅行記》（卷上）三月八日（陽四月五日），頁697。
〔註51〕參見《癸卯旅行記》（卷上）二月十八日（陽三月十六），頁687。
〔註52〕參見《癸卯旅行記》（卷上）三月八日（陽四月五日），頁697。
〔註53〕參見《癸卯旅行記》（卷上）二月廿二日（陽三月二十），頁692。
〔註54〕參見《癸卯旅行記》（卷上），頁687。

善用教育讓女性主動探索自我，進一步用具體的行動尋求發揮空間。單士釐對女子教育的觀念，頗合乎強調自主自立的女性主義論點。〔註55〕

　　單士釐對女子接受教育持肯定的態度，並再三期許中國女性，莫妄自菲薄，應該迎頭趕上歐美女性。

　　中國女子教育漸受重視是光緒末年的事，尤其1905年廢科舉後，社會上最有身份地位的不再是進士、舉人，而是積極吸收新觀念的紳商。他們選擇進步的西方思想，變化中國舊俗，提升女子地位，促使社會進步。〔註56〕

　　又因為地利之便及理念相近等因素，也有許多中國女子選擇留學日本以吸收新知。如單士釐夫妻相偕，先後帶領二子（錢稻孫、錢穭孫）、一媳（稻孫之妻，包豐保）、一婿（董鴻禕，錢恂前妻所生次女之夫）等到日本留學：

　　　予家留東之男女學生四人皆獨立完全之自費生，……。女學生之以
　　　吾家為第一人，固無論矣。〔註57〕

其中單士釐夫妻鼓勵錢氏女子出洋留學，對提倡女學有正面幫助：

　　　然兩子一婦一婿，分隸四校留學，漸漸進步。〔註58〕

長媳以女子之身得與男性一起留學日本，可謂單士釐提倡女學的實際行動。

　　根據歷史記錄，錢氏家族並非中國第一個派遣女性出國留學者：

　　　中國最早出國留學的女子均是在外國傳教士或教會的幫助下成行的
　　　1870年浙江鄞縣（寧波）6歲的孤兒金雅妹，由美國傳教士帶往日
　　　本，17歲實又被送到美國學醫，成為中國第一個女留學生。〔註59〕

但確定是早期派遣家族女子留學日本的前導者。如以下記載：

　　　1900年……錢（包）豐保〔註60〕隨父兄赴日留學，次年入實踐女校

〔註55〕「這樣則女子求職業的機會多，自然經濟獨立容易。……社會上風氣已開，
　　　　成為習慣，像歐美的社會一樣，不論入那個機關，也有女子職員。到那時更
　　　　沒有窒礙的阻力。」參見陳友琴：〈婦女經濟獨立的基礎〉，收於《婦女雜誌》
　　　　第10卷、第1號，1924年1月，頁55～56。

〔註56〕參見戚世皓：〈辛亥革命與知識婦女〉，收於李又寧、張玉法編：《中國婦女史
　　　　論文集》第二輯，臺北：臺灣商務印書館，1988年5月初版，頁551～576，
　　　　頁551～552。

〔註57〕參見《癸卯旅行記》（卷上）四月二十日（陽四月十七），頁701。

〔註58〕參見《癸卯旅行記》（卷上）二月十七日（陽三月十五），頁685。

〔註59〕參見劉寧元主編：《中國女性史類編》，北京：北京師範大學出版社，1999年
　　　　11月第1版，頁245。

〔註60〕疑漏一字「包」。因為包豐保乃單士釐長媳（錢稻孫之妻），也是早期畢業於
　　　　日本的中國留日女子，她是婚後才隨單士釐前往日本，故冠上夫姓。參見錢

學習。〔註61〕

而錢家女子以自費生的身分前往日本留學，比官派女子留學生早了五年之久，更看出單士夫婦與時俱進、高瞻遠矚的教育觀：

> 清末女子教育並無正式地位，留學者雖有，但多為教會之贊助，或隨父、兄前往，非官方派遣。……光緒三十一年（1905）始有官派之女子留學，最初為湖南省派女子二十名赴日習速成師範，之後有奉天農工商務局總辦熊希齡與日本實踐女學校締約，每年派十五名去習師範。〔註62〕

單士釐切實執行興女學的觀點，實際把家族女子送到日本留學，〔註63〕對近代中國女子教育付出的心力十分可觀！單士釐選擇將錢家女子送往東國（日本），部分原因是當時西方女子教育只是金玉於外，實則日常舉止有諸多不宜之處。真正值得中國女性效法的對象應該是日本女教，因為東洋的女教內外兼顧。如：

> 東國人能守婦德，又益以學，是以可貴。夙聞爾君舅言論，知西方婦女，固不乏德操，但逾閒者究多。在酬酢場中，談論風采，琴畫歌舞，亦何嘗不表出優美；然表面優美，而內部反是，何足取乎？近今論者，事事詆東而譽西，於婦道亦然，爾慎勿為其所惑可也。
>
> 〔註64〕

可以看出她在比較中國、日本、西方的女教之後，特別推崇日本。或許因為日本重視女子品德教育以及對家庭、國家的貢獻等看法與單士釐極為接近。如以下論述：

> 如此，女子為生育男子之基本，豈非不從其根本而圖謀文明之基礎

恂纂：《吳興錢氏家乘》卷三，收於《清代民國名人家譜選刊》第 34 冊，臺北：國家圖書館地方志家譜文獻中心編，2006 年，頁 105。

〔註61〕 參見孫石月：《中國近代女子留學史》，北京：中國和平出版社，1995 年 9 月第 1 版，頁 367～368。

〔註62〕 參見自陳瓊（王瑩）：《清季留學政策初探》，臺北：文史哲出版社，1989 年 7 月初版，頁 74。

〔註63〕 包豐保留日的時間與就讀學校有幾個不同的記錄，本論據〈丙午秋留別日本下田歌子〉注：「長子婦包豐（保）卒業於實踐女學校。」參見《受茲室詩稿》卷中，頁 45；以及「清光緒二十九年二月十七日（陽三月十五日）兩子一婦一婿，分歷四校留學。」參見《癸卯旅行記》卷上，頁 685。列其一以供參考，旨在說明單士釐對女子留學日本的支持態度。

〔註64〕 參見《癸卯旅行記》（卷上）三月八日（陽四月五日），頁 692～693。

乎？東洋之所以微弱而不振興，是因為女子之無受教育。女子無識
字豈能求其所生男子明澈乎？欲保全東洋之君主，皆應注意於女子
教育。〔註65〕

又如 1907 年由學部頒布的中國第一部女學章程──〈女子師範學堂章程〉與
〈女子小學堂章程〉與當時日本教育重視的「賢妻良母主義」有關。〔註66〕

　　故日本女教的宗旨與單士釐的觀念不謀而合，如〈日本東亞女學校附屬
中國女子留學生速成師範學堂章程〉：

宗旨家有賢母，猶國有賢臣，國有之必興，家有之必榮。昔者孟母
果出大賢，以貢獻國家，實家庭教育之明效也。方今女學興盛，其
亦有見於此歟！〔註67〕

又如〈日本實踐女學校附屬中國女子留學生師範工藝速成科規章〉：

緣起頃者中日兩國交誼，既日加厚，彼國女士之來我國從學者，亦
歲加多，……女子之天職在內助之實務與家庭之教育，此不待言，
至其天職之能舉與否，又關於其國運之消長。〔註68〕

單士釐深切認同日本明治維新之後的成就，在推行女教觀念上，多少也有類
似日本的主張。她意識到中國主流思想沒有體悟到女學的重要，應當仿效東
國（日本）兼具女性品德的女學。這部份思維與日本女教育家下田歌子頗為
近似：

下田歌子本身為日本教育制度下「賢妻良母主義」婦女教育的代表
人物，……主張婦女教育應以「東洋女德之美」與「西歐科學之智」
為主軸。……將婦女訓練成優良的勞動力，藉以趕上歐美的產業化，
並以「東洋溫順的婦德」武裝婦女的精神。〔註69〕

〔註65〕參見〈女子教育論〉，《帝國新聞》1901 年 4 月 5 日。轉引自陳姃湲：〈簡介近
　　　　代亞洲的「賢妻良母」思想──從回顧日本、韓國、中國的研究成果談起〉，
　　　　收於近代中國婦女史研究編輯委員會編：《近代中國婦女史研究》第十期，臺
　　　　北：中研院近史所，2002 年 12 月，頁 199～219，頁 203 註9。

〔註66〕參見陳姃湲：《從東亞看近代中國婦女教育──知識份子對「賢妻良母」的改
　　　　造》，臺北：稻鄉出版社，2005 年 11 月初版，頁 133。

〔註67〕參見劉眞主編：《留學教育──中國留學教育史料》第一冊，臺北：國立編譯
　　　　館，1980 年 7 月出版，頁 320。

〔註68〕參見劉眞主編：《留學教育──中國留學教育史料》第一冊，臺北：國立編譯
　　　　館，1980 年 7 月出版，頁 323。

〔註69〕參見陳姃湲：《從東亞看近代中國婦女教育──知識份子對「賢妻良母」的改
　　　　造》，臺北：稻鄉出版社，2005 年 11 月初版，頁 126。

下田歌子〔註70〕在中國留日女子教育過程中扮演極重要的角色：

（1）去者，明治三十八年（光緒三十一年）三月，日本之東西女學並附
　　　設中國女子留學速成師範學堂，實踐女學亦設中國女子留學師範、
　　　工藝速成科。東西女學本科修業二年，並有修業六月之音樂專修科
　　　與遊戲體操專修科；實踐本科一年，工藝科六月。

（2）當時去日之女生，大概在此等專設之學校補習，而實踐校長爲日本
　　　著名之下田歌子，官費生多集該校。光緒三十一年，湖南派女子二
　　　十名赴日習速成師範，奉天並特派熊希齡去日本考察教育，與下田
　　　歌子特約，每年派女生十五名至該校習師範。〔註71〕

又如明治二十六年四月華族女學校長西村茂樹替下田歌子《家政學》一書寫
序言，點出東西方對女學要求的差異：

　　　苟能學文藝而不廢實務，戒虛驕而不怠婦功，則天下誰有忽女子之教
　　　育者。……本校學監下田女史，教授之暇著《家政學》二卷……東洋
　　　之女教，以操行爲重。西方之女教，以權義爲重。……婦德本也，才
　　　能末也，本立而道生。世之教育者無失本末之序則可矣。〔註72〕

單士釐與下田歌子因理念相合而結爲好友，志同道合爲女子教育努力。如〈丙
午秋留別日本下田歌子〉：

　　　六載交情幾溯洄，一家幸福荷栽培。（長子婦包豐卒業於實踐女學校）
　　　扶持世教垂名作，傳播徽音愧譯才。（曾譯君所著《家政學》付刊）
　　　全國精神基女學，海上三山首重回。〔註73〕

下田歌子倡議的賢妻良母主義與單士釐所重視的女學實乃相距不遠，則單士
釐翻譯下田歌子《家政學》的用意便不言可喻。

　　　其實單士釐賢妻良母主義的想法也很接近維新派人士〔註74〕以及新式女

〔註70〕「我國早期留日女學生主要集中在下田歌子主持的青山實踐女子學校，官費
　　　　留日女生也多在該校肄業。下田歌子曾爲教育和培養中國女留學生作出過積
　　　　極努力。」參見孫石月：《中國近代女子留學史》，北京：中國和平出版社，
　　　　1995 年 9 月第 1 版，頁 99。

〔註71〕參見李又寧、張玉法主編：《近代中國女權運動史料（1842～1911）》下冊，
　　　　臺北，傳記文學社，1975 年 12 月初版，頁 1251～1252。

〔註72〕參見西村茂樹：《家政學序》，收於下田歌子：《家政學》上冊，東京都：株式
　　　　會社ゆまに書房，2007 年 11 月 25 日，頁 13～18。

〔註73〕參見《受茲室詩稿·丙午秋留別日本下田歌子》（卷中），頁 45。

〔註74〕「泰西女學與男丁並重：人生八歲，無分男女，皆須入塾訓以讀書、識字、算

子教育宗旨，如光緒三十一年（民國前七年）政府設立學部，規章把女學歸入家庭教育法，二年後學部擬定女子師範章程共 36 條，宗旨是：「養成女子小學堂教習，并講習保育幼兒方法，期於裨助家計，有益家庭教育爲宗旨」。校訓則是：「貞靜順良，慈淑端儉」。並且以「《烈女傳》、《女誡》、《女訓》、《女孝經》、《家範》、《內則閨範》、《過氏母訓》、《教女傳通纂》、《教女遺規》、《女學》、《婦學》」等爲課本。〔註75〕無論中國維新派、日本明治思想家，皆欲發動婦女參加改革。於是他們都批判舊觀念，主張女學。所以，日本賢妻良母的女子教育方針，普遍被中國人民接受：

> 明治維新思新家的婦女思想，已不將婦女的角色限於家庭內。他們皆站在平等、人權的觀念上，主張婦女教育應同於男性，以學習一般的教養以及自主的能力爲其目的。〔註76〕

如丁鳳珠〈振興女學之功效〉：

> 一曰隆母教，一曰宏師資，一曰振國教，一曰整家政。〔註77〕

如〈臨朐興辦女學〉：

> 臨朐縣近以該縣民風遊惰，鮮知家庭教育，擬請於蒙養院先招女徒二十名，聘年高學優之儒爲教習，講家庭教育之義，以開本處風氣。
> 〔註78〕

如胡彬夏〈基礎之基礎〉：

> 吾二十世紀之新女子篇中南夫人有言曰：「處理家庭之婦女，最需高等教育。」〔註79〕

數等事。……雖平民婦女不必男子之博雅淹通，亦必能通書文明道理，守規矩，達事情，參以書、數、繪畫、紡織、烹調之事，而女紅、中饋附之，乃能佐子相夫，爲賢內助矣。」參見鄭觀應：《盛世危言·女學》收於夏東元編《鄭觀應集》共二冊，上海：上海人民出版社，1982 年 9 月第 1 版，（上冊）頁 287。

〔註75〕 參見劉（王立）明：《中國婦女運動》，臺北：商務印書館，1934 年 6 月初版，頁 80～81。

〔註76〕 參見陳姃湲：〈簡介近代亞洲的「賢妻良母」思想——從回顧日本、韓國、中國的研究成果談起〉，收於近代中國婦女史研究編輯委員會編：《近代中國婦女史研究》第十期，臺北：中研院近史所，2002 年 12 月，頁 199～219，第 208 頁。

〔註77〕 參見《婦女雜誌》一卷七號，頁 5。

〔註78〕 參見光緒三十一年三月二十五日《順天時報》。轉引自李又寧、張玉法主編：《近代中國女權運動史料（1842～1911）》下冊，臺北：傳記文學社，1975 年 12 月初版，頁 1092。

〔註79〕 參見《婦女雜誌》二卷八號，頁 10。

又如以下所論：

> 女學章程中規定，修身課本須擷取自漢以來的女德教科書，並以「貞敬順良，慈淑端儉」爲女子師範學堂的校訓，此一狀況至民國初年依然沒有太大的變動。〔註80〕

其實日本以西洋文明及中國文化爲發展的根基，乃眾所周知的史實。尤其是淵源於中國文化的影響更是深遠，如周作人所言：

> 日本開國相傳在基督前六百六十年，謹慎的學者則仍取孝德天皇大化元年（六四五）爲紀年，是時爲唐貞觀十九年，日本初仿中國用年號，次年即實行改革。於歷史開一新年代，一切文化於以建立。〔註81〕

所以，日本女子教育對婦女品格的重視自然也有來自中國傳統儒家思想的部分：

> 清末留日女子多習師範、家政、工藝等專業。其原因之一是日本賢妻良母，「爲帝國，爲田人」的女子教育宗旨和中國「上可相夫，下可教子，近可宜家，遠可善種」的女子教育思想趨於一致，易於接受；二是國內興女學的需要。當時國內女學新興，師資奇缺，……清政府硬性規定男子不能在女校任教。〔註82〕

但此同時，賢妻良母與儒教的婦德觀體現在日本女教上，如《女訓抄》、《鑑草》、《女子訓》、《女大學寶箱》；中國《女四書》，……講述婦女應守之德。明治維新時期建立以天皇爲主軸的國族觀念，不僅加強女教，還增加勞動、裁縫等，促使女性擁有多種能力以維持家庭運作。〔註83〕

　　晚清是個脫離舊觀念的時代，身爲中國女性重新檢視受教育的方式，增加自信並提升競爭力。如單士釐在 1900 庚子年秋，遊歷金澤、橫須賀等地，作〈庚子秋津田老者約夫子偕予同遊金澤及橫須賀〉表達以中國女教爲己任

〔註80〕 參見周敘琪：《一九一〇～一九二〇年代都會新婦女生活風貌——以《婦女雜誌》爲分析實例》，臺北：國立臺灣大學出版委員會，1996 年 6 月初版，頁63。

〔註81〕 參見周作人：《知堂乙酉文編》，香港：三育出版社，1962 年 3 月版，頁 135。

〔註82〕 參見孫石月：《中國近代女子留學史》，北京：中國和平出版社，1995 年 9 月第 1 版，頁 99。

〔註83〕 參見陳姃湲：〈簡介近代亞洲的「賢妻良母」思想——從回顧日本、韓國、中國的研究成果談起〉，收於近代中國婦女史研究編輯委員會編：《近代中國婦女史研究》第十期，臺北：中研院近史所，2002 年 12 月，頁 199～219。

的想法，並且勉勵中國女性，切實把握時機、奮勉學習：

> 金澤橫須賀，風景殊不惡。……嗟予疏繪事，空對屠門嚼。東作未
> 耘籽，秋成安望獲？寄語深閨侶：療俗急需藥。幼學當斯紀，（英人
> 論十九世紀爲婦女世界，今已二十世紀，吾華婦女可不勉旃！）良
> 時再來莫。〔註84〕

又如煉石〈發刊詞〉對中國實行女子教育的光明前景持肯定口吻：

> 近年以來，朝野上下始從事於女子教育問題，通都大埠之間，女校相
> 繼成立，雖規模未備，甫具雛形，較諸東西女界，瞠乎其後。然就吾
> 中國論之，不可爲非爲吾女學界開一新紀元也。……必發揮其新道
> 德，而活潑其新思想，斯教育一女子，即國家眞得一女國民。由此類
> 推，教育之範圍日以廣，社會之魔害日以消，國民精神即日以發達。
> 十年以後，如爲中國女界不足與歐美爭衡者，吾不信也。〔註85〕

透過教育促使中國女人地位逐漸提高，並獲得適度的發展空間，那麼中國人
的幸福和喜樂，亦會與日俱增，中國豈可能不成爲以教化聞名於世的強國呢？

　　單士釐提出中國女學的缺失，從根本問題切入，企圖解決頹弱國勢。並
期許若能力圖振作，則中國躋身強國之林的期望便指日可待。〔註86〕

　　隨著觀念逐漸開放，中國自辦的女學教育機構增多，在境內的女性終於
一償入學接受教育的宿願。凡有革新思想的知識份子勢必覺悟到興辦女學的
刻不容緩，單士釐便是其中之一！

第三節　享權力

　　十八、九世紀之後時局遽變，全世界興起一股婦女解放熱潮。如經濟結
構變動、女子加入勞動人口的數量激增，傳統制度崩解，中產階級興起等。

〔註84〕參見《受茲室詩稿》（卷上），頁 25〜27。

〔註85〕參見煉石：〈發刊詞〉，收於《中國新女界雜誌》第一期，1906 年 12 月，頁 2
　　　　〜3。

〔註86〕「現在社會上有極少數男女青年，實際上並不懂多少「西學」，卻接受了西
　　　　方資產階級頹廢派「性解放」、「性自由」的影響，追求「蕩檢逾閑」的生
　　　　活方式。他們（或她們）連表面上「談論風采」的優美也表不出來，內在
　　　　的道德情操當然更談不上優美。對於他們（或她們）來說，聽聽八十年前
　　　　這位思想解放的老祖母的話，也許不無裨益。」參見鍾叔河：〈第一部女子
　　　　出國記〉，頁 665。

〔註87〕但是中國女性自主意識的萌發，卻必須等到二十世紀。如下所述：

> 當一九一一年第一次革命起事有些女子參加在內，並組織女子北伐
> 隊和紅十字團在戰地救護傷兵。後來臨時政府成立，主張男女平等，
> 保護國家利益的孫中山先生被舉爲臨時總統，一般高級的女子向政
> 府要求女子參政，教育平等，婚姻自由，禁止蓄奴致和娶妾制等。
> 〔註88〕

至於清季變法運動在強國保種的觀點下，女權問題特別受到重視，其中比較
爲人所知的女權改革者又以男性居多。如嚴復（1854～1921）、康有爲（1858
～1927）、梁啓超（1873～1929）等。〔註89〕

隨著時代遞進，才有越來越多女子投入女權運動行列：

> 二十世紀初，留學日本的中國女學生受日本女權思潮影響，當時在
> 上海，聚居了一群受過教育和有進步意識的新女性，其中陳擷芬在
> 一九〇二年創立了《女報》，一年後發展爲《女學報》，其他的婦女
> 報刊，如《女子世界》、《中國新女界》、《女界鐘》、《女界日報》、《北
> 京女報》等，亦先後在上海、北京、日本等地面世，不斷鼓吹男女
> 平權、婦女參政、女子受教育及就業的權利。〔註90〕

而單士釐不僅是女權倡導者，她也將觀念落實在日常生活：

> 今日特乘汽車，往西京一遊。……徘迴廣苑，正不知應從何門而入，
> 遇一書生詢何往，告以欲入離宮。彼特爲詢問確實，導至一門。外
> 子出名刺與優待券示守官，守官導入門，出簿請書姓名。日本用西
> 例，得挈妻子遊，故予及子婦均隨入。〔註91〕

單士釐隨丈夫觀覽西京時，因日本慣用「西例」尊重女性權力，自己及媳婦
（包豐保）才得以自由參觀。又如：

> 去歲日本橫須賀造成一軍艦，舉進水式，仿西例延男女賓。子婦以

〔註87〕 參見樊仲雲編：《婦女解放史》，上海：新生命書局，1929 年 10 月 15 日再版。

〔註88〕 參見楊之華：《婦女運動概論》，上海：亞東圖書館，1927 年 4 月再版，頁 62～63。

〔註89〕 「出諸男性本位、由男性宣傳家來提倡和發起。」參見陳三井主編，鮑家麟等：《近代中國婦女運動史》，臺北：近代中國出版社，2004 年再版，頁 72。

〔註90〕 參見張妙清、葉漢明、郭佩蘭編著：《性別學與婦女研究——華人社會的探索》，臺北：稻鄉出版社，1997 年 7 月初版，〈導言〉，頁 viii。

〔註91〕 參見《癸卯旅行記》（卷上），二月二十日（陽三月十八），頁 690～691。

> 女學生故，蒙女校長挈之往，列女賓之末座，亦得預聞其造法用法。
> 而予屢經無淞口，外子每指所謂「海容」、「海圻」者曰：此中國新
> 軍艦也。無論我婦女輩不獲登，即外子亦未嘗登覽。以視異國之每
> 艦砲數、砲力、速率、船質，必一一詳播，惟恐人不知者，相去何
> 如耶！〔註92〕

她一方面稱讚日本尊重女性，重視女權的態度，以及進步程度已跟上西方文
明國家；另一方面省思中國政府仍陷溺於妄自尊大的思維而不自知，一優一
劣的落差之大，怎不令人唏噓！

　　所以，無論中外女性都必須賦予自己力量與勇氣，才能推動時代巨輪，
逐漸改變傳統膠著的男尊女卑模式，共同分享社會資源並且扛起社會責任：

> 婦女問題是社會問題之一，社會問題是整個人類問題，人類，是包
> 括男女而言，有男無女不成其為人類，更不成其為社會。由此便可
> 以知道男女在社會上的地位是並重的，那末，地位既是並重，則義
> 務和權利自然也是同樣的負擔和享受！所以在現在一般留心研究社
> 會問題的學者，也覺悟到非把兩性平均發展不可，否則，想解決社
> 會問題、是決不能成功的。〔註93〕

女性主義者的論點，簡言之就是將女性當作獨立自由的人。女性充分享有權
力是展現社會、時代、民族進步的象徵。如：

> 午後偕黃、李兩夫人步遊市街。兩夫人雖不能如予之健步，然已除
> 內地風氣，以步行為快。晚景蒼茫，極目無際，所謂塞外日落沙平
> 者，親見之矣。〔註94〕

單士釐偕同賈文卿及李佑軒的夫人暢遊市衢街道，無視一般世俗看法，才得
以徜徉在廣闊無垠的塞外日暮時分。單士釐享受行動自由的權力，沉浸在怡
然自得的氛圍當中。

　　雖說天地化育萬物，陰陽調和，男女平等乃天經地義之自然法則，但中
國歷史上婦女的地位始終比不上男子：

> 天地之間，一陰一陽：生人之道，一男一女。上世男女同等；中世

〔註92〕參見《癸卯旅行記》（卷中）四月八日（陽五月四日），頁711。
〔註93〕參見趙清閣：〈婦女解放的根本問題——代發刊詞〉，收於《河南民國日報副
　　　　刊——女子文藝》，編入《中國近現代女性期刊匯編：婦女週刊（四種）》，北
　　　　京：線裝書局，2006年5月第一版，頁1。
〔註94〕參見《癸卯旅行記》（卷中）四月十三日（陽五月九日），頁721。

貴男賤女；近世又倡男女平權。上世之男女同等者，自然之法也；
中世貴男賤女，勢力所致也；近世復倡男女平權者，公理之日明也。

〔註95〕

這種做法窄化婦女生活空間，將之綑綁於閨閣。女性終其一生不只沒有發展
機會，更得戰戰兢兢、如履薄冰過日子。〔註96〕

　　而明清時代對婦女的約束，除了風俗習慣牽引，更加上理學鼎盛，對傳統
禮教產生推波助瀾之效。其實，理學從宋朝便開始居於學術正統地位，〔註97〕
明太祖明令《四書》、《五經》爲取士標準後，更確定理學的神聖地位以及無上
權威。如聖賢之言的八股詩賦、巍峨高聳的貞節牌坊、奪目燦爛的義門旌表等，
都代表著理學變成統治者箝制百姓意識的工具。此外，君王獎勵做法和政策法
令，也宣告理學約束婦女的模式已臻走火入魔，並將男尊女卑的不平等推向極
致：

洪武元年令：凡孝子順孫，義夫節婦，志行卓異者，有司正官舉
名。……民間寡婦，三十以前，夫亡守制；五十以後，不改節者，
旌表門閭，除免本家差役。〔註98〕

諷刺的是明朝國祚不滿三百年，但是貞婦烈女超過萬人。僅《明史》記載的
就有 308 例之多。〔註99〕

〔註95〕 參見謝无量：《中國婦女文學史》，臺北：臺灣中華書局，1973 年 6 月臺一版
〈緒言〉，頁 1。

〔註96〕 「男人透過掌控女人、矮化女人來證明自己得自由與超越，爲自己正名爲
『己』，女人則爲『他』，使女人屈居次位，臣服於男人。」參見鄭至慧：〈存
在主義女性主義──拒絕做第二性的女人〉收於顧燕翎主編：林芳玫、黃淑
玲、鄭至慧、王瑞香、劉毓秀、范情、張小虹、邱貴芬、顧燕翎作：《女性主
義理論與流派》，臺北：女書文化事業有限公司，1997 年 1 月 20 日初版三刷，
頁 96。

〔註97〕 「自從紀元前二世紀起，中國的正統思想是儒家學派的崇古思想。紀元後十
一世紀，儒家思想中的理學一派，成爲儒家思想的正統。大黑暗時代正是理
學興盛的時代，理學最大的流弊是嘴上說得和筆下寫的，都是仁義道德。」
參見柏楊：《中國人史綱》下冊，臺北：星光出版社，1996 年 8 月修訂版第 1
刷，頁 801。

〔註98〕 參見申時行等修、趙用賢等纂《大明會典》卷七十九〈禮部三十七·旌表〉，
收錄於（據明萬曆內府刻本《續修四庫全書》史部、政書類）第 790 冊，上
海：上海古籍出版社，1995 年 3 月，頁 425。

〔註99〕 參見《明史》卷三百一十〈列傳第一百八十九·烈女傳一〉，藝文印書館據清
乾隆武英殿刊本影印，頁 3311：「婦人之行，不出於閨門，故詩載《關雎》《葛
覃》《桃夭》……蓋輓近之情忽庸行而尚奇激國制所襃，志乘所錄，與夫里巷

　　至於對女性的教育理念，若非停留在女子無才便是德的窠臼，就算願意讓女子讀書者，亦大多與女紅〔註100〕或婦德相關，女子地位因此更形低落。甚至爲了達到某種社會認同與讚揚，逼迫女性犧牲。社會劣風猖獗，女性處境亦更悲慘。〔註101〕

　　但明清開始另有一派崇尚人情眞理的作家學者，駁斥理學乃違情悖理的假道學。如晚明湯顯祖，〔註102〕深入將理學壓抑下的女性精神、氣質、思維，社會扭曲價值觀、律法等，透過腳色行當表現。又如馮夢龍《三言‧金玉奴棒打薄情郎》，〔註103〕不僅寫盡人情世故，亦是中國女性眞實人生的縮影。一直到晚清，像單士釐一樣的知識婦女逐漸增加，加入積極開闢新生活的行列中，才使女性自主意識比以往強化，女權也漸受社會重視。

　　單士釐進一步肯定女性在專門技術、工作領域的能力，如《癸卯旅行記》二月十八日（陽三月十六）隨同丈夫參觀日本〔註104〕內國博覽會「工藝館」：

所稱道，流俗所震駭，以至奇至苦爲難能。」
〔註100〕　參見劉詠聰：《女性與歷史——中國傳統觀念初探》，香港，香港教育圖書公司，1993 年初版，頁 93：「也有學人讓女兒識字，但保守者多主張以女紅、節孝、婦德爲主，故嚴辨『丈夫之學』與『女子之學』……根據傳統的兩性分工，紡織經絡、烹調酒食、孝事舅姑、乳養子女等，都是女性的工作。」
〔註101〕　「男子是人，女子也是人，所以男女應當平等。可是殘酷的事實告訴我們，女子處處受男子的宰制，……不獨鄉村婦女如此，城市婦女如此，不獨缺乏『教育』的婦女如此，即受過高深『教育』的婦女也莫不如此。」參見海爾博著、李季譯：《婦女自然史和文化史的研究》，上海：亞東圖書館，1932 年 9 月，頁 2。
〔註102〕　「《牡丹亭》藝術上的最大特色就是它的浪漫主義。它通過杜麗娘的夢和死而復生，塑造出栩栩如生的反封建禮教的女性，體現了作者和封建社會廣大青年男女的美好願望。」參見譚家健主編：《中國文化史概要》，北京：高等教育出版社，1988 年 9 月第一版，頁 164。
〔註103〕　「通過書生莫稽和團頭家的婚姻矛盾，反映了封建社會中婦女的悲慘命運。」參見胡士瑩：《話本小說概論》，北京：中華書局，1980 年 5 月第 1 版、1982 年 7 月北京第 2 次印刷，頁 432。
〔註104〕　「日語「女權」一詞出現的時間目前也無法確定。不過《自由燈》1884 年 5 月 23 日報導「女權會」成立時，曾提到「大阪府下天滿森町的山內女士，以修女道確守貞操節義發展女權爲目的而想要設置女權會」……中國方面，……《清議報》第 38 號（1900 年 3 月 11 日）上登載的《男女交際論》（根據福澤諭吉 1899 年在日本《時事新報》所發文章翻譯），其序言裡就已提到「福澤先生喜言女權」。」參見須藤瑞代：〈近代中國的女權觀念〉，收於王政、陳雁主編：《百年中國女權思潮研究》，上海：復旦大學出版社，2005 年 7 月第一版，頁 37～57，第 40 頁。

日工藝館，爲此會主之之主。棟宇連亙，品物充牣，較他館爲盛，
無一非本國人工所成。此會每五年一回，以與其前次之會相較，驗
工作進步之程度，故精製固所共珍，即粗製亦在所不棄。更助以圖
畫、模型、解說書等，務使覽者了然於其發達狀況，用意全在工商。

館中執役人，尚女少於男；竊度第六回之會，必女多於男矣。〔註105〕

單士釐除了說明工藝館的建築樣貌、展覽時間、形形色色物品、促進工商業
進步，她更認同女性耐心、細膩的特質，若可以超越性別的侷限，則在導覽
參觀的工作上，其實比男性更佔優勢；而且，單士釐「竊度第六回之會，必
女多於男」的見解與預見女性受到社會尊重的平權未來，更可看出她的高瞻
遠矚、洞燭機先。如陽光〈女界自立之先聲〉：

女子不能自立，不操職業爲，惟仰賴男子以生活，此數千年之積弊
也，近自女學興起，風氣爲之一變。今上海商界諸公又組織坤振公
司，凡經理司事之人，悉用女子，則錢之無職業者，今有職業矣。
〔註106〕

又如以下關於女性參與公共領域的權力以及對社會的貢獻：

職業女性如女教習、女醫生、女護士乃至女工，亦次第出現，並逐
漸爲社會所接受。……社團、報刊發揮女性群體之合力，或爲資產
階級政治革命而奔走，或爲振興女權鼓而呼，或引改良社會風氣，
興爲慈善事業爲己任，動之以情，曉之以理，面向女界，反映女性
切身利益，從而疏通了女性與社會相通的渠道，實現了對女性的啓
蒙。〔註107〕

姑且不論清末的單士釐是否眞的落實男女平等的看法，至少在風氣仍未如現
在一般開化的時代裡頭，她針對傳統思想層面進行透析的省思與嚴厲批判，
對女性不公平的社會輿論以及現象大加撻伐，並且以文字和行動提出主張與
呼籲，字裡行間表現出反對男尊女卑觀念，重視婦女等先進思想，將女性地
位大幅度提升。無疑都已經衝擊到傳統衛道人士對女子無才便是德的說法。

〔註105〕參見《癸卯旅行記》，頁686。
〔註106〕參見1911年3月3日《民立報》。轉引自李又寧、張玉法主編：《近代中國女
　　　　權運動史料（1842～1911）》下冊，臺北：傳記文學社，1975年12月初版，
　　　　頁1309。
〔註107〕參見劉寧元主編：《中國女性史類編》，北京：北京師範大學出版社，1999年
　　　　11月第1版，頁25。

隨著民主、自由、思想模式與大環境變化，兩性儼然變成二十世紀的課題，有更多複雜的問題等待我們去解決。〔註108〕如下所言：

> 所謂女性主義理論便是在：
>
> 一、描述男女不平等的現象，或女性的第二性處境。
>
> 二、以女性觀點解釋其原因。非女性主義的學者也曾經注意到兩性社會處境和心理狀態之異，但他們往往以生物決定論（女性先天有缺陷）或交換理論（女性為了延續種族而自願放棄自主性以換取男性保護和供給）來解釋，而導致女性地位無法改變或不需改變的理論。女性主義者則著眼於社會文化因素的分析，使得改革不僅可能，而且可欲。
>
> 三、尋求改善之道。女性主義者根據各自對人性與社會的理解與期盼，提出改革方案，以達到兩性（或多性）平等或婦女解放的目標。
>
> 四、進而探討如何根除宰制與附庸的權力關係，建立平等共存的新文化、新社會。〔註109〕

所以，賦與女性權力，是社會趨向富強、民族的動力。如十七世紀英國亞斯戴爾（Marie Astell）、十八世紀法國畢桑以及英國沃絲頓克拉芙等的觀念：

> 男女之所以有差異，不是來自天性，而是由於兩性所受教育的不同。
>
> 讓女子接受教育，她們將來就可以扮演為社會所禁止的種種角色。〔註110〕

或許因為單士釐的丈夫錢恂是清末維新派的重要成員之一，他的改革圖強觀念影響單士釐頗深，導致單士釐雖然沒有直接參與中國婦女解放運動，但她的諸多看法，恰好與當時盛行於中西方婦女運動的主張及維新人士的看法不謀而合。

此外，她更以身為女性知識份子的切身角度，從關懷女性自身需求出發，提出有別於男性的看法。其實單士釐的概念比較趨近社會性別平等而非生理

〔註108〕參見 Jane Mills 原著；李金梅、林秀娟、賴美忍譯：《兩性新話題（1）——女話》，臺北：書泉出版社，1997 年 8 月初版，〈出版說明〉。

〔註109〕參見顧燕翎主編；林芳玫、黃淑玲、鄭至慧、王瑞香、劉毓秀、范情、張小虹、邱貴芬、顧燕翎作：《女性主義理論與流派》，臺北：女書文化事業有限公司，1997 年 1 月 20 日初版三刷，〈導言 VII～VIII〉。

〔註110〕參見 A. Michel 著、張南星譯：《女權主義》，臺北：遠流出版社，1989 年 2 月 16 日初版，頁 101。

性別平等。〔註111〕亦即她認為女性應廢纏足、參與社會等，無非是爭取女性在社會上的生存空間與基本人權；肯定女性對社會的價值。所以她把視角聚焦在關注女性的社會性別議題、差異等構築成的問題之上。

其實，中國封建乃是鞏固男性地位。女子出嫁前大多是父家財物，出嫁後變成丈夫財產。傳統體制幾乎剝奪掉女性所有的權力，造成必須仰賴男性供給。女性被排斥於政治經濟等活動之外：

> Rubie S. Watson（跋 1986）在其"The named and the nameless gender and person in Chinese Society"一文中即明確描述出……中國男人可以凸顯個人個性，有強烈自我認同，清楚地作為一個人，但女人卻是無個性的，不需要被標示出來的，只是一個角色而不必有自我。
> 〔註112〕

一直到清末，正當其他朝廷命婦仍被侷限於老舊觀念之際，單士釐卻能勇於嘗試遊歷他邦。她以外交官夫人的身份隨同夫婿出洋長達十稔，用文字記錄旅途見聞，對後代女性在旅遊書寫上有極大的貢獻。又如在俄國森堡寫下《癸卯旅行記》自序：

> 回憶歲在己亥，（光緒二十五年），外子駐日本，〔註113〕予率兩子繼往，是為予出疆之始。嗣是庚子、辛丑、壬寅間，無歲不行，或一航，或再航，往復既頻，寄居又久，視東國如鄉井。今癸卯，外子將蹈西伯利長鐵道而為歐俄之游，予喜相偕。十餘年來，予日有所記，未嘗間斷，顧瑣碎無足存者。惟此一段旅行日記，歷日八十，行路逾二萬，履國凡四，頗可以廣聞見。錄付闞目，名曰《癸卯旅

〔註111〕「社會性別（gender）與生理性別（sex）間的差異及社會性別和階層分工的交叉……社會性別是一種文化建構：男女在角色、行為、腦力和情感方面的區別，是通過一個社會發展而形成的。……這種社會性別和政治關聯的想法特別切合中國，在中國，夫——妻結合是統治者——臣民關係的一種隱喻，并且自戰國時期以來，所有政治權力都將其視為一種範本。」參見（美）高彥頤著、李志生譯：《閨塾師——明末清初江南的才女文化》，江蘇：江蘇人民出版社，2005 年 1 月第 1 板；2006 年 6 月第 2 次印刷，〈緒論〉，頁 5～6。

〔註112〕參見吳嘉麗、尤美女、沈美貞、紀欣、張玨、蘇芊玲編：《現代社會與婦女權益（修訂再版）》，臺北：國立空中大學，2001 年 2 月修訂再版，頁 7。

〔註113〕錢恂首度出洋任外使在清光緒十八年。參見錢恂纂修：《吳興錢氏家乘》，收於《清代民國名人家譜選刊》第 34 冊，臺北：國家圖書館地方志家譜文獻中心編，2006 年，頁 81。

行記》。我同胞婦女，或亦覽此而起遠征之羨乎？跂予望之。〔註114〕

自清光緒二十五年起便經常往返於列國，單士釐說明自己主動積極的旅遊態度，企盼個人手札，能對中國廣大蒙昧婦女同胞們產生拋磚引玉的作用，讓更多女性以行萬里路來增廣知識。

另外，單士釐領著長媳一同前往大阪第五回內國博覽會參觀，以身作則的告訴中國婦女用行動吸收新知乃有效提升女權的做法：

> 時大坂正開第五回內國博覽會，尤喜一觀。遂命長子婦侍往大坂觀
> 會，俾於工藝上、教育上增多少知識。〔註115〕

又如單士釐與媳婦無視於大雨滂沱的氣候，冒雨前趨博覽會場觀覽，她們珍惜難得的參訪機會並樂於吸收新知，更以此鼓勵中國婦女，切莫因外在環境的阻擋或一時艱困，就輕易放棄任何學習機會：

> 大雨竟日，予等冒雨遊博覽會。是日遊人少，予等得從容細觀。飯於
> 會中，晚歸寓所。中國婦女本罕出門，更無論冒大雨步行於稠人廣眾
> 之場。予因告子婦曰：「今日之行專為拓開知識起見。……〔註116〕

單士釐亟欲掙脫任女性被擺佈的命運枷鎖，追求涵括政治、經濟、文化、社會等多方面的平等與尊重。此外，單士釐認為女性自有其天賦特質，應透過解放身心自由，接觸廣闊的世界以吸收豐富知識，如〈光緒癸卯春過烏拉嶺〉最後四句，寫出她遊歷俄國優美景致後的感慨：

> 自謂饒眼福，故鄉無此景。謂語諸閨秀，先路敢為請。〔註117〕

單士釐表露對中國婦女居家簡出，無法拓展胸襟視野的感懷，所以她以「先路敢為請」一語，希望成為中國廣大婦女走向世界的先行者，喚醒中國女性開闊見識之心。

但是單士釐眼中的女性似乎仍有柔弱的一面，部分時刻有所顧忌。故彼此必須互相照應，無法完全單獨行動。如《癸卯旅行記》二月廿三日（陽三月廿一）：

> 今日為橫濱之日本郵船過神戶向上海之期，予與外子應由大坂向神戶
> 附舟內渡，為上海之行，先令子婦乘汽車歸東京。弱女子千里獨行，

〔註114〕參見《癸卯旅行記》〈自序〉，頁684。
〔註115〕參見《癸卯旅行記》（卷上）二月十七日（陽三月十五），頁685。
〔註116〕參見《癸卯旅行記》（卷上）二月廿二日（陽三月二十），頁686。
〔註117〕參見《受茲室詩稿・光緒癸卯春過烏拉嶺》（卷中），頁37。

> 雖在外國，亦頗懸心。幸同車有女子，且已先期屬東京校中女幹事時
>
> 任竹子君，按時刻在新橋停車場相迓，必無慮。遂分道而馳。〔註118〕

單士釐雖然採用比較溫和並且認同自己的女性身分方式，走出了一條坦妥的路，但她所倡議的女權當中似乎並非男女完全平等的權力，而是包括某些層面有區別、差異的思維。或許是因為她深受儒家思想與規範影響所致。也或許這是當時的婦女無法完全跳脫的現實環境。

此外，單士釐認為施行女子教育以啟發女智，是推動女權的根基。〔註119〕或因單士釐自幼即有機會接受教育，而所學亦不限於女紅、家務等傳統婦道之學的緣故。

由上所見，單士釐所欲提倡的女權範圍極廣，包括女性教育水平的提升，以助於家庭教育以及強化國力基礎；拓展視野、吸收知識，充實女性自我內涵與競爭力；女性專業人才的培養，擴展女子在社會上的生存空間。

單士釐兼顧了女性群體在社會中所能展現的生產力及貢獻，以及女性個體的思想行動與獨立自由權。換言之，她認為男女有本質上的差異，應該給予立足點的平等，共享權力、資源並共同分擔義務。

從以上的這些觀點都足以稱讚單士釐為近代女性自覺的啟蒙者！

第四節　存婦德

單士釐更進一步指出保存中國婦女傳統美德的必要性，使得中國未來的女性能夠擁有內外兼修的獨特樣貌。她相信儒家價值觀，甚至認為以儒學的處世方式傳給下一代是女性的基本職責，如：

> 婦德究以中國為勝。〔註120〕

我們可以將單士釐的思想與行動和她一貫奉行的婦德相結合：

> 對她們來說，母親身份一個崇高的職業，通過它，女性可以拯救這一世界。……婦女對儒家傳統的肯定，或她們對它的闡釋，並不是簡單地為父權利益服務。尤其當一些母親利用它來陳述女子教育的正確性時，這種肯定甚至還可以說有鬆動正統思想的潛力。〔註121〕

〔註118〕參見《癸卯旅行記》（卷上），頁693。

〔註119〕關於單士釐倡議興辦女子教育的部分，詳見本論第五章、第一節。

〔註120〕參見《癸卯旅行記》（卷上）二月十七日（陽三月十五），頁693。

〔註121〕參見（美）高彥頤著、李志生譯：《閨塾師——明末清初江南的才女文化》，

中國傳統將婦德置於無可取代的地位。如曹丕（187～226）《列異傳》提到「望夫石」的傳說，不僅說明戰火中的離亂，也與婦女的貞節操守與堅貞的愛情觀念有關：

> 武昌新縣北山上，有望夫石，狀若人立者。傳云：昔有貞婦，其夫
> 從役，遠赴國難；婦攜幼子餞別送此山，立望而化為石。……也讚
> 美了古代中國婦女堅貞的愛情。〔註122〕

在儒家思想建構起的價值觀，又將婦德侷限於家庭。〔註123〕凡《大學》的格物、致知、誠意、正心、修身、齊家、治國、平天下等道理，與女性沒有直接關聯。女性扮演承擔家務、負責教養兒女或資助男性成就人生目標：

> 上對長輩的孝養，對丈夫的輔助、下對子女媳婦的教導、旁及嫡庶之
> 間和妯娌之間的相處、以及對僕役婢女的管理，都是女人的責任，可
> 以說把維繫整個家族正常和諧運作的責任都加諸女人身上。〔註124〕

此外，對婦德的要求更可從傳統女教書籍當中窺知一二，〔註125〕除了宋明理學嚴苛地用堅貞自守的精神枷鎖束縛女性，達到全面控制的地步：

> 對傳統社會的婦女而言，貞節烈女不僅只是一種行為的模式，同時
> 更是她們的道德實踐：亦即，這些行為是具有道德意涵的。基本上，

江蘇：江蘇人民出版社，2005 年 1 月第 1 板：2006 年 6 月第 2 次印刷，〈緒論〉，頁 21。

〔註122〕 參見譚達先：中國民間文學知識叢書之三《中國傳說概述》影印本，香港：1991 年，頁 14～15。

〔註123〕 「女性的依賴地位、家庭工作（包括做家事和帶小孩在內）的卑微性……使女性被禁錮在家庭，失去了權力、自尊、自信及對自己生命和生活的掌握。」參見劉毓秀主編、女性學學會著：《女性・國家・照顧工作》，臺北：女書文化事業股份有限公司，2000 年 4 月 10 日初版 2 刷，頁 231～232。

〔註124〕 參見呂妙芬：〈婦女與明代理學的性命追求〉收於羅久蓉、呂妙芬主編：《無聲之聲（III）：近代中國的婦女與文化（1600～1950）》，臺北：中央研究院近代史研究所，2003 年 5 月初版，頁 141。

〔註125〕 「明成祖時，令解縉等人撰成《古今列女傳》三卷，由政府刊印頒行天下。成祖的皇后徐氏撰成《內訓》一書，於公元 1407 年（永樂五年）頒行天下。明世宗時，其母蔣太后撰成《女訓》一卷，世宗親為作序頒行天下。公元 1580 年（萬曆八年），明神宗又命內府將《女訓》與班昭所撰《女誡》合刊，由儒臣王相注釋，帝親為制序頒行天下，嗣後，王相將此二書，再加上唐人宋若莘撰《女論語》一部，還有王相母親劉氏寫的《女範捷錄》一卷，合刊稱為《閨閣女四書》。除卻《女四書》外，還有廣泛傳播於民間的《閨範圖書》、《新婦譜》之類的通俗讀物。」參見劉士聖：《中國古代婦女史》，青島，青島出版社，1991 年 6 月第一版，頁 321。

> 其中的道德意涵包含了二個層面，一是對於婚姻關係的信守，一是
> 傳統婦德的「守身」理想。〔註126〕

清代也有像清初王相將母親劉氏所著《女範捷錄》與漢代班昭《女誡》〔註127〕、
唐代宋若莘、宋若昭《女論語》、明代孝人文皇后《內訓》合爲《女四書》。
藍鼎元《女學》、李晚芳《女學言行錄》等規範女性言行舉止，極度推崇婦德
的書籍。這種婦德至上的道德價值觀，一直到清末，獎勵守貞的風尚仍勝，
如光緒十七年五月初六日，浙江巡撫崧駿奏：

> 伏查該節烈貞孝婦女鍾沈氏等，或侍奉高堂，克兼子職，或撫存弱
> 息，得續宗祧，或未婚而堅不字之操，或捐軀而矢靡他之志，均屬
> 阨窮堪憫，孝義兼全，洵爲巾幗完人，宜沐褒揚盛典，……補行旌
> 表，以闡幽光，而維風化。〔註128〕

當時仍有婦女恪守規範，絲毫不敢踰越：

> 魯迅在他的這第一篇白話論文〈我的節烈觀〉……中國社會裏，（尤
> 其是明、清之際），君主愈要求臣民忠貞，男人就愈要求女人貞節……
> 男人把權威加諸於己的要求轉嫁到家中妻子身上，而女人卻無法將
> 此要求轉嫁他人。〔註129〕

由上述之言可知，理想婦德講究持家規範、婦女性情、品格，務求婦女相夫
教子。或許這也是維繫父權體制的手段之一：

> 能否教誨婦女扮演賢妻良母的角色，直接影響宗族家庭結構的穩
> 定，是宗族組織所一向關注的重要課題。〔註130〕

中國傳統甚至刻意忽略女性才能並限制婦學範圍，〔註131〕強調婦女擔當家庭

〔註126〕參見費絲言：《由典範到規範：從明代貞節烈女的辨識與流傳看貞節觀念的嚴
　　　　格化》，臺北：國立臺灣大學出版委員會，1998年6月初版，頁9。
〔註127〕「幽閒貞靜，守節整齊，行己有恥，動靜有法：是謂婦德。」參見班昭：《女
　　　　誡‧婦行第四》。
〔註128〕參見《宮中檔光緒朝奏摺》第六輯，收於李又寧、張玉法主編：《近代中國女
　　　　權運動史料（1842～1911）》上冊，臺北：傳記文學社，1975年12月初版，
　　　　頁102。
〔註129〕參見簡瑛瑛（Chien Ying-Ying）：《何處是女兒家──女性主義與中西比較文
　　　　學／文化研究》，臺北：聯合文學出版社，1998年11月初版，頁41～42。
〔註130〕參見曹大爲：《中國古代婦女教育》，北京：北京師範大學出版社，1996年12
　　　　月第1版，頁161。
〔註131〕「專心紡績，不好戲笑，潔齊酒食，以奉賓客：是謂婦功。」參見班昭：《女
　　　　誡‧婦行第四》。

管理重責，更要進得了廚房、出得了廳堂，萬不可輕忽怠慢。而單士釐出身於江南地區的書香門第，對於婦德的要求，自然有某種程度上的耳濡目染並親身執行。〔註132〕

　　她在作品當中表達這種婦德為上的思維，並褒揚貞節烈婦，如〈劉烈婦〉（其夫欲賣婦以償博債，婦聞仰藥死）：

> 人生貴信義，男女本無殊。女子守純一，非為壓力驅。吁嗟乎！世衰俗薄夫不夫，大同邪說何為乎？不見仳離劉烈婦，乃能一死綱常扶。……〔註133〕

又如〈題焦節婦事略，擬劉妙容婉轉歌體〉第一首：

> 女有德，存兒好顏色。年荒失所嘆流離，隨父街頭恆乞食。歌婉轉，婉轉復嗟呀！原為女貞木，莫作路旁花。〔註134〕

而單士釐重視婦德的觀點，固然與受教環境和教材有關，丈夫錢恂的價值觀也許多少也會影響她對婦德的推崇。如周作人曾經提到錢恂對中國傳統文化的肯定：

> 聽說從前夏穗卿錢念劬兩位先生在東京街上走著路，看見店鋪招牌的某文句或某字體，常指點贊嘆，謂猶存唐代遺風，非現今中國所有。〔註135〕

其實有許多清代的知識婦女在主張閨秀創作的重視之外，也對傳統婦德保持正向、肯定的態度。如（清）惲珠《閨秀正始集‧弁言》：

> 昔孔子刪詩，不廢閨房之作，後世鄉先生每謂婦人女子職司酒漿縫紉而已，不知周禮九嬪掌婦學之法，婦德之下，繼以婦言，言固非辭章之謂，要不離乎辭章者近是。則女子學詩，庸何傷乎？……乃不揣固陋，自加點定，凡篆刻雲霞，寄懷風月，而義不合於雅教者，雖美弗錄，是卷所存，僅得其半，是集名曰《正始》體裁不一，性

〔註132〕「來自江南城市中心的上流婦女，通過口頭傳授的訓誡文學和格言，她們被賦予了其應信奉的理想化準則──『三從』及其衍生物『四德』。在日常的生活中，她們大多數都於名義上遵從著這些格言，在法律和社會習俗的管束下，過著以家庭為中心的生活。」參見（美）高彥頤著、李志生譯：《閨塾師─明末清初江南的才女文化》，江蘇：江蘇人民出版社，2005年1月第1板；2006年6月第2次印刷，〈緒論〉，頁9。

〔註133〕參見《受茲室詩稿‧劉烈婦》（卷中），頁68。

〔註134〕參見《受茲室詩稿‧題焦節婦事略，擬劉妙容婉轉歌體》（卷中），頁69。

〔註135〕參見周作人：《知堂乙酉文編》，香港：三育出版社，1962年3月版，頁144。

情各正，雪艷冰清，琴和玉潤，庶無慚女史之箴，有合風人之旨爾。
〔註136〕

惲珠說明編書的堅持和理由，更時時不忘以風教或婦德當作女性圭臬。

此外，維新派除了推動新學，也有和單士釐一樣強調婦德之人，如譚嗣同便是其中之一。在他早期〈瀟軒府君家傳〉主張儉樸、刻苦、自勵、忠貞、守節等以男性爲中心的婦德。到甲午戰爭後的主張逐漸改變，如認同幼兒教育來自母親，應該施行女子教育，廢纏足外，但仍相當看重婦德。〔註137〕

單士釐對保存婦德所作出的努力與實踐，可以從她教養子女，提攜錢氏晚輩看出，如：

廿二日（陽三月二十）大雨竟日，予等冒雨遊博覽會。是日遊人少，予等得從容細觀。飯於會中，晚歸寓所。中國婦女本罕出門，更無論冒大雨步行於稠人廣眾之場。予因告子婦曰：「今日之行專爲拓開知識起見。雖躑躅雨中，不爲越禮，況爾侍舅姑而行乎？〔註138〕

單士釐在參觀完大阪博覽會的回程途中，「叮嚀、告誡」媳婦勿失該守的禮節。

此外，母教是中國儒家思想當中極爲重視的女性職責之一，亦可以算是爲人母者最重要的責任。在子女的教育上，雖然父親具有直接關鍵的影響，但在日常訓勉、督導等課子之事，母親經常擔負更重的份量。

而儒家母教所強調的是疼愛卻不失嚴屬的教導準則，如《女孝經・母儀章》：

夫爲人母者，明其禮也，和之以恩愛，示之以嚴毅。〔註139〕

婦女是子嗣人生成就的重要推手，世人對婦女立傳的取捨標準也就定位在「教」字上頭，稟明萬不可用溺愛姑息、不明事理、進退無儀的態度教養子女。

以上是儒家對中國婦女的具體要求，完全可以對應於單士釐所扮演的母親角色。因爲丈夫錢恂忙於外交使節的事業，所以錢氏家族的教養重擔便落在長嫂單士釐身上，男主外、女主內的分工方式，是維持錢氏大家族運作的基石。

再者，儒家對母親的要求著重在養育之責遠勝生育之實：

〔註136〕參見胡文楷編著：《歷代婦女著作考》增訂本，第十六卷，上海：上海古籍出版社，1985 年 7 月第 1 版，頁 631。

〔註137〕相關論述參見李國祁：〈譚嗣同的兩性認知〉收於《近代中國婦女史研究》第 5 期，1997 年 8 月，頁 3～16，第 8～11 頁。

〔註138〕參見《癸卯旅行記》（卷上）。頁 692。

〔註139〕參見張福清編著：《女誡：婦女的規範》，北京：中央人民大學出版社，1996 年第 1 版，頁 11。

> 母教不僅指親生母親（及繼母）的教導，還包括了宗親女性長輩如
> 姑、姨、以及（外）祖母乃至義（養）母等。〔註140〕

單士釐對於後輩的態度符合以上陳述，她善於利用長媳身分，徹底發揮作爲
母親與世族女子所能影響的範圍。如：

> 每天教我讀方塊字，還教我讀五言古詩……她對小輩非常愛護，並
> 且善於引導。因爲她在十九世紀末就帶著她的兩個兒子東渡到日本
> 去了，接受日本明治維新以後的新教育……很注意研究日本的兒童
> 教育和女子教育。〔註141〕

可見無論內在思維或外表態度、實際行爲，單士釐都謹遵儒家文化對婦女職
責的基本要求。如錢恂父母身故後，單士釐盡心竭力地教養、呵護年紀比錢
恂小三十三歲的小叔錢玄同：

> 我叔祖父振常在給繆荃孫的信札中說：「長孫稻孫，九歲畢四子書，
> 授毛詩。次孫穟孫，六歲誦《小學韻語》之類，皆母（指我伯母單
> 士釐）授也。稚子師黃（玄同原名），畢《爾雅》、《易》、《書》、《詩》、
> 刻誦《戴禮》小半。」〔註142〕

又如以下所述：

> 錢玄同十二歲時，父親去世。四年後，母親也去世。……長兄如父，
> 長嫂如母……在日本留學時，錢玄同生病，嫂嫂單士釐就曾親自給
> 他調藥送食，陪這個日語不精的小叔去醫院看病。錢玄同留日時的
> 費用也是徑向長嫂索取。〔註143〕

單士釐對家族子女的關懷不在話下，又如〈癸卯中秋〉二首之二：

> 簾外雪花飛舞，室中溫暖如春；遙想東國兒女，舉觴應念離人！
>
> 〔註144〕

在中秋夜裡，她格外思念遠在日本留學的子女們！

由此可見單士釐深受儒學影響，具婦德的中國女性形象也完全展現。正

〔註140〕參見王力堅：《清代才媛文學之文化考察》，臺北：文津出版社，2006年6月
　　　　初版一刷，頁98。
〔註141〕參見錢秉雄、錢三強：《受茲室詩稿‧回憶伯母單士釐（代序）》，頁1～2。
〔註142〕參見錢仲聯：《夢苕盦論集》，北京：中華書局，1993年11月第1版，頁
　　　　540。
〔註143〕參見邱巍：〈錢玄同和他的家族〉，（收於《書屋》第8期，2006年，頁35～
　　　　39），頁36。
〔註144〕參見《受茲室詩稿‧癸卯中秋》（卷中），頁46。

如《理學與中國文化》所述：

> 儒學是從「孝悌」觀念出發來施行社會教化的。父母對於子女的愛
> 可以說是發自本性的自然之愛，尤其是母愛，可以說是無條件的。
> 人在父母養育下長大，也自然產生對父母的愛敬之心。儒家昭示這
> 種愛敬之心，顯發之，擴充之，強化之，使之形成一種根深柢固的
> 觀念和情感。〔註145〕

單士釐也非常重視錢氏家族子弟們的教育問題，她曾經利用伴隨丈夫出使國
外之便帶著小輩遠渡日本留學，這番作爲造就了錢氏家族人才濟濟的盛況，
對當代以及後代在諸多領域上皆有極大成就。中國的母親形象與家庭息息相
關，這也是儒家強調的母德之一，單士釐獲錢氏家族打從心底的尊敬與崇仰，
確實有所依據，並非虛名！

　　單士釐隨同夫婿遠渡海外，見識到外國女子自由穿梭於公共場所，有機會
與男性平起平坐，她肯定西學的進步以及西方女子受教育的優勢。但她並沒有
因此全然迷失在西學熱潮當中，反而在自省之餘更懂得保持中國美德，如：

> 婦德究以中國爲勝，所恨無學耳。……西方婦女，固不乏德操，但
> 逾閑者究多。在酬酢場中，談論風采，琴畫歌舞，亦何嘗不表出優
> 美；然表面優美，而內部反是，何足取乎？〔註146〕

她認爲中國女子注重婦女品性修爲，是西方婦女遠比不上的部分；並且對西
國女子在大庭廣衆之下逾矩言行引爲己戒。正所謂見賢思齊，見不賢而內自
省也！又如：

> 女德尚流傳於人人性質中，苟善於教育，開誘其智，以完全其德，
> 當爲地球無二之女教國。由女教以衍及子孫，即爲地球無二之強國
> 可也。〔註147〕

在新舊文化交織的環境，單士釐不只極力維護傳統婦德之美，更兼具多面向
的新女性形象。她既固守相夫教子的本分也順應步向世界的時代變遷。她針
對傳統賢妻良母著眼於家庭卻拋荒自我的缺點，表現出女性也可以實現自我
理想。單士釐認知中的賢妻良母形象，並不是忠實順服的無聲奴隸。她認爲

〔註145〕參見羌廣輝著：《理學與中國文化》收於周谷城主編：《中國文化史叢書》，
　　　　上海：上海人民出版社，1994年6月第1版；1995年11月第2次印刷，
　　　　頁413。
〔註146〕參見《癸卯旅行記》（卷上）二月十七日（陽三月十五），頁693。
〔註147〕參見《癸卯旅行記》（卷上）三月八日（陽四月五），頁697～698。

女性對家庭的貢獻，和從事社會工作所發展出來的成就相等，女性無需視賢妻良母為委曲求全、徹底犧牲的無奈命運，反而可以積極地轉化，使女子一生都可被視作一個「人」尊重，如此一來，保存傳統優良價值觀與追求改革之間不僅沒有互相悖逆之處，反而具有相輔相成、唇齒相依的關係。

因婚前開放的教育環境，婚後得到夫婿錢恂和錢氏家族支持，單士釐未受到打壓或限制。她一方面肯定中國婦德的重要性；另一方面優游無慮地徜徉於詩文詞賦的創作當中；更隨夫婿東渡扶桑、遠遊亞歐，用更開拓的胸襟與視野，增添創作的豐贍可觀。並成為後代新女性的良好模範。〔註148〕

在父權時代裡，單士釐不但謹遵道德規範與主流價值觀，也能根據實際需要與時代發展作出靈活變通，她兼容並蓄的展現新文明與舊文化的優點，對當代以及後代女性頗具有啟發性。如鮑家麟語重心長的說：

> 這一集的出版正值千禧年，也是中國在廢纏足興女學，爭取婦女權益，提高婦女地位的一百週年，這一百年來道路崎嶇坎坷，走來確是不易。今日中國婦女之能享有平等的教育機會，平等的發展機會，飲水思源，不能忘記一百年來為此努力的許多男女學者、革命家、立法人士、新聞從業人士。他們的奮鬥和貢獻是不容菲薄的。〔註149〕

中國歷代父權為上，就是根據男尊女卑原則畫分內外有別的模式，如傳統夫妻相處之道：

> 男帥女，女從男。夫婦之義，由此始也。婦人從人者也，幼從父兄，嫁從夫，夫死從子。夫也者，夫也。夫也者，以知帥人者也。〔註150〕

關於妻子一角的定位，傳統更主張「順從」為唯一途徑，女子被教導要具有溫柔恭順美德，如《孟子‧滕文公下》：

〔註148〕「所謂『新女性』，即是對民主社會的理想，對女性自覺的處境，非常了解的婦女。她不只對自己，更為全體女性，乃至全社會的人民，爭取應有的基本人權，她並沒有興趣去追逐權力，也不迷信權力，而是願意運用壓力團體的方法，監督介入權力系統的運作中，來改善對女性種種不合理、不公平的情況。」參見李元貞：《婦女開步走》，臺北：婦女新知基金會出版部，1990年2月第2版，頁9。

〔註149〕參見鮑家麟編：《中國婦女史論集》第五集，臺北：稻香出版社，2001年7月初版，〈序言〉，頁i。

〔註150〕參見《禮記正義》卷二十六，收於（清）阮元校刻：《十三經注疏（附校勘記）》中華書局影本，全二冊，北京：中華書局，1980年9月第1版；1991年6月北京第5次印刷，（下冊）頁1456。

女子之嫁也，母命之。往送之門，戒之曰：「往之女家，必敬必戒，
無違夫子，以順為正者，妾婦之道也。〔註151〕

所以，父母之命，媒妁之言的婚姻制度，一直宰制著中國歷史的男女愛情，
如果不能遵守禮節份際者，將遭受輕蔑的態度以對，如《孟子·滕文公下》：

丈夫生而願為之有室，女子生而願為之有家。父母之心，人皆有之。
不待父母之命，媒妁之言。鑽穴隙相窺，踰牆相從，則父母國人皆
賤之。〔註152〕

因此，中國由男性主導女性附從乃是常態，一夫多妻制度更是存在甚久。

單士釐兼具母教以及女德，成為錢氏家族不可或缺的長媳，對於傳統一
夫多妻的制度，她似乎也是接受的。如尊稱錢恂已過世的元配為「姊」：

長女字蘊輝，為前室董氏姊所生。〔註153〕

又如錢恂出使海外，除了妻子單士釐之外，似乎尚有一妾陪侍：〔註154〕

晚乘月率朝日婢步行至東南湖母舅家。距予家不足三里。〔註155〕

單士釐提到婢妾朝日隨侍在側。推算錢恂納妾的時間點至少在辛丑年（清光
緒二十七年，1901 年）之前。如〈江島金龜樓餞歲步積跬步齋主人原韻〉：

江樓餞臘迎辛丑，……扶持尤喜得新婦。〔註156〕

另外，錢玄同在 1905 年陽 12 月 9 日（陰十一月十三日）日記中提到，共六
人從上海東渡日本，同行當中除了錢恂、單士釐之外，也包括朝日：

余等均坐頭等……兄嫂、（如）嫂居一間、金君、莊康及恂暨予
居……。〔註157〕

〔註151〕 參見《孟子·滕文公下》，收於（清）阮元校刻：《十三經注疏（附校勘記）》
中華書局影本，全二冊，北京：中華書局，1980 年 9 月第 1 版；1991 年 6
月北京第 5 次印刷，（下冊）頁 2710。

〔註152〕 參見《孟子·滕文公下》，收於（清）阮元校刻：《十三經注疏（附校勘記）》
中華書局影本，全二冊，北京：中華書局，1980 年 9 月第 1 版；1991 年 6
月北京第 5 次印刷，（下冊）頁 2710。

〔註153〕 參見《受茲室詩稿·五月十二日悼長女德瑩并序（四首）》（卷中），頁 42。

〔註154〕 錢恂纂修的《吳興錢氏家乘》中，無「朝日」的記錄，但《受茲室詩稿》、錢
玄同、周作人等提及，故在此納入。

〔註155〕 參見《癸卯旅行記》（卷上）三月六日（陽四月三日），頁 697。

〔註156〕 參見《受茲室詩稿》（卷上），頁 27～29。

〔註157〕 按：（如）乃筆者依字形判別，尚未篤定。參見北京魯迅博物館編：《錢玄同
日記》影印本（卷一：1905 年 12 月～1907 年 12 月），福建：福建教育出版
社，頁 1（第四行）。

於 1905 年陽十二月十三日（陰十一月十七日）也提到同行的二名錢氏女眷，一爲單士釐；另一位就是朝日：

> 兄嫂及朝日……暨穟侄居十七……。〔註158〕

又如周作人〈錢念劬〉說到錢恂有一使女，名字讀音爲「鴻烈」，周氏認爲是根據錢恂的民族意識所定。此外，他也從錢玄同處聽說單士釐著《家之宜》，似乎列入一章〈妾之宜〉：

> 他家中有一名使女，名字讀音如鴻烈，這不是用的《淮南子》典故，因爲他最恨清乾隆帝弘歷，所以以此爲名。……夫人蕭山單士釐……又有關於女學的一冊《家之宜》，據玄同說封建氣很重，有一章說〈妾之宜〉，我卻沒能夠見到。〔註159〕

而且周作人也剖析了單士釐的納妾觀：

> 清末民初新學已經大興，講婦學的還有如《家之宜》那樣特列一章論〈妾之宜〉的，……古已有之，根深柢固，……乾隆時徐葉昭女史有《職思齋學文稿》一卷，卷首文十篇，論女道、婦道以至妾道、婢道，正是同一論調。又在《瑤仙閒話記》一篇中述客瑤仙之言曰：「閨門之雅惟納妾爲最，」……本來在男性中心的社會，多妻是男子的天經地義。〔註160〕

又如邱巍所言：

> 錢恂後來曾納一日籍妾，名朝日。錢恂、單士釐周遊世界，朝日一直隨行。〔註161〕

其實早在《禮記》中即出現「妾」的稱呼：

> 天子有后，有夫人，有世婦，有嬪，有妾。〔註162〕奔則爲妾。〔註163〕

如《儀禮・喪服》規定妻貴妾賤的倫理關係：

〔註158〕參見北京魯迅博物館編：《錢玄同日記》影印本（卷一：1905 年 12 月～1907 年 12 月），福建：福建教育出版社，頁 3（第三行）。

〔註159〕參見周作人著、陳子善、鄢琨編：《周作人自選精品集——飯後隨筆》上冊，石家莊：河北人民出版社，1994 年 9 月第 1 版，頁 404。

〔註160〕參見周作人著、陳子善、鄢琨編：《周作人自選精品集——飯後隨筆》上冊，石家莊：河北人民出版社，1994 年 9 月第 1 版，頁 405。

〔註161〕參見邱巍：《吳興錢家：近代學術文化家族的斷裂與傳承》，杭州：浙江大學出版社，2009 年 10 月第 1 版，頁 117。

〔註162〕參見《禮記・曲禮》。

〔註163〕參見《禮記・曲禮》。

> 妾之事女君，與婦之事舅姑等。〔註164〕

妾尊稱丈夫爲「夫君」，自然稱其正妻爲「女君」，妾對妻的態度，如媳婦侍奉公婆一般以順服爲圭臬。如《白虎通・嫁娶》亦言：

> 妻者，齊也，與夫齊體。……妾者，接也，以時接見之。〔註165〕

　　到了清朝，《清律》不僅明定妻妾之異，對妻妾的法律規範也不同。如清代陸圻《新婦譜・敬丈夫七條》第六條有賢淑之妻對丈夫納妾的態度：

> 風雅之人，又加血氣未定，往往遊意倡樓，置買婢妾，只要他會讀
> 書，會做文章，便是才子舉動，不足爲累也。婦人所以妒者，恐有
> 此輩，便伉儷不篤。不知能容婢妾，寬待青樓，居家得縱意自如，
> 出外不被人恥笑，丈夫感恩無地矣！其爲膠漆，不又多乎？……若
> 娶婢買妾，據宜聽從。待之有禮，方稱賢淑。〔註166〕

妾的主要職責在於侍候丈夫，可以自由買賣，所以在家族當中並無地位可言。故單士釐以「婢」稱呼小妾，頗符合傳統妻妾之間階級區別。可見單士釐在接軌新時代之際，骨子裡仍有頗爲傳統的一面。

〔註164〕參見《儀禮・喪服》。
〔註165〕參見《白虎通・嫁娶》第四卷；「妻者齊也，與夫齊體之人也。妾者，接也，僅得與夫接見而已。貴賤之分，不可紊也。」參見《清律・妻妾失序（注）》。
〔註166〕參見陸圻：《新婦譜》，頁44～45，收於《叢書集成續編》第62冊，頁41～46，臺北：新文豐出版社，1989年。

第四章　前瞻世局

　　中國婦女表現出比較頻繁的旅遊行動大約自明中葉起，這種變化可從幾個跡象看出：首先是上層官宦婦女，基於經濟優勢開始旅遊；次由才女著作中顯示。此外，除了隨夫遊覽，官宦世家的婦女於持家之餘出遊，也漸為時尚。〔註1〕

　　但是當時的婦女旅遊都限於中國境內，類型大約是賞景、廟會活動等，行程以數日之內的距離可達為考量。到清代中後期，逐漸有女子隨夫家遠渡重洋，但整個過程仍然以男性為主，女性行動有多方限制，如曾紀澤夫人便是一例：

> 宴會一端，尚須商榷。泰西之例，男女同席宴會，凡貴重女賓坐近主人，貴重男賓坐近主婦，此大禮通例也。而中國先經之教，則男女授受不親。……中國婦女若與男賓同宴，將終身以為大恥。……鄙人此次挈攜妻子同行，擬請足下將鄙人之義，婉達於貴國議禮大員之前。〔註2〕

曾紀澤秉持儒家思維，強調男女之間應守的分際與規矩，無形中限制妻子的

〔註1〕　「萬曆四十六年（1618）其夫葉紹袁（1589～1648）赴南京應秋試，宜修獨與倩倩泛舟湖上，對飲暢談，一夜不歸傳統的歲時節日，也正是婦女出遊的的好時機。在明清江南這類活動最盛、最典型的例子當屬杭州了，每當立春之儀式，名曰『演春』，『士女縱觀，闐塞街市，高聲致語。』到了元宵節前後五夜會張燈，謂之『燈市』，『士女駢集，至有拾翠遺簪者。』」參見巫仁恕：《奢侈的女人——明清時期江南婦女的消費文化》，臺北：三民書局，2005年1月初版一刷，頁36。

〔註2〕　參見喻岳衡點校：《曾紀澤遺集·日記二卷》，長沙：岳麓書局，1983年7月第1版，頁347。

行動。相對而言，單士釐隨丈夫錢恂的出洋便顯得自在許多，如：

> 觀博覽會。外子承日本外務省招待，爲赴會之賓，有優待券。予相偕而往。〔註3〕

> 出遊金閣寺，……寺僧以古法烹茶進。〔註4〕

> 孫君伉儷飲予等於堺之層樓。堺瀕海，水族鮮美。〔註5〕

> 婦女非至戚不相見。……且恆與外國客相見。〔註6〕是日偕外子往答鈴木夫婦。鈴木導觀烏蘇里之停車場，爲指示一切。〔註7〕老翁真隱者，特訂游山約。金澤橫須賀，風景殊不惡。願言與子偕，出郊賤宿諾。同行有女士，學校秉師鐸。〔註8〕

由以上所言，顯見錢恂對妻子的隨行出遊，沒有嚴苛的限制，尤其夫妻同行出入公開場所，更採取開明態度。明清女子逐漸擺脫家庭桎梏走入社會，單士釐更進一步將女性的視野由國內拓展到海外，展露世界觀。

在西方女權思潮東傳，中國女性的行動自由與自主權獲得釋放之前，單士釐的出洋可當作其他中國女性的表率，更是清末首位有旅遊作品出版的中國女性。〔註9〕

以下便從女遊先導、異域采風二方面談論。

第一節　女遊先導

無論中外，大致說來，經濟條件及家庭資源較豐厚的女性，往往擁有更多機會踏出家門。所以，中國舊時代婦女要能擁有行動的自由實乃不易，如果再加上經濟環境不佳，要盡興出遊，則又難上加難。而單士釐隨同夫婿出使之便

〔註3〕　參見《癸卯旅行記》（卷上）二月十八日（陽三月十六），頁 686。

〔註4〕　參見《癸卯旅行記》（卷上）二月二十日（陽三月十八），頁 691。

〔註5〕　參見《癸卯旅行記》（卷上）二月廿一日（陽三月十九），頁 692。

〔註6〕　參見《癸卯旅行記》（卷上）三月八日（陽四月五日），頁 697。

〔註7〕　參見《癸卯旅行記》（卷中）四月九日（陽五月五日），頁 715。

〔註8〕　參見《受茲室詩稿·庚子秋津田老者約夫子偕予同游金澤及橫須賀》（卷上），頁 25。

〔註9〕　「在 1900 年以前到歐美的中國人中，婦女只占百分之幾以下的少數，其中稱得上觀察者的知識婦女屈指可數，能夠用著述表明自己思想和見解的更是絕無僅有了。《癸卯旅行記》和《歸潛記》的作者錢單士釐，便是這絕無僅有的一人。」參見鍾叔河：《第一部女子出國紀》，頁 657。

周遊它國，在旅途安全或方便性而言，自然比一般人少了一份顧慮，如她經常
提到因爲丈夫是倍受尊重的外交官，所以一路上獲得許多便利與特權：

> 予等一行，則先由駐俄公使向彼外部託電彼關放行，故特蒙優待，
> 以小汽艇渡我，不驗一物，群以爲異。〔註10〕

於是單士釐在家庭支持（尤其是丈夫錢恂）與經濟環境良好的情況下，有更
多空間與條件出門旅遊，並得以留下相關著作：

> 單士釐走向世界的原因很「傳統」，夫婿錢恂出仕海外的經歷直接促
> 成她的旅行散文的書寫。因著這項便利，單氏比秋瑾提早五年到達日
> 本。此後，隨著夫婿出仕地點的陸續變動，她也隨之周遊列國，因而
> 寫下兩部旅行散文，及有文本傳世的《癸卯旅行記》與《歸潛記》。……
> 單士釐的出遊世界，無疑的與其家世背景有相當密切的關聯。〔註11〕

而單士釐所要表達的女權意識，並非與男性一爭長短，而是從舊時代的女性
本身自省，以不同的認知、態度、行爲、觀點與處境等切入，脫胎換骨爲新
女性形象。其中有一部份的原因就是來自夫妻二人一路的相互陪伴，如：

> 兩種性別的人，如此不同，如此各具有長處與缺陷，如此互相依
> 賴，互相愛慕，……互相不能沒有對方，更是很富於巧思的「設
> 計」。〔註12〕

至於旅行過程當中，男女之間的行動自由度，多少有些差異性存在，如
霍克西爾德（Hochschild，1989）在《第二輪班》（The Second Shift）創造「休
閒差距」一詞，他認爲男女在家庭地位上，也普遍存在一個休閒差距。而且
不同女性群體也存在休閒差距，如貧困女性在休閒領域所擁有的資源便遠低
於地位或經濟比較好的女性。另外，性別角色與性別關係深刻地影響女性的
活動，當女性必須大費周章突破各種限制時，休閒差距於焉存在！〔註13〕至
於單士釐可以免除重重障礙，更獲得家族支持，無疑成爲她在女性旅遊書寫

〔註10〕參見《癸卯旅行記》（卷中），頁 705。

〔註11〕參見羅秀美：〈流動的風景與凝視的文本——談單士釐（1856～1943）的旅行
散文以及她對女性文學的傳播與接受〉，收於《淡江中文學報》第 15 期，淡
江大學中文系 2006 年 12 月，頁 41～94，第 43 頁。

〔註12〕參見謝鵬雄：《女性新像》，臺北：九歌出版社，1988 年 9 月 5 日四版，頁 4。

〔註13〕相關論述參見（美）卡拉‧亨德森、黛博拉、拜爾列席基、蘇珊‧蕭、瓦列
麗亞、佛萊辛格著；劉耳、季斌、馬嵐譯：《女性休閒——女性主義的視角》"
Both Gains and Gaps：Feminist Perspctives on Womeb's Leisure"，昆明：雲南人
民出版社，2000 年 8 月第一版，頁 2。

上的助力。

特別是清末保守的風氣，許多接受教育、培養獨立人格的婦女，主要來自家庭支持，所以，爭取行動自由不只需要女性自身努力，同樣也需要家庭給予支持。而家庭主權又經常落在男性之手，婚前，主要指父親；婚後，則絕大多數以丈夫爲重：

> 男女之間存在著各種差別，這主要由於我們生活在一個性構社會（「性構社會」是指社會中男性與女性角色是由社會建構出來的）……女性在其生活的大多數領域，包括休閒領域，都受到壓迫，或至少是處於不利地位。〔註14〕

造成家庭是成就知識婦女的重要空間，同時也有可能成爲阻扼女性發展的地點。

再者，清代女性又比前代才女們擁有較大的空間可一展才華：

> 清代的婦女文學，相對於歷朝來說是較爲發達的。前朝社會經濟的繁榮，直接有助精神文明的興盛。校刻印刷技術提高，有利知識的傳播，女性識字比從前增加。其時女作家作品之集結成書，情況亦盛於前朝。〔註15〕

本文的單士釐就是其中一個例子！單士釐的創作多達十一種，〔註16〕在她生前已經付印出版的有《癸卯旅行記》、《歸潛記》；翻譯日本女教育家下田歌子《家政學》；《受茲室詩鈔》在她去世後，於 1986 年 7 月出版，讓更多人了解單士釐的生命歷程與思想；其他如五卷《清閨秀藝文略》手抄本、收錄明末商景蘭以後至清代三百年左右的時間，共二千三百三十人之多的女作家，讓後代讀者欣賞才女們的創作；之後，又得到三十四位清代女作家續編成《清

〔註14〕參見（美）卡拉‧亨德森、黛博拉、拜爾列席基、蘇珊‧蕭、瓦列麗亞、佛萊辛格著；劉耳、季斌、馬嵐譯：《女性休閒——女性主義的視角》" Both Gains and Gaps：Feminist Perspctives on Womeb's Leisure"，昆明：雲南人民出版社，2000 年 8 月第一版，頁 6。

〔註15〕參見胡文楷《歷代婦女著作考》增訂本，上海：上海古籍出版社，1985 年新版，頁 212～826。

〔註16〕「一生著述，凡十一種」：其經刊印者，《癸卯旅行記》三卷，《家政學》二卷，《家之宜育兒簡談》一卷，《正始再續集》五卷；其刊而未竟者，《歸潛記》十卷，《清閨秀藝文略》五卷：其未刊者，有《受茲室詩鈔》、《發難遭逢記》、《懿範聞見錄》、《噍殺集》，唯《懿範聞見錄》之稿俱在，《受茲室詩鈔》已不全，他二種更因寄遞失佚不歸。」

閨秀正始再續集初編》之三，〔註17〕並誓言在有生之年當奉獻心力，將所蒐集而得的才女創作公諸於世人面前。此外，家族支持與幫助，也是促使單士釐破除內言不出的中國女性魔咒原因之一，如單士釐可以隨著夫婿錢恂出使外國、遊歷亞歐，並且以筆墨將親眼見聞寫下。她在《清閨秀正始再續集初編》之一的自序提到：

> 中國婦德，向守內言不出之戒，又不欲以才炫世。能詩者不知凡幾，而有專集者蓋尠，專集而刊以行世者，尤尠。茲就篋衍所有專集而正始未采者三十二家，先爲再續初編第一。依後蒐采所得，續編續印。〔註18〕

這些誓言若沒有家人的大力支持，進步的印刷術等附加條件，恐怕很難有實現的一天！

　　單士釐的丈夫錢恂不但以行動表達百分之百的支持，更爲《癸卯旅行記》題記：

> 右日記三卷，爲予妻單士釐所撰，以三萬數千言，計二萬數千里之行程，得中國婦女所未曾有。方今女學漸興，女智漸開，必有樂於讀此者。故稍爲損益句讀，以公於世。〔註19〕

所以，良好品質的旅遊帶來的經濟效益往往不只一項，單士釐詳實記錄旅遊見聞，突破傳統女性大門不出、二門不邁的窠臼，她更深自期許可以鼓舞中國女性，踏出閨門、迎向世界：

> 今癸卯，外子將蹈西伯利長鐵道而爲歐俄之游，予喜相偕。……名曰《癸卯旅行記》。我同胞婦女，或亦覽此而起遠征之羨乎？跂予望之。〔註20〕

儘管單士釐的出遊海外的主因是跟隨丈夫外交，仍非完全以女性爲主體考慮，但比起中國歷史上慣有以男性爲主的旅遊觀，她可算是衝破限制的前導者，並且讓女性開始重視自身的旅遊需求。〔註21〕

〔註17〕 參見《清閨秀正始再續集初編》自序：「卷二印成之後，又續得有專集者三十四家，編爲卷三。一如前例。自今以後，續有所得，編爲卷四。」

〔註18〕 參見胡文楷編著《歷代婦女著作考》增訂本，上海：上海古籍出版社，1985年7月第1版，（附錄二），頁926。

〔註19〕 參見《癸卯旅行記》（卷上），頁684。

〔註20〕 參見《癸卯旅行記》（自序），頁684。

〔註21〕 「讓人充滿興味。不只因爲形式，也因爲這些觸及一個時代的情境，反映了一個時代的際遇。……讓我們照見自己。」參見李敏勇：《詩的異國心靈之旅》，

　　在民初以前的中國，百姓要出國並不容易，對女性而言又更是困難重重，除了少數家境富裕或因出使、考察、訪問等有公務在身的女性例外，致使女性旅遊相關著作比較少見，如五四時期的冰心〔註22〕（1900～1999）與日據時期的黃金川〔註23〕（1907～1990），便是在客觀條件許可的情況下出國。

　　此外，女性出遊經常會受到社會刻板性別或既定權力的約束或規範，古今中外多少存在著這種現象。即使現今講究男女平等，但對於旅遊仍然有顧慮，例如不可預知危險，人身安全問題，國情民俗等，常導致女子無法像男性一樣享受充份的行動自由，以及毫無顧慮的旅遊樂趣。尤其已婚女性受到的限制又比未婚女性多。〔註24〕

　　又如赫伯‧高博格（Herb Goldberg）在《兩性關係的新觀念》（The Male-Female Relationship）一書中曾指出：

> 在婚姻廝守的結果之下，婦女的自我辨識整個受到摧毀。與其挺身而出並維護自己個人的身份，大多數的女人只感覺自己是丈夫的影子。〔註25〕

婚姻本身，在某程度上的確侵害到女性自我意識，在事業與家庭、興趣之間，找不到兼顧的平衡點。尤其是父權社會文化對女性角色的期待與女性氣質的建構，要求婦女學習成全與犧牲、奉獻，變成女性發展的絆腳石。此外，中國傳統封建的婚姻制度，更容易將女性綑綁於家庭的枷鎖，這種不自由或不被尊重的傳統婚姻對女性的殺傷力與束縛頗大，甚至將就此湮沒女性的夢想或行動，如馮夢龍的小說《三言》，強烈地批判父母之命、媒妁之言的封建婚姻制度。〔註26〕也就造成旅遊大多與男性聯繫在一起，女性的活動被箝制在

臺北：聯合文學出版社，2009年10月20日初版，頁27。

〔註22〕父親擔任海軍部司長，所以在冰心大學畢業後有機會順利出國深造。如《寄小讀者》是1923年大學畢業後，留美的作品。她把從北京到上海、太平洋東岸的吳淞口、大西洋東岸的波士頓等地的湖光山色、風俗習慣、傳說以及感受等，寫成敘事兼抒情的散文。

〔註23〕黃金川有「三臺才女」之稱，在優渥的環境長大。她不只赴日留學，還曾陪同母親赴大陸探親，因此寫下旅途心情和見聞的作品。

〔註24〕「丈夫、孩子、廚房、浴室……鉅細靡遺，你得爲家中設想得周周到到。」參見羅蘭：《彩繪日記》，臺北：天下遠見出版社，2001年1月初版，頁51。

〔註25〕參見（美）赫伯‧高博格（Herb Goldberg））著、楊月蓀譯：《兩性關係的新觀念》（The Male-Female Relationship），臺北：書評書目出版社，1986年9月，頁83。

〔註26〕「在中國封建社會的漫漫長夜裡，封建禮教這隻罪惡的黑手，無情地剝奪了

家庭中。但是單士釐不只隨同丈夫出洋，並將子女送到東國（日本）學習，
共同見識世界之大。

一路上，單士釐和丈夫遠遊，共同增廣知識、一起成長，如夫妻同遊俄
國博物院，了解異國文化：

> 驅車出西郭，雪積野逾曠。行過萬生院，米萃（俄用法語博物院稱）
> 已在望。……〔註27〕

如聽見鄔姓友人述說俄國專制的政策與教育措施時，同感慨然：

> 諦觀乃爲自秦家岡（及哈爾賓）來交界者，而非自此間往哈爾賓者，
> 一切尚未合規則。鄔君有心人也，與外子談俄商之不得自由貿易，
> 俄學生之不得自由讀書，言之慨然。〔註28〕

在旅遊過程當中，錢恂有時還擔任引領或導覽的角色，帶領單士釐見識大千
世界之奇。如錢恂回憶出使比利時與法國時的見聞，讓單士釐作爲與俄國比
較的參考：

> 聞外子云，昔年馳驅於歐西各國之郊，凡越一國境，則風尚景物頓
> 然改易。即比與法，種族同，語言同，而風尚景物仍不相同。何也？
> 既已各自成國，即各有其政其教之區民於不同也。乃予今日出滿境，
> 入俄境，不見所謂不同也。〔註29〕

如單士釐重新整理錢恂舊資料，並請兒子錢稻孫校訂、增補：

> 此積跬步主人殘稿，棄置篋中。予以爲考證新確，實出嘉定、仁和
> 上，故命稻孫補綴成之，爲予記增色。〔註30〕

又如單士釐在《癸卯旅行記・自序》中提道：

> 十餘年來，予日有所記，未嘗間斷，顧瑣碎無足存者。惟此一段旅
> 行日記，歷日八十，行路逾二萬，履國凡四，頗可以廣聞見。錄付

男女青年自由戀愛、自主婚姻的權利，製造了無數的愛情悲劇、婚姻悲劇。……
《三言》關於愛情婚姻題材的不少作品，就表現了他們嚮往愛情幸福、追求
婚姻自主的願望，程度不同地批判了封建婚姻制度，暴露了封建禮教的罪惡。」
參見韓黎范：〈借男女之眞情，發名教之偽藥──略論《三言》關於愛情婚姻
題材的作品〉收於《明代小說論叢（一）》，瀋陽：春風文藝出版社，1984 年
5 月第一版，頁 280～288，第 280 頁。

〔註27〕參見《受茲室詩稿・游俄都博物館》（卷中），頁 38。
〔註28〕參見《癸卯旅行記》（卷中）四月十日（陽五月六日），頁 718。
〔註29〕參見《癸卯旅行記》（卷下）四月十七日（陽五月十三），頁 732。
〔註30〕參見《歸潛記》〈景教流行中國碑跋〉，頁 840。

關目，名曰《癸卯旅行記》。〔註31〕

除了以這本《癸卯旅行記》記錄人生，更成爲中國第一部擁有旅行記問世的女性。這本旅行記之所以得以順利付梓，單士釐本身的努力與才情固然是最大因素，但是，丈夫錢恂的支持，更是促成這本書在風氣尚稱保守的清末得以順利出版的關鍵性因素之一。

而且清代婦女除了三綱五常的傳統婦學，接受其他範疇的教育機會與程度已經大幅度的超過前朝。也因此造成活躍的思想，對自身價值產生或多或少的省思。如單士釐隨夫遊歷日、朝鮮、俄、義大利、荷蘭、英國、法國等地，她採取主動積極的態度，用更多的行動來主宰旅遊：

> 且予得一覽歐洲情狀，以與日本相比較，亦一樂事。時大坂正開第五回內國博覽會，尤喜一觀。遂命長子婦侍往大坂觀會，俾於工藝上、教育上增多少知識。〔註32〕

基於強烈求知欲的趨使之下，單士釐要求媳婦陪侍，前往大坂參觀第五回內國博覽會。且這一次行動以單士釐爲主，丈夫並沒有共同前往。可見，單士釐開始展現以女性自身爲主體的旅遊行動。

女性在旅遊過程中，經常被貶抑。而單士釐正努力破除這種迷思，用實際行動證明女性在旅遊上的收穫並不亞於男性，如《癸卯旅行記》是目前所知最早的一部中國女子出國旅遊記錄：

> 中國婦女的啓蒙和覺醒是特別艱難的，她們走出國門和走向世界就更加艱難了。在 1900 年以前到歐美的中國人中，婦女只占百分之幾以下的少數，其中稱得上觀察者的知識婦女屈指可數，能夠用著述表明自己思想和見解的更是絕無僅有了。《癸卯旅行記》和《歸潛記》的作者錢單士釐，便是這絕無僅有的一人。〔註33〕

單士釐透過眼睛所見、耳朵所聞，與內心感受結合。旅遊可以成爲女性獲得成長的途徑之一。單士釐的旅遊書寫，不僅記錄自己的心路歷程，而且反映當代中國女性在各層面的多元化和豐富性。用行萬里路來見證抽象的概念與自我的成長。〔註34〕

〔註31〕參見《癸卯旅行記》（卷上），頁 684。

〔註32〕參見《癸卯旅行記》（卷上）二月十七日（陽三月十五），頁 685。

〔註33〕參見鍾叔河：〈第一部女子出國記〉，頁 657。

〔註34〕「旅行原是爲了重新洗滌在我們安定的居家生活中所沉澱累積下的種種，它是一種修行。」參見阿部謹也（Kinya Abe）著；李玉滿、陳姵若譯：《在中

　　遊記作品構築成中國創作的重要部分，因為中國幅員廣大、歷史悠久等因素，成就數量龐大的遊記類文學：

> 遊山賞水，描敘見聞風物；……唐代文學家柳宗元所撰的遊記，可
> 視為此類遊記的代表。……行役類，因特定的目地遠出，……玄奘
> 所撰的《大唐西域記》，……天性愛好旅行，……徐宏祖及其所著的
> 《徐霞客遊記》。……明初鄭和七下西洋，是中國航海事業的空前創
> 舉，也是非常特殊的旅行。〔註35〕

可惜中國遊記文學發展雖然蓬勃，但無疑成為男性專擅勝場的領域之一，女性旅遊受限於諸多原因，一直缺乏優秀作品。而單士釐的旅遊創作，確實打破以男性作者為主的中國遊記文學侷限，她用不同於男性的視角，表現出女性自主思想。她開始呈現新風格，為後代女性旅遊書寫奠下重要基石。

　　此外，單士釐擅長以女性細膩的筆觸，透析人事物以及景色。並用精緻獨特文句描繪之。〔註36〕她結合個人經驗與文采，融合景物與生命觀感、生活經歷。如《癸卯旅行記》記錄旅日、俄的活動，單士釐不僅親見日本明治維新後的強盛，殖民帝國的殘虐，沙俄對中國東北人民的壓榨與邊疆領土的入侵，更提出諸多值得中國人切身省思之處。如《歸潛記》記載歐洲文學、藝術、宗教、建築、神話的豐富。又如《受茲室詩稿》為一生的詩作總集，展現出在政治動盪、戰火頻仍、人民顛沛流離的清季，女性積極關心國家，參與社會活動的努力。這樣的成就在當時實屬難得，因當時女性旅遊並未像現代如此方便，社會風氣亦未像現代如此開放，故單士釐所要面對的難題與困境便遠超過現代女性。

　　單士釐遊歷異邦除了創中國婦女風氣，對以下幾個層面的認識亦深具先導地位：

1. 考察托爾斯泰（Leo Tolstoy，1828～1910）事蹟

　　旅俄期間，單士釐深深被俄國的批判現實主義文學家托爾斯泰的道德文章感動，尤其是她由衷地敬佩托爾斯泰關心民瘼，不畏強權，敢於直言的耿介堅毅性格，勇於揭露俄國政治腐敗、社會黑暗的決然：

　　世紀星空下》，臺北：如果出版社，2008年6月初版，頁11～12。
〔註35〕參見陳正祥：《中國旅遊選注・自序》，臺北：南天書局，1979年7月香港初
　　　　版，1994年10月臺灣初版。
〔註36〕「女性的心更為纖細，……相對於男性。」參見李敏勇：《在寂靜的邊緣歌唱
　　　　——世界女性詩風景》，臺北：圓神出版社，2008年6月初版，頁36。

命運是一條充滿荊棘的坎坷之路，但我們必須走著，如尼采筆下的悲劇英雄。只要我們抬頭起步，我們就是命運的征服者，只要我們沒有毀滅，我們仍然擁有最起碼的完整。〔註37〕

在她的《癸卯旅行記》中，曾經親自考察並詳細介紹了托爾斯泰的事蹟：

購一托爾斯托肖像。托爲俄國大名小說家，名震歐美。一度病氣，歐美電詢起居者日以百數，其見重世界可知。所著小說，多曲肖各種社會情狀，最足開啓民智，故俄政府禁之甚嚴。其行於俄境者，乃尋常筆墨，而精撰則行於外國，禁入俄境。俄廷待托極酷，剝其公權，擯於教外（擯教爲人生莫大辱事，而托淡然）。徒以各國欽重，且但有筆墨而無實事，故雖恨之入骨，不敢殺也。曾受芬蘭人之苦訴：欲逃無資。托憫之，窮日夜力，撰一小說，售其板權，得十萬盧布，盡畀芬蘭人之欲逃者，藉資入美洲，其豪如此。〔註38〕

單士釐稱讚托爾斯托是個不爲專制強權壓迫所屈服，且尊敬他是個竭心盡力揭發俄國政治醜陋面、啓發民智觀念的一代大文豪。如俄國評論家艾亨瓦爾茨（Y. I. Aikhenvald）曾對托爾斯泰的風格下了精闢的解釋：

他並未在眞實與虛構間築出分水嶺，一切融合爲一個眞理、一個生命、……樸實的偉大精神，及爲生命辯護、爲人類辯護的精神。
〔註39〕

在十九世紀的俄國文壇當中，托爾斯泰無所畏懼的挑戰政令常規，大膽地主張自己的理念與想法：

了解他的思想就須先知道他的生活。……脫洛斯基（Leon Trotzky）在他的《托爾斯泰論》的結論裏說：「只要藝術的本身一天不滅，這偉大的天才也是一天不死的。」〔註40〕

此外，他也曾針對列強瓜分中國的行徑深感不齒：

八國聯軍之役，外國侵略者大肆屠殺手無寸鐵的中國人民，托爾斯泰於這一年（1900）7月寫了著名的題爲《不可殺人》的抗議書，對各

〔註37〕 參見王家誠：《在那風沙的嶺上‧序》，臺南：大江出版社，1969年5月8日再版，頁3。
〔註38〕 參見《癸卯旅行記》，頁753。
〔註39〕 參見行政院文化建設委員會：《走向人民：俄羅斯文學三巨人》，臺北：遠流出版社，2006年11月初版，頁11。
〔註40〕 參見汪佩然：《托爾斯泰生活》，上海：世界書局，1991年11月初版，頁1。

國披著「文明」外衣的強盜的侵略暴行提出了嚴正的抗議。〔註41〕

爭取人權、尊重生命的精神感動了單士釐，所以，在眾多的俄國作家當中，她特別向國人提到托爾斯泰，無非是給踐踏人權的滿清帝制一記當頭棒喝：

> 單士釐深受文化薰陶，極具審美能力。她個人的興趣，始終是在藝
> 文學術方面。《癸卯旅行記》中有一節關於托爾斯泰的介紹，在中國
> 恐怕要算是最早的。〔註42〕

在托爾斯泰著名的小說創作《戰爭與和平》中，積極表達出人民想法：

> 如同作者自己所承認的那樣，他熱愛「人民的思想」。在小說最初的
> 一種手稿中，托爾斯泰指出：「我在努力寫作人民的歷史。」〔註43〕

可見托爾斯泰以國民為己任的想法與單士釐相近似：

> 在如黃昏般陰暗的十九世紀末，托爾斯泰從古老的俄國土地上發出
> 動人的光輝，照亮了歐洲的文學、藝術及思想界，也在許多亞洲人
> 的心裡激起火花。……托爾斯泰是「俄羅斯的良心」，他畢生追求真
> 理……深入反映了時代真相。〔註44〕

2. 親履馬哥博羅（Marco Polo，1254～1324）故居

馬可波羅十七歲隨父親與叔叔到東方世界，並在回到義大利的時候，口述旅途見聞，由其他作家完成《東方見聞錄》。這本書不僅記錄充滿驚奇的旅程，也展現當時中國社會的富庶與樣貌，並強調出馬可波羅勇敢冒險的人生態度。如：

> 在當時的年代，交通不便，資訊不通，沿途險路奇多，盜賊隨時出
> 沒，……積極學習及應用各國語言，吸收遊歷各地的所見所聞，豐
> 富的閱歷，讓他的人生格外精采萬分，……懷抱著冒險的精神，勇
> 敢實現自己的夢想，為生命旅程寫下動人的詩篇！〔註45〕

有人稱馬可波羅為地理之父、探險家之祖，他造訪中國一事，在西方世界引

〔註41〕 參見郭延禮：《近代西學與中國文學》，南昌：百花洲文藝出版社，2000 年 4 月第 1 版，頁 138。

〔註42〕 參見鍾叔河：〈第一部女子出國記〉，頁 671。

〔註43〕 參見（俄）康・洛穆諾夫著、李桅譯：《悲天憫人的文聖——托爾斯泰》，臺北：百觀出版社，1994 年 7 月初版，頁 196。

〔註44〕 參見羅曼・羅蘭著、劉震田譯：《上帝的眼睛——托爾斯泰》，臺北：北辰文化股份有限公司，1987 年 8 月初版，〈序〉。

〔註45〕 參見戴勝益：〈導讀〉，收於艾黎：《影響世界的人：馬可波羅》，臺北：聯經出版事業股份有限公司，2008 年 2 月初版，頁 III～IV。

起很大的迴響。雖然有些人不相信馬可波羅所陳述的中國，但也有因為讀了他的遊記，而對神秘的東方世界心生嚮往之情。如哥倫布照著他所敘述的路線前往中國，但途中遇到風浪，迷失方向，反倒發現了美洲新大陸：

> 人類歷史在十五、六世紀……西方文明，開始逐漸興起，不只凌駕
> 了輝煌的伊斯蘭教近東文明，進而遠征到印度乃至中國、日本……
> 「大航海時代」，又稱「大發現時代」。〔註46〕

又如在 1997 年，有位美國《國家地理雜誌》的攝影師麥可・愛德華，依照當初馬可波羅東來的足跡，花了四年的時間完成整個旅途，並創作一本叫作《馬可波羅》的書籍：

> 從威尼斯，經過土耳其、伊拉克、伊朗、阿富汗，進到中國新疆、
> 甘肅、內蒙古、河北、陝西、山西、雲南、江蘇、浙江、福建等地，
> 然後從汕頭坐船，經過蘇門答臘、印度、伊朗，回到威尼斯，全程
> 一萬多里路。……證實了馬可波羅確實去過那些地方。〔註47〕

而單士釐曾經聽過丈夫講述馬可波羅東來的事蹟，並於十九年後終有機會親臨馬可波羅的故鄉，其內心的興奮之情可想而知：

> 親履維尼斯之鄉，訪馬哥之故居，瞻馬哥之石像，既記遊事，並記
> 馬哥父子叔侄來華之蹤跡及行事大略。〔註48〕

或許是受到馬可波羅的啓發，單士釐的女性遊記對當時的中國女性而言，也同樣是豐富多采，充滿著一連串的驚奇與勇敢冒險的精神：

> 被期待的旅行應該以可容納更多期待的方式發生、持續，……深信
> 的是旅行者自身，而非旅行到某處。〔註49〕

因為旅遊過程中，除了舒展身心、增廣見識之外，仍有一些出乎預料的突發狀況或困難需要克服，如受到當地人員的刁難：

> 向海參崴行之「伊勢丸」，……通例：於外交官，船賃可割十分之一
> 五，外交官妻亦然（上海之日本郵船會社竟有二次不允予之割，引

〔註46〕參見楊照：〈海洋：人與神的曖昧交會處〉，收於楊・馬泰爾著、趙丕慧譯：《少年 pi 的奇幻漂流》，臺北：皇冠出版股份有限公司，2005 年 8 月初版 11 刷，頁 8。

〔註47〕參見簡宛：《世界公民：馬可波羅》，臺北：三民書局，2006 年 9 月初版，頁 vii。

〔註48〕參見《歸潛記》第九章〈馬哥博羅事〉，頁 894。

〔註49〕參見顏忠賢：《無深度旅遊指南》，臺北：元尊文化企業股份有限公司，1997 年 10 月 1 日初版，頁 167。

領事署深澤君曾再四與商，竟不允，此會社中最無理事）。日本於學生由上海東渡，亦得割（三等不割）。此次上海之郵船會社，知諸生之赴俄也，不允割，長崎郵船會社更無論矣。〔註50〕

環球各國，不論爲何等人，不論來自何地，一概禁止，非有本國准據，不許履境者，惟俄（禁止入境猶可言也，爲未明其爲何等人也。至禁止出境亦非准據不可則奇矣，猶可言也，爲稽察國人他徙也。至禁人由此地徙往彼地，相隔二三十里，爲時或僅十餘日，亦非准據不可，則奇而又奇矣）。予與外子，先由駐俄之中國公使給憑，而俄領事簽字（例費更昂）。總之非有據不可。〔註51〕

又如身體微恙，影響旅遊的興致：

連日予小病，又事煩，胸襟不舒。〔註52〕船小，頗欹側不適，予堅臥室中。〔註53〕

此外，如船期有誤：

外子本定「西京丸」廿七日到上海，留二日，於三十日仍乘「西京丸」返長崎，以與「小倉丸」相銜接而向海參崴。今既延誤，須改易行期矣。

以上都是旅遊出發前所無法事先防範或預知的臨時狀況：

在艱辛勞頓的跋涉過程中，依然可以發現「遊」的樂趣；在以遊覽娛樂爲目的的活動中，也有或多或少的困難要克服。〔註54〕

似乎唯有秉持著樂在其中的精神，才能使旅遊過程如馬可波羅所述的《東方見聞錄》一樣精彩！

此外，單士釐盛讚遊記的成就之餘，也細心查出誤謬，如：

元世祖時，有馬哥博羅者（馬哥名，博羅姓）仕於朝。距今六百餘年前，以西人而服官中華，宜歐士艷稱之。馬哥博羅爲維尼斯人，生於元憲宗元年（1251，宋淳祐十一年），卒於泰定元年（1324），蓋旅居亞細亞者二十六年，而仕於元者十六年。所著書，言中國當

〔註50〕參見《癸卯旅行記》（卷上）三月廿一日（陽四月十八），頁701～702。
〔註51〕參見《癸卯旅行記》（卷中）四月六日（陽五月二日），頁708。
〔註52〕參見《癸卯旅行記》（卷上）三月廿一日（陽四月十八），頁702。
〔註53〕參見《癸卯旅行記》（卷上）二月廿九日（陽三月廿七），頁695。
〔註54〕參見陳室如：《出發與回歸的辯證～臺灣現代旅行書寫（1949～2002）研究》，國立彰化師範大學國文學系碩士論文，指導教授：王年雙，2002年，頁4。

> 時事，頗足參證，為西人談華事者必讀之書，推為東學第一人。然
> 溯其先，則馬哥博羅之父若叔，已蒙世祖特賞任用矣。〔註55〕

她精確詳實的考證態度與成果，頗為後人稱讚：

> 她考證了兩個問題：一是襄陽獻炮一事，……另一問題是樞密使博
> 羅是否為馬可·波羅，……單士釐這一考證頗具水準。自十九世紀
> 以來，一些研究《遊記》的歐洲的歐洲學者都力主樞密副使博羅即
> 為馬可·波羅，……直到 1927～1928 年伯希和才撰有專論，力駁此
> 說之誤。……由此可見單士釐史才之佳。〔註56〕

3. 介紹神話與藝文

神話可稱為最古老的文學，而且是社會發展的產物，兼具各時代生活與
思想反映，經過無數人的心血結晶而傳承。所以，神話至今仍是詩歌、音樂、
繪畫和雕刻的感發物。〔註57〕此外，神話代表的內涵既豐富又多元：

> 神話是人類心理歷程上的一種特殊的情結，是這種特殊的心理能量宣
> 洩的「符號」。它既是個體的，也是群體（種族、民族）的。既然人
> 類還未超越自身（也許永遠無法超越），人類也就先天地帶有神話的
> 「胎記」。……只要有人類，就有神話。可以說，神話是一種理想、
> 一種信念、一種崇拜、一種世界觀、一種思維方式、一種文學樣式。
>
> 〔註58〕

至於，希臘神話之所以吸引人，有部份的原因是他們有人的形體與七情
六慾的情感層面，如：

> 希臘諸神是自然的人格化（Personification of nature）這原是太初時
> 代普遍的現象，不過希臘人卻把這種神人同形說發展到了極則，……
> 希臘神的美麗、權能、智慧、法術等，雖然超越凡人，可是他們的
> 性情、品格、感情、思想等，卻與凡人無甚差別。〔註59〕

〔註55〕 參見《歸潛記》第九章〈馬哥博羅事〉，頁 894～895。

〔註56〕 參見李長林：〈中國馬可·波羅學研究中的幾個問題〉，收於《世界歷史》第
五期，1996 年，頁 78～82，第 80 頁。

〔註57〕 參見黃石：《神話研究》影印本，上海：上海文藝出版社，1988 年 3 月，龔約
翰〈序〉，頁 IX～X。

〔註58〕 參見（美）戴維·利明、埃德溫·貝爾德著：李培茉、何其敏、金澤譯：《神
話學》，上海：上海人民出版社，1990 年 6 月第 1 版；1992 年 6 月第 2 刷，
〈序〉。

〔註59〕 參見黃石：《神話研究》影印本，上海：上海文藝出版社，1988 年 3 月。

　　而單士釐對於希臘羅馬的神話描述，主要匯集於《歸潛記》。本書記述單士釐夫妻遍歷英、法、德、荷、意等地的所見所聞，尤其對神話、建築、文藝等介紹更是精采。其中《章華庭四室》和《育斯》兩篇文章，是第一個有系統地把古希臘、古羅馬神話介紹到中國的人，爲研究外國文藝作出積極貢獻，《歸潛記》記敘了單士釐遊覽義大利羅馬梵蒂岡博物館，參觀觀景廳所陳列的拉奧孔、阿波羅、墨耳庫裏、柏修斯、宙斯等幾尊神話人物雕像以後的觀感。如《章華庭四室•拉奧孔室》：

> 她從雕刻藝術、文藝學、神化學、美學、考古學等各方面比較詳細地介紹和評論了拉奧孔，在我國近代美學史和神化學史中寫下了珍貴的一頁，是目前所知我國最早評述拉奧孔的文字。〔註60〕

針對拉奧孔雕像對於西方文藝的重要性，可從以下的陳述中看出：

> 拉奧孔的出土。米開朗琪羅看到它激動無比，是因爲在這裡發現了他所渴望的力量感和表現力；萊辛則從這組雕像上看到了「尊嚴與克制」，並以此來證明古典主義美學的法則。比萊辛更早，溫克爾曼依據對這些古代雕塑的研究，寫出了《希臘藝術模仿之思考》，巴洛克和羅可可趣味漸露頹勢之際，高聲呼喊「高貴的單純與靜穆的偉大」。這一對於美的新的理想，在歐洲人的藝術世界和精神世界所產生的長遠影響，實在是難以言盡。〔註61〕

　　鍾叔河〈第一部女子出國記〉對於單士釐《歸潛記》對國外文學、藝術、宗教、神話等介紹，對中國近代文藝學術界的震撼有精闢的解析與評價：

> 《歸潛記》十二篇，《彼得寺》和《新釋官》兩篇詳細介紹了羅馬聖彼得大教堂的建築和羅馬有關史事，旁及羅馬之神話故事，極富文化史的價值。……《景教流行中國碑跋》、《景教流行中國表》、《摩西教流行中國記》、《馬可博羅事》等篇，爲中西交通史和宗教研究論文……錢氏《廿二史考異》引《至元辨僞錄》：「迭屑人奉彌失訶，言得生天。」即此。……《羅馬之猶太區──格篤》、《義國佩章記》、《奧蘭琦──拿埠族章》、《寶星記》等篇，記述西國禮俗典章，……

〔註60〕　參見馬昌儀：〈我國第一個講述拉孔奧的女性──論單士釐的美學見解〉，收於《文藝研究》第4期，1984年，頁1。

〔註61〕　參見孟暉：《潘金蓮的髮型》，南京：江蘇人民出版社，2005年2月第1版，頁297。

> 《歸潛記》最有價值的是《章華庭四室》和《育斯》兩篇，爲中國
> 介紹希臘──羅馬神話之嚆矢。……實可謂爲近代中國第一篇自成
> 系統的神話學論文。〔註62〕

單士釐的遊記書寫不僅帶領讀者彷若有親臨其境的眞實感，更是後代女性旅
行書寫的啓蒙，同時將中國婦女推向另一個層級，將女性的思考從「思考女
人」走向「女人思考」之境。〔註63〕

第二節　異域采風

　　單氏對於旅途過程中各種不同的優美景色，給予不同角度的觀察與抒
寫，運筆之巧、寫景生動、躍然紙上：

> 曉夢初醒，見彩霞旭日，交映水中，山聳螺鬟，波如砥鏡。亟起，
> 攜遠鏡登甲板窺望，則一島孤聳，燈塔高峙，知是海參崴港外矣。
> 〔註64〕

單士釐描寫出海參崴港外的清晨風貌，彩霞、山巒、平靜的水面等，建構出
一幅賞心悅目的圖畫。表現出單士釐觀察細膩的抒寫方式。又如她以景入事、
曉諭歷史：

> 黎明，知將過色楞格河橋，特起觀之。四山環抱，殘月鏡波。予幼
> 時喜讀二百數十年前塞北戰爭諸記載，其誇耀武功，雖未足盡信，
> 然猶想見色楞格河上鐵騎胡笳之聲，自不免興今昔之感。然人煙較
> 昔爲聚，地方較昔爲任，則又睹今而嘆昔。凡政教不及之地，每爲
> 國力膨脹者施其勢力，亦優勝劣敗之定理然也。〔註65〕

單士釐從天色漸明的色楞格河經過，從山水景致中回憶過往的歷史，興起今
昔之嘆，甚至表達出政教對國家興衰的重要性。凡爲中國人，若知其中的道
理，豈可輕忽哉！又如：

> 天明，漸漸從山缺樹隙望見水光，知爲世界著名之第一大淡水湖所

〔註62〕參見鍾叔河：〈第一部女子出國記〉，頁672～674。
〔註63〕參見李小江：〈我們用什麼話語思考女人──以及誰製造話語並賦予它內涵〉
　　　　收於邱仁宗等編：《中國婦女與女性主義思想》，北京：中國社會科學出版社，
　　　　1998年12月，頁98。
〔註64〕參見《癸卯旅行記》（卷中）四月六日（陽五月二日），頁707。
〔註65〕參見《癸卯旅行記》（卷下）四月十九日（陽五月十五），頁734。

> 謂貝加爾湖者矣（中國舊籍或稱白海，元代或稱爲菊海）。自過上烏
> 的斯克，濃樹連山，風景秀麗，殆邁蜀道。而此夷彼險，但有怡悅，
> 無有恐怖。因想蘇武牧羊之日（武牧羊於北海，海即貝加爾湖），雖
> 卓節嚙雪，困於苦寒，而亦夫婦父子，以永歲月，亦未始非一種幽
> 景靜趣，有以養其天和也。〔註66〕

單士釐一邊享受著貝加爾湖的靜謐清晨，以及所乘火車行至坦途的平穩感受
當中。原本該是愉悅的心情，因回憶起漢代蘇武出使匈奴，反被迫於北海牧
羊十九年的屈辱，心情頓時沉重起來。可知，單士釐除了借由旅行豐富生命
經驗之外；也具備充分的學識涵養，且能將情景相互交融爲一體。又如她觀
察入微、筆法精彩：

> 聞外子云，昔年馳驅於歐西各國之郊，凡越一國境，則風尚景物頓
> 然改易。即比與法，種族同，語言同，而風尚景物仍不相同。何也？
> 既已各自成國，即各有其政其教之區民於不同也。乃予今日出滿境，
> 入俄境，不見所謂不同也。車驛之結構，車道之管理，車員役之服
> 裝、人種，無不同也。教堂尖矗（俄例每村落必有數教堂，堂必有
> 尖，金銀色燦爛耀目），水塔高峙（俄例每車驛必建塔儲水，蓋沙漠
> 乏水，冬令水冰，皆宜先備），無不同也。所微不同者，滿境上不十
> 里必建屋駐哥薩克兵，車經過，則出二三人負銃向車立，不知何意。
> 夜行望燈光疏落如星，皆兵房也。而一入俄境，此兵遂少，蓋其疑
> 信不同也。〔註67〕

從中俄最大的不同在於滿清境內佈滿俄兵，但一旦進入俄國國境反倒減少許
多。可見沙俄對中國東北用心之積極，中國又怎能不提防沙俄這匹餓狼呢？
如：

> 數百年來帝國沒落，國家積弱，外族統治，戰爭苦難，列強欺凌，
> 民不聊生，造成國人嚴重的心靈創傷和心理不平衡。……眞正認識
> 自己，當然不能故步自封或夜郎自大。我們更應該利用「他者」的
> 鏡子去反觀自己。在重新認識中國傳統文化的同時，我們的文化視
> 角更要放眼全球。〔註68〕

〔註66〕參見《癸卯旅行記》（卷下）四月十九日（陽五月十五），頁734。
〔註67〕參見《癸卯旅行記》（卷下）四月十七日（陽五月十三），頁732～733。
〔註68〕參見吳大品著、徐昌明譯：《中西文化互補與前瞻——從思維、哲學、歷史比

鴉片戰爭、甲午戰爭之後，列強以戰爭的激烈手段侵略中國，諸多知識份子意識到這種危機，單士釐也在著作中多有書寫。如抵滿洲里驛，欲以電報通知森堡使館時所遭受的不禮貌對待：

> 外子偕比國人往電局發電，告森堡使館以車非直達，仍須有人在莫斯科相迓。彼局中惡見外國人，睨比人良久，責以不脫帽。比人不得已多帽致禮，彼始擲出一紙，俾書電文。所書者爲法國語，局員不解，諦視良久，質之旁一人，又諦視良久，始核價。計發十餘字之電，費時間五十分云。〔註69〕

一句「彼局中惡見外國人」就道出了非俄籍之人欲入俄境，則要有備受刁難、尊嚴受損傷的心理準備。又如單士釐描述到朝鮮淪爲日本殖民地，在《癸卯旅行記》四月一日（陽四月廿七）從長崎到海參威的航程中，曾在朝鮮釜山停泊避風。因此得以更進一步提到朝鮮境內的情況：

> 乃偕外子渡登釜山岸。密樹一山，爲日民萬餘群居地。有駐兵約一大隊，有臨時憲兵隊，有領事，有警察，有學校，有幼稚園，有病院，有郵電局（朝鮮自有郵遞司、電報司），一望而知爲日本之殖民地，且已實行其殖民之政矣。一切貿易工作，皆日本人，即渡船篙工亦日本人。彼朝鮮土人除運木石重物及極勞極拙之事外，無他業。見土人運木者，橫負長五六尺之大木於背，喘步市街，幾不知市街尚有他人他物者。孩童除拾草芥棄物外無他事。思欲一睹土風，乃覓人導至土村，望去盡寬博白衣，污成灰色，坐立頗倚，口銜菸管，土舍板屋，所售菸草、草履及不潔之食物而已。食進以匕，盛於銅器，食畢即以此器盥面，甚或他用，同行者謂彷彿奉天鄉境云。船上傭彼苦力數十輩事搬運，事畢以舟渡之歸。舟小人多，不能容，日本人捽其髮捺入舟底，彼兩手護髮，哆口而笑。又見其一步一坐，無絲毫公德心。無教之民，其愚可嘆，其受辱不知又可悲。予未得睹彼邦上等人，然即此可推。〔註70〕

從文中敘述不難發現朝鮮殖民地中稍有建設的是日本人群居之處；稍有身份地位或權勢的也是日本人。當地的朝鮮「土人」僅能從事粗重搬運木石的工

較出發》，香港：中華書局，2009 年 7 月再版〈自序〉，頁 2～3。
〔註69〕參見《癸卯旅行記》（卷中）四月十七日（陽五月十三），頁 730。
〔註70〕參見《癸卯旅行記》（卷上），頁 704～705。

作，並任憑日本殖民政府宰制。這種情況直接突顯出殖民統治者與被統治者之間，截然不同的命運。雖然單士釐看見朝鮮境內的落後與髒亂不堪，痛聲呼籲「無教之民，其愚可嘆，其受辱不知又可悲」的看法，強調國民教育的重要與必需性，但是針對日本殖民政府的殘暴行動僅以「船上傭彼苦力數十輩事搬運，事畢以舟渡之歸。舟小人多，不能容，日本人捽其髮捺入舟」輕描淡寫，大多將注意力集中於朝鮮傭工的「彼兩手護髮，哆口而笑。又見其一步一坐，無絲毫公德心」情景的陳述，單士釐對於積極向外擴張的日本軍國主義未多予評議，卻以近乎輕蔑的口吻訶責朝鮮當地人，其用意或許是要盡可能的說明國民教育對國格、人民自尊的重要！又如《癸卯旅行記》四月四日（陽四月三十）在午前四時抵達朝鮮的元山港，正好有郵船會社邀請錢恂登岸題字，所以得以相偕前往一觀。其中她提到關於朝鮮人的狀態：

> 觀者環集，有朝鮮人亦立窗外延頸企足，……。朝鮮人好書聯語於門，有一聯曰：「人誰敢欺修身者；天不能窮力穡人。」委心任運，昧於物競之理，已覺可笑。又一聯曰：「燒薪燒災去，汲水汲貨來」。則求幸福於無何有之鄉，而不圖自勵，日就困絕，豈曰無因。此港人煙不及釜山之繁，而風景勝之，稅關亦如釜山例。日本人千六百餘，有領事。〔註71〕

單士釐以戲謔嘲諷的語氣說出朝鮮人不明物競天擇，強者生存的道理；以及不懂得自立自強的愚昧無知之外，也提到此地亦爲日本殖民地的一部分，雖此地的日本人僅約一千六百餘位，但似乎仍理所當然的設立領事以管理「領土」兼保障「主權」。

至於日本對朝鮮殖民地的經營，從以下所言中日本政府對城津一地的治理便可略知一二：

> 午前八時抵城津。……初無貿易。日本人務加其在朝鮮之勢力而開此港，所謂貿易者，名而已。凡釜山、元山、城津之港，除釜山有米外，其餘一器一物，無不來自長崎，所居屋亦庀材載來，其不惜經營如此。奈所占地瘠，無補本土。〔註72〕

她從日本統治者的角度切入，對於日本人經營朝鮮城津等地的用心頗爲稱許，並認爲若非朝鮮當地的土地過於貧瘠、發展過於落後，日本的殖民統治

〔註71〕參見《癸卯旅行記》（卷上），頁705。
〔註72〕參見《癸卯旅行記》（卷上）四月五日（陽五月一日），頁706。

必定另有一番可爲之處。

其實若從明末到清末，中日兩國來往的歷史軌跡來看，似不難發現日本一步一步進逼中國的野心，但關於這部份單士釐並沒有多加著墨。清代前期的中國朝廷與日本或朝鮮的關係堪稱良好，雖然日本德川幕府實行鎖國政策，致使中日兩國的政府往來不多，但民間經濟仍靠著長崎港而有互動與往來，如盧葦觀察所云：

> 尤其到清朝開海禁後，兩國商船貿易無比活躍。其實，中國以生絲、綢緞、砂糖和書籍等，換取日本的金、銀、銅，尤其以銅爲輸入中國的重點商品。自順治十九年（1662 年）到康熙四十一年（1702 年）的 40 年間，出口 1.1449 億餘斤，平均每年出口 286 萬斤。清朝每年平均進口爲 150～200 萬斤之間……德川幕府鎖國時期，當地建有華商館 13 座，華商是奔走長崎市內的唯一外國商人。幕府查禁洋書，唐書（中文書）是唯一允許進口的書籍。……蔗糖製法也在清朝前期傳入日本。〔註73〕

至於朝鮮與中國關係則更是密切，歷朝之間的往來亦十分頻繁，再如張存武在《清代中韓關係論文集》指出：

> 在中國與列強的關係史中，中韓關係可說是源遠流長，最豐富的一域。公元前一千餘年有箕氏朝鮮的建立，第三世紀燕將秦開的部隊開抵清川江畔，再過百年漢武帝便在半島北部設立四郡，其中樂浪一郡直到南北朝時代始終由中國人統治。隋唐兩朝是中國與北朝鮮政權大衝突的時期，也是韓國民族國家形成，大量吸收中國文化的時代。王氏高麗和元朝之間，戰爭打得很兇，和親也進行得很積極。李氏朝鮮與中國明清兩朝關係更爲密切，曾先後兩次聯合抗日。〔註74〕

亞洲在秦漢以後透過奉正朔、朝貢兩種方式，形成宗法制度、封建天下的主從關係。是這樣的關係，一直到清代中期之前仍維持著極度友善的關係。如盧葦在《中外關係史》所言：

> 清代前期，是李氏王朝統治朝鮮時期，其實兩國關係十分友好。

〔註73〕 參見盧葦著：《中外關係史》，蘭州：蘭州大學出版社，1996 年 4 月第 1 版；1997 年 8 月第 2 次印刷，頁 375～376。

〔註74〕 參見張存武：《清代中韓關係論文集》，臺北：臺灣商務印書館，1987 年 11 月初版，頁 1。

朝鮮李朝和清朝政府一樣，極力戒備和拒絕與西方殖民勢力往來，因而在對外關係上一直與中國保持著政治交往以及經濟聯繫。清朝政府沿襲了明朝優待朝鮮的「朝貢貿易」。順治初定，凡外國貢使來京，頒賞後，在會同館開市，或三天，或五天，惟朝鮮、琉球不拘期限。儘管清初已實行海禁，但對朝鮮卻格外照顧。如清代是禁止米糧出口的，但為了幫助朝鮮解決因災荒缺糧問題，康熙三十六年（1697 年）特准朝鮮在中國地方購買米糧，並命戶部侍郎貝和諾，往奉天督辦對朝出口米糧事務，……中朝兩國的邊境貿易十分活躍，尤以每年二月和八月最為繁榮。為了保證邊境貿易秩序，清朝政府不准清兵入市，只允許內地商人前往中國邊境與朝鮮互市。〔註75〕

但是長期的友善卻在清朝中期以後，隨著滿清國力漸衰、列強軍國主義的積極介入、國際形勢而開始產生微妙變化，日本逐漸顯露出想吞併朝鮮的步驟與策略：

清季中國默認朝鮮與日本所訂江華條約，主持該國與美國訂定濟物浦條約，讓朝鮮對日本及西方建立外交關係……光緒初年，中國南面緬、越等國事實上已在英法實力支配下，中亞的浩罕等為俄國控制，琉球併入日本，中國最重視，班列屬國首位的朝鮮也已處在列國紛爭的局面下。美國為通商、法國為傳教士被殺、囚禁，日本為變更關係、擴張勢力，先後與朝鮮軍事衝突，日本迫之與訂江華條約，對日開放。而由於中國吉林東疆的割屬俄國，朝鮮也面臨俄勢南下的壓力……光緒二年（1876）的日韓江華條約已明訂朝鮮為獨立自主之國……允日本開釜山、元山為通商口岸，得設領事，……光緒七年朝鮮仿中國總理各國通商事務衙門設統理機務衙門，並受中國勸導，願與美國訂約。李鴻章請美國訂約使臣海軍提督薛斐爾（Commodore R. w. Shufeldt）八年春至天津，並咨朝鮮派員同時前往，共同議約……光緒九年朝鮮已提出吉林南疆（後之延吉區）歸屬問題。……日本已在協助朝鮮激進派人士謀脫離中國而獨立。〔註76〕

〔註75〕參見盧葦著：《中外關係史》，蘭州：蘭州大學出版社，1996 年 4 月第 1 版；1997 年 8 月第 2 次印刷，頁 375。

〔註76〕參見張存武：《清代中韓關係論文集》，臺北：臺灣商務印書館，1987 年 11

終於在光緒二十年的甲午戰爭一役之後，馬關條約十一款當中的第一條款便明定「中國明認朝鮮國確爲完全無缺之獨立自主國，故凡有虧損獨立自主體制，即如該國向中國所修貢獻典禮等，嗣後全行廢絕」，自此朝鮮脫離中國而併入日本的管轄地區，1910年，朝鮮被日本吞併。

有時，單士釐會以客觀的角度陳述當地特色或用數量化、科學化的方式，描述國外文明的進步之處，如：

> 此一帶雅布魯諾山脈，爲西伯利鐵道拔海最高處，凡三千五百英尺，較興安嶺僅減低百尺。然興安升降陡峻，非穿隧不可，雅魯迤邐上下，可沿坡而行。雖然，究以昂度太高，故每一輛之八輪汽車，僅可帶廿三輛之貨車，不如滿洲道上之可帶四十輛也。〔註77〕

又如夫妻二人當上碎冰船時，她用具體數字描述船身大小、樣貌：

> 船爲英製，長二百九十尺，噸數四千二百。除船底一層外，齊平岸一層，船腹有軌，船軌與路軌湊合銜接，汽車即循軌入船。船可容車二十七輛，載之以渡。渡車以貨車爲尤便，蓋省上下搬運之勞費。若客車則換乘爲便，不必定載原車以渡也。予等所乘之急行車本不帶貨車，故未見其載車。其上一層爲大食堂，兩傍爲乘客休息房。其後爲二等位之食堂及休息房，亦寬敞。船身寬博，迥異尋常。甲板上爲遊眺所，煙突凡四。〔註78〕

並用物理原理解說碎冰船的運作方式：

> 至船之所以碎冰，初非以衝力撞冰也，故船首不銳。乃船機吸此冰下之水（冰無論如何厚，其四五尺下必水）以噴出舷外，冰無水相承，自以重力不均平而致裂，更助以船之推力，推開此既裂之冰，而船進矣。故湖中之冰，雖堅可碎，而湖邊之冰，轉以水淺，而船力所不及。〔註79〕

又如她提到元代成吉思汗誕生之地的「地靈人傑」，以及當地的農業特產與民生狀態：

> 烏的河畔有驛名希洛喀者，或曰此眞成吉思汗誕生地。下車散步。

月初版，頁147～166。

〔註77〕 參見《癸卯旅行記》（卷下）四月十八日（陽五月十四），頁734～735。
〔註78〕 參見《癸卯旅行記》（卷下）四月十八日（陽五月十四），頁735。
〔註79〕 參見《癸卯旅行記》（卷下）四月十九日（陽五月十五），頁735～736。

鐵道在兩山之間，滿山翠柏，居民不少，景物亦佳。山間平地。窄者里餘，寬者一二十里。山下大溪即烏的河，忽灑爲數渠，忽合爲一流，其地果靈。聞居民事耕，所產小麥、大麥、蔥、薯等，兼畜牛羊，其生活之度雖低，猶勝於滿洲道上之成吉思汗驛。〔註80〕

　　單士釐在《歸潛記‧彼得寺》裡描述彼得寺前方所豎立的尖柱時，又呈現出不同於自然景色的描寫風格，她細膩地描寫信仰甚或是迷信對人心的強大影響力：

一五八六年，（教皇）息司朵五命豐丹那移此柱於寺前。植立此柱時，需人八百，馬百五十，捲繩器四十六具。豐丹那云，重量九十六萬三千五百三十七羅馬磅云。未移柱之前，息司朵五入彼得寺，禮大彌撒，盛祝豐氏及眾工人福，並命「柱升時，不得有人語，語者死。」迨柱緩緩而升，升至中途，忽然不動。眾正屏息間，忽聞大聲曰：「潤其繩！工人先未受此指示，聞言，又不敢問，惟亟潤繩，繩潤上引，柱動而植。當時實一工人，見引繩幾斷，亟而狂呼耳，按命令應處死。無如柱賴以立，督工者大發慈悲，不忍加刑，乃謂此聲發自上帝耶和華，眾工亦默喻無言。……〔註81〕

由以上的例子可見，單士釐的旅行並非走馬看花、蜻蜓點水式的遊山玩水，更蘊含深切的體悟與感受，極具有深度與哲理，頗值得仔細品味！〔註82〕

　　此外，她也以詩作的形式表達旅途所見，可知其才情通達，多樣化的創作。如〈己酉秋夜渡蘇彝士河〉前二句以視覺摹寫陳述眼前所見之景：

岸白沙疑雪，燈紅火似星。〔註83〕

又如她將眼前之景結合國民意識與民族思維：

欲畫秋容著色山，無將奇麗難荊關。霞烘霜染輕千卉，岩際松間見一斑。有客停車晼晚□，〔註84〕阿誰題句寄潺湲？舊遊回首增惆悵，

〔註80〕參見《癸卯旅行記》（卷下）四月十八日（陽五月十四），頁734。

〔註81〕參見《歸潛記‧彼得寺》，頁807。

〔註82〕「要真正認識一個地方，需要藉由不斷的旅行，拜訪不同的地方和城市，體驗常民的生活步調，參觀博物館與美術館，……每一個環節，都是認識一個地方不可或缺的元素。」參見李蕙蓁、謝統勝：《德朵夫人的「小」不列顛‧序》，臺北：繆思出版有限公司，2007年8月初版，頁3。

〔註83〕參見《受茲室詩稿‧日光山紅葉》（卷上），頁23。

〔註84〕此句原稿脫一字。

相落吳江鶴夢閒。〔註85〕

單士釐能有機會出洋，將個人經驗與生活閱歷用豐富多采的文字寫下來，無疑是一般中國女性都羨慕不已的機緣。〔註86〕

　　畢竟若無丈夫錢恂出使國外並大力支持她的旅遊創作，在尚稱保守的晚清時代，要將女性旅遊作品付梓且傳於後世，不啻是一場空言！

　　其實中國女性的才學不容小覷，如清代陳夢雷編著《古今圖書集成》的〈閨媛典〉有三巨冊，其中〈閨識部〉所收錄的才女作品種類繁多、琳瑯滿目。〔註87〕有更多如單士釐一般有才華的女性，實在不應該埋沒在歷史洪流當中！

〔註85〕參見《受茲室詩稿‧己酉秋夜渡蘇彝士河》（卷中），頁47。
〔註86〕「人生是充滿機緣的，尤其是旅行。……旅行使我富裕。……累積在生活裏的人生經驗，因爲旅行，獲得了新的啟發。」參見孫虹：《遊走地球村‧自序》，臺北：幼獅文化事業股份有限公司，2000年1月初版。
〔註87〕參見陳夢雷：《古今圖書集成》，臺北：鼎文書局，1976年初版。

第五章 反思家國

　　晚清可謂是一段專制腐朽、社會黑暗、列強割據,令所有中國人聞之皆痛徹心扉的歷史,是個「半殖民地與半封建社會」。〔註1〕甚至越到晚期,中國面臨越嚴重被瓜剖豆分的命運。如下所述:

> 十九、二十世紀時期中國由於國勢衰落,處於被帝國主義侵略的極
> 峰,國家民族面臨亡國滅種的生死關頭。……帝國主義強烈的侵略
> 下,民族主義思想極其強烈,鬥志昂揚,既要湔雪前恥,亦要重振
> 大漢聲威。〔註2〕

所以,凡有憂患意識的人,莫不積極救亡圖存,以改善現狀。本章便從單士釐革新理念著手,說明她時刻以家國為重的思維。

第一節　鞏固根基

　　單士釐認為國之根基在教育,晚清時代新式教育廣受注目,而思想先進的單士釐夫妻,正好趕上這一波新思潮,如《癸卯旅行記》二月十八日(陽三月十九):

> 中國向以古學教人,近悟其不切用而翻然改圖,官私學堂,大率必
> 有英文或東文一門之科目。〔註3〕

〔註1〕 「顧名思義,『半封建』意味著腐朽、黑暗的的專制統治,『半殖民地』則指
　　　　向帝國主義的侵略與中國人民的受奴役。」參見夏曉虹:《晚清女性與近代中
　　　　國》,北京:北京大學出版社,2005年6月,頁1。
〔註2〕 參見張啓雄主編:《二十世紀的中國與世界——論文選集上冊》,中央研究院
　　　　近代史研究所,2001年3月,頁9~10。
〔註3〕 參見《癸卯旅行記》(卷上),頁687。

單士釐直陳眾多欲求新知的中國人民心聲，以及積極接受外國知識的渴望。

　　清末教育上的重要變化，主要是西學東進與新式學堂、制度的建立，而外國傳教士設立的教會學校，是中國近代新式學校教育的開端。如下所論：

> 十九世紀 30 到 50 年代，傳教士在廣州、香港、澳門、寧波、上海、
> 福州等地開辦學校，這些學校教授內容僅爲宗教、英文，規模很小，
> 程度很低。1860 年第二次鴉片戰爭以後，教會學校有了較大發
> 展。……開設中國傳統所缺的課程，如語言、地理、歷史、數學、
> 自然科學和宗教。〔註4〕

尤其在 1900 年庚子拳亂以後，新知識份子又投注更多心力於社會中下階層的教育，期能動員整體人民的力量以建設強盛的中國。此時，新知識來源主要是外國傳教士，及清廷開辦的新式教育機構，此項創議直接影響整個中國教育導向。〔註5〕光緒二十八年以後，教育制度形成（小學、中學、大學）三級，更容易提升國民知識水準與教育程度。

　　其中，清光緒三十一年（1905），科舉制度正式走到終點，更代表舊制度的徹底消失；接受新式教育的專業人才，開始在社會上嶄露頭角。原本墨守成規的人，在列強以船堅炮利強行開啓國門之際，也領悟到變革圖存的必要。如下所言：

> 日俄戰爭後（西元 1860 年代）的自強運動，到甲午戰敗（西元 1890
> 年代）推行的變法運動，目的在於使中國不致於滅亡。在光緒初年，
> 有志之士已經感到只有技術、制度的改變，不足以救亡圖存，必須
> 在思想、人心上加以改革。爲啓民智，教育百姓，因此廣設「蒙學
> 堂」，教學內容也由傳統的學問逐漸轉爲西學，新式報紙、學堂和學

〔註4〕　參見馮天瑜：《中國文化史綱》，北京：北京語言學院出版社，1994 年 8 月第
　　　　 1 版，頁 163。

〔註5〕　「至於由中國滿清政府開辦的新式學堂，第一個是京師同文館：1861 年正月，
　　　　 設立專辦對外事務的總理各國事務衙門。其中，奕訢在請求設立總理衙門的
　　　　 奏摺中還建議設立培養外語人才的相關學校；1826 年 6 月 11 日，英文學館正
　　　　 式開課，有學生 10 人，但都屬於八旗子弟；1863 年 4 月，又開設法文和俄文
　　　　 學館，學生增至 30 人；1898 年開設的京師大學堂，是北京大學的前身；1901
　　　　 年，下令廢除八股文；一直到 1903 年，由張之洞、張百熙等合訂的《奏定學
　　　　 堂章程》獲准頒布後，新學制正式展開；1905 年 8 月宣布「停辦科舉以廣學
　　　　 校」，自此，從隋大業二年（西元 606 年）開始實行 1300 年之久的科舉制度，
　　　　 終於壽終正寢。」參見馮天瑜：《中國文化史綱》，北京：北京語言學院出版
　　　　 社，1994 年 8 月第 1 版，頁 164。

　　會也於此於大量出現。〔註6〕

尤其義和團事件之後，全民一心地感受到愚昧可能招到亡國下場，眾多演說社、閱報社、或識字學堂等啓發民智的機構成立，產生促使社會煥然一新的啓蒙知識運動。

　　至於這個時期傳入中國的西學具備以下的特質，直接或間接的影響了中國的學術界哪一些層面？在馮天瑜、何曉明、周積明編著的《中華文化史》下冊，大概歸納出以下五種主要變化：

　　（一）翻譯機構的設立與數量日眾的西學書籍的出版

　　一八六二年附設於總理各國事務衙門的京師同文館，三十年間譯著近兩百種，內容側重於外交、世界史、時事政治方面。一八八七年創設於上海的廣學會，也譯著數量頗豐的宗教、歷史、醫學書籍。一八六五年李鴻章建立的江南機器製造總局的翻譯館在二十年間譯書一百六十餘種。

　　（二）新式學堂中外籍教師的聘用

　　京師同文館延聘法國畢利干（？～1894 年）教授化學，英國德貞（1837～1901）教授解剖學，英國歐理斐（1857～？）教授物理學，美國海靈敦教授天文學，美國丁韙（？～1916）教授萬國公法並任總教習。張之洞（1837～1909）在武昌設立的方言、自強、武備、農務、工藝等新式學堂也高薪聘用洋教員，擔任外語及諸種自然科學課程。

　　（三）洋務企業中新設備、新技術與外籍工匠、技師的引進

　　十九世紀六〇至九〇年代，各地興辦的軍工、民用企業，大規模引進西方新設備、新技術。爲彌補技術人才的匱乏，各企業均同時引進外籍工匠、技師。江南機器製造局創辦之初，僱傭英國工程師彭他、柯尼施、梅因蘭、史蒂芬生。福州船政局、漢陽鐵廠、開平礦務局等，也僱請法、德、英、比等國技師多人。這些人成爲新技術的演示者和傳授者。

　　（四）政府官員的出使、考察

　　一八七六年，清政府開始對外派駐使節。對出國人員，要求他們將所見所聞的外國風俗政治諸種情形詳爲紀錄，彙報回國。並對「才識卓著之員」給予獎勵。……開明者如駐英法公使郭嵩燾（1818～1891），堅信「計數地球

〔註6〕　參見孫同勛總校訂；邵台新、戴晉新、稽若昕、宋德熹、黃湘陽編著：《中國文化史》，臺北：大中國圖書公司，1996 年 5 月一版一刷，頁 180。

四大洲，講求實在學問，無有能及泰西各國者。

（五）留學生的派遣

一八二七年至一八七五年，由容閎（1828～1912）等率領十至十六歲學童首批赴美留學，學習「軍政、船政、步算、製造諸學」……這批人是中國第一批接受正規資本主義教育的近代知識分子。在接受、傳播資產階級新文化方面，他們是功勳卓著的生力軍。〔註7〕

隨著中國的門戶洞開，西學以前所未見的猛烈方式，襲擊著中國的固有型態。單士釐的丈夫錢恂在這一波出使的外交使臣行列當中；單士釐《癸卯旅行記》等作品得以順利付梓，也多仰賴西方傳入的新式印刷技術；此外，錢氏家族可以成為有一批留日的學生代表，也因為這時期潮流所致。

單士釐一生都惦念著推廣國民教育的重要性，尤其是童蒙教育，如〈汽車中聞兒童唱歌〉：

> ……中華孩稚生何厄？埋首芸窗學楚囚。〔註8〕

她表達出對中國童稚啓蒙教育的重視，以及中國孩童仍未有足夠的機會接受教育痛心疾首的感慨。又如她在《癸卯旅行記》二月十八日（陽三月十六）在觀覽日本大坂的內國博覽會教育館之後，見識到日本教育普及之後的強盛，便有感而發地發表針對中國落後，亟待改善的教育體制所作的省思：

> 要之教育之意，乃是為本國培育國民，並非為政府儲備人材，故男女並重，……中國近今亦論教育矣，但多數人才一邊著想，而尚未注重國民，……可嘆！況無國民，安得有人才？無國民，且不成一社會！中國前途，晨雞未唱。觀彼教育館，不勝感慨。〔註9〕

單士釐提出了國民教育的重要，人無分男女都有接受教育的權力，而且字裡行間更顯露出她認為接受教育純粹是國民基本的權力，目的是普遍提升國民知識水準，建構出一個理想的社會藍圖，無關乎政府選用人才的考量。如：

> 試思本國文尚未教授，何能遽授外國文？無論其不成也，即成，亦安用此無數之通外國文者為哉？〔註10〕

單士釐肯定西方新學有學習的必要，更認為吸收新知前，必以鞏固國學為基

〔註7〕 參見馮天瑜、何曉明、周積明：《中華文化史》（下），臺北：桂冠圖書股份有限公司，1993 年 5 月初版一刷，頁 1283～1284。

〔註8〕 參見《受茲室詩稿·汽車中聞兒童唱歌》（卷上），頁 23。

〔註9〕 參見《癸卯旅行記》（卷上），頁 687。

〔註10〕 參見《癸卯旅行記》（卷上），頁 687。

本原則，避免捨本逐末。

　　其實，單士釐重視國民基本教育的見地，與許多力圖維新的人士接近，都強調西學對清末改革具有參考價值。

　　此外，在單士釐見識到日本引進西方新式教育理念，並在推行兒童教育產生了強大的成效；再進一步地聯想到中國境內廣大無辜的孩童，面對未來坎坷乖舛的人生，徒剩坐困愁城一途可爲之的窘迫處境，心中便有極大的感觸。如：

> 國所由立在人，人所由立在教育。有教必有育，育亦即出於教，所謂德育、智育、體育者盡之矣。教之道，貴基之於十歲內外之數年中所謂小學教育，尤貴養之於小學校後五年中所謂中學校者。！〔註11〕

單士釐明白指出國家的根基是教育，先養育百姓然後施予教育。雖然教育的類別繁多，首要重視的是小學啓蒙教育以及中學階段的教育。

　　教育對於一國的盛衰，有著唇齒相依關係，教育的範圍擴及每一個階層，而施行國民教育的成果，更非一年半載所能收成。所以清末對於童蒙教育的漠視，使得中國兒童徹底被排除在可以接受到教育的範疇。單士釐還以朝鮮不重視國民教育，終淪爲日本殖民地爲例子，希望國人引以爲戒：

> 乃偕外子渡登釜山岸。密樹一山，爲日民萬餘群居地。有駐兵約一大隊，有臨時憲兵隊，有領事，有警察，有學校，有幼稚園，有病院，有郵電局（朝鮮自有郵遞司、電報司），一望而知爲日本之殖民地，且已實行其殖民之政矣。一切貿易工作，皆日本人，即渡船篙工亦日本人。彼朝鮮土人除運木石重物及極勞極拙之事外，無他業。見土人運木者，橫負長五六尺之大木於背，喘步市街，幾不知市街尚有他人他物者。孩童除拾草芥棄物外無他事。……船上傭彼苦力數十輩事搬運，……日本人捽其髮捺入舟底，彼兩手護髮，哆口而笑。又見其一步一坐，無絲毫公德心。無教之民，其愚可嘆，其受辱不知又可悲。〔註12〕

可見新知識與思想的學習、吸收，達到維繫自尊、提高國民素質等多重效果。另外，她也說到沙俄控制民心、民智，忽視國民教育，甚至監控報紙的報導自由的統治手段，如：

〔註11〕參見《癸卯旅行記》（卷上）二月十八日（陽三月十六），頁686～687。
〔註12〕參見《癸卯旅行記》（卷上）四月一日（陽四月廿七），頁704～705。

> 晨過阿臣斯克，下車就食於車場。俄路惟食物最備。場中間有售宗
> 教書者，而從未見售新聞紙者。蓋俄本罕施小學教育，故識字人少，
> 不能讀新聞紙。且政府對報館禁令苛細，不使載開民智語，不使載
> 國際交涉語，以及種種禁載。執筆者既左顧右忌，無從著筆，閱者
> 又以所載盡無精彩而生厭，故新聞紙斷不能發達。此政府所便，而
> 非社會之利也。〔註13〕

又如俄國政府頒令的假日、慶典之多，已嚴重影響學生的受教權：

> 今日為俄令節日，處處懸旗。節有大小（大節懸旗），而為學堂休假、
> 工作輟業者則同。一歲三百六十五日中，令節居四分之一，加以暑
> 休（大約九十日）、寒休（列氏零下十五度外），則學生功課幾不足
> 五分之三。故一俄教育家之言曰：若欲使俄國學生與他國學生受同
> 等之教育，非比他國學生加二年之學期不可。誠哉是言。〔註14〕

單士釐更比較了日本與俄國政府，對國民教育天壤之別的政策與態度，以強
調一國實力之強盛，從當權者對國民教育的重視程度便可判定高下，如：

> 十日（陽五月六日）商務署中有俄員鄔君，通華語（鄔為東方學堂
> 學生，此學堂程度大約與日本高等學校相等。俄例，於學課非所重，
> 學生每自謀生計，故鄔君得出勤於商務署。日本於學生不得兼勤者，
> 以重學課故），……是日又承李、黃兩君以俄地旅行迥非他國可
> 比，……。恐予等種種不便，乃囑鄔君伴送予等至交界。鄔君允諾，
> 予等亦欣然。（幸俄例不重學課，故鄔君可暫輟學。）〔註15〕

遊記當中，單士釐更以「幸」字嘲諷俄國鬆散的教育制度。

　　實則單士釐提倡的國民教育涵蓋的範圍極廣闊，教育並不只侷限於學校
當中，而是擴及社會每一層面與每一個組成份子，如《癸卯旅行記》卷上二
月十八日（陽三月十六）記到自己學習格勒陽曆的經驗，對應於中國迂腐人
士的固執：

> 世界文明國，無不用格勒陽曆（回教各國自用回曆，安南國別有曆），
> 一歲之日有定數，一月之日有定數，歲整而月齊，於政治上得充分
> 便利，關會計出入無論矣，凡學校、兵役、罪懲，均得齊一。故日

〔註13〕參見《癸卯旅行記》（卷下）四月廿二日（陽五月十八），頁744。
〔註14〕參見《癸卯旅行記》（卷下）四月廿三日（陽五月十九），頁745～746。
〔註15〕參見《癸卯旅行記》（卷中），頁714。

本毅然改曆，非好異也，欲得政治齊一，不得已也。予知家事經濟
而已，自履日本，於家中會計用陽曆，便得無窮便利。聞外子述南
皮張香濤之言曰：世人誤以「改正朔」三字爲易代之代名詞，故相
率諱言，不知此三代以前事耳。漢興，承用秦曆，代易矣，而正朔
未改也。太初更曆，正朔改矣，而代未易也。……何諱之有？誠名
論也。然慣曆亦不妨並存。日本鄉僻尚沿存舊曆，以行其歲時伏臘
之禮，庸何傷乎？至與外人交涉，則必存明治某年之國曆。乃聞外
子言，中國駐外各使館，凡以本國政府之言告彼政府，僅用彼曆而
不兼列我曆，誠可詫異，猶曰：「與外人交涉，雖存我曆，彼不知也」。
乃見今之學西文者矣，學數月，偶執筆學作短札以致本國人，亦開
筆第一行即書西日月年，而從未見書光緒幾年者，是何故歟？予素
鄙此，故日記首列我曆，而兼注陽曆也。〔註16〕

她一面稱讚日本勇於改變接受新知的態度，並批評俄國不知「格勒陽曆」（世
界通行的公曆）的通行與便利，另一面批評中國反對改正朔的守舊派思想。
單士釐個人在見證了格勒陽曆的優點後，率先以躬親力行的方式把家裡所有
計帳或計日，如《癸卯旅行記》中加入格勒陽曆。但頗爲特別的是，她並沒
有因爲學習西方新曆而揚棄中國舊曆，反而認爲應該兼顧國情、風俗予以適
當調整：

單士釐認爲完全使用西曆而揚棄中曆，是非常不妥的作法。必需在
便利與世界溝通的同時，顧及己國的尊嚴，如日本之兼用中西曆便
是最好的例子。而單士釐也成爲近代第一個使用西曆記日的散文書
寫者。其採用日記體記旅行的《癸卯旅行記》就是最好的例子，如：
「光緒二十九年二月十七日（陽三月十五日）」，……就此而言，單
士釐也適時展現了她既現代又傳統的一面。〔註17〕

她認爲完全使用格勒陽曆而揚棄中國慣用曆法，也非正確的處理方式，所以
把兩者合併以便於互相參照。單士釐積極提倡使用格勒陽曆的主張，並未受
到當代主政者的注意，必須等到四十八年後民國成立之時，她的眞知灼見才

〔註16〕參見《癸卯旅行記》（卷中），頁710～711。
〔註17〕參見羅秀美：〈流動的風景與凝視的文本——談單士釐（1856～1943）的旅行
　　　　散文以及她對女性文學的傳播與接受〉，收於《淡江中文學報》第十五期，淡
　　　　江大學中文系2006年12月，頁41～94，第53頁。

得到實現。

其中，單士釐雖自謙：「予知家事經濟而已。」但卻已能透過女性特有的細膩觀察，以深中肯綮的筆觸發抒洞燭機先的看法，迥然不同於當時一般的中國傳統女子的保守、落後，她爲中國女性另闢蹊徑的勇氣與識見，實非平凡女子所能及。

單士釐一語說出清末改革多重在替政府儲備人才，並未從提升國民基本知識水平爲根本切入點的缺失：

> 中國近今亦論教育矣，但多數人材一邊著想，而尚未注重國民，……
>
> 亦不過令多材多藝，大之備政府指使。〔註18〕

舉凡個人品格的修養、百姓的教化、技能的學習、分辨善惡的能力、人際關係與社會禮儀的運用等，都包括在單士釐主張的教育範圍之內。畢竟化民成俗乃全民運動之一，家庭、學校、社會等各層面的教育環環相扣，所以除了政府明令頒布的教育制度，國民自覺自發的學習態度亦發重要。

此外，單士釐夫妻也主張到文明先進的國家留學，以獲取新知待他日爲國效力之用，如《癸卯旅行記》二月廿八日（陽三月廿六）記到：

> 外子每自負，謂日本文明、世界文明得輸入中國而突過三四十年曾
>
> 文正國藩之創遊美學生議，沈文肅葆楨之創遊英法學生議，而開中
>
> 國二千年未開之風氣，爲有功於四萬萬社會，誠非虛語。〔註19〕

她除了肯定派遣留學生出國效法先進國家的優點，改善落後、封閉的中國社會的創見之外；也盛讚了丈夫錢恂跟得上世界新時局脈動的先知卓見。

又如單士釐夫妻對國民基本外語能力的重視，可從以下內容看出。《癸卯旅行記》三月四日（陽四月一日）說到丈夫錢恂對自強學堂俄文科目創建所作出的貢獻：

> 湖北學生謁外子，乃自強學堂之俄文生，新奉官派赴俄留學者也。
>
> 此學堂俄文科本外子所議創。〔註20〕

而且，單士釐夫妻更以身作則地派遣錢氏子弟赴日留學，如《癸卯旅行記》二月廿八日（陽三月廿六）記錄回憶起六年前，錢恂拜託日本陸軍少將神尾光臣帶著弟弟錢幼楞東渡留學的情景：

〔註18〕 參見《癸卯旅行記》（卷上），頁687。

〔註19〕 參見《癸卯旅行記》（卷上），頁695。

〔註20〕 參見《癸卯旅行記》（卷上），頁696。

此為丁酉冬小叔幼楞〔註21〕東渡之船，今六年矣。幼楞東渡，乃外子依託彼陸軍少將神尾光臣而行（時神尾任大佐）。蓋留學日本之舉為外子所創議，而以幼楞為先導。……彼遊歐美之學生豈必乏材？徒以程度相去太遠，莫由將歐美文明逕輸我國，而必借道於日本者，階級不同也。予謂幼楞雖病未足業，而論輸入文明之功，其嚆矢不在外子而在幼楞。外子亦掀髯謂然。〔註22〕

雖然錢幼楞未完成整個學程，但是對於學習文明國家的精神；成為第一批留日學生的代表之一的遠見，夫妻二人的欣喜之情溢於言表。但留學日本之舉卻非錢恂所創議，因錢恂建議留日的看法在清光緒二十二年歲暮：

恂於光緒二十二年冬，始創派遣留學生之議。以日本為初步，又以將校為先著。蓋欲洗向來專學兵弁，不學將校之失。劉忠誠、張文襄採用予說，相繼選派高材生東渡。予親往監督，歲庚子，率二子往學先從，最初小學下手，此二子之所以入慶應塾也，本意亦欲漸即武事。日本以本國學生相待，不以中國學生相待。兩子在中學時均占彼邦一額，以後無第三人。迨兩子中學將畢時，中國武學生醜態大露，遂輟學武之議。大兒改赴歐洲，次兒改學農業。大兒凡學八年，次兒則十有五，均不敢纖毫公費，一矯荒誕廢學之失；不取速成，一矯淺嚐無得之失。然留學之風日益大壞，且貽禍五倫，則予所不料。予自製輓聯曰：「不亟求官已三世，於茲保泰良方，願後嗣無忘祖範，創議留學而五倫受毒，乃畢生憾事。盼兒曹稍蓋吾愆，其痛心可知矣！因記兩子學留事附誌於此。」〔註23〕

實則同一年官派留日學生已正式前往日本：

光緒二十二年（1896），中國學生始正式赴日留學。〔註24〕

而單士釐夫妻選擇日本為子弟留學之地的原因，由張之洞所言可略知一二：

〔註21〕「錢溍，乳名連，字幼楞。生於光緒元年乙亥年五月初一日……卒於光緒二十八年壬寅正月二十七日。」參見錢恂纂：《吳興錢氏家乘》卷二，收於《清代民國名人家譜選刊》第34冊，臺北：國家圖書館地方志家譜文獻中心編，2006年，頁59。

〔註22〕參見《癸卯旅行記》（卷上），頁695。

〔註23〕參見錢恂纂：《吳興錢氏家乘》卷三，收於《清代民國名人家譜選刊》第34冊，臺北：國家圖書館地方志家譜文獻中心編，2006年，頁105～106。

〔註24〕參見劉真主編、王煥琛編著：《留學教育——中國留學教育史料》第一、二冊，臺北，臺灣書局，1980年7月，頁238。

（一）路近費省。

（二）離中國近，較易考察。

（三）日文與中文相近，較易通曉。

（四）西書甚繁，日人已將西學不切要者刪節酌改。

（五）日本情勢風俗與中國相近，容易仿行。〔註25〕

也因此，清末民初留學日本的人數在短時間之內大為增加，學習速成教育歸國後，對國家有極大的貢獻。如以下記載：

> 雖然在時間上較1872年第一批幼童赴美留學，晚了二十四年，但是在人數上則後來居上。……尤其光緒二十七年（1901）到光緒三十二年（1906）之五、六年間，留日學生已達一萬多人。……回國後，在中國近代史上有不少曾扮演各種甚為重要角色，與我國政治、軍事、教育、文化等關係極大。〔註26〕

關於第八世錢稻孫（配氏包）及錢稷孫（配氏施）以自費生身分留日記錄，學成後受召奉派的職務如下：

> 稻孫……庚子年入日本慶應義塾小學，壬寅畢業。升入成城學校，畢業後仍改入日本東京高等師範學校之附屬中學校，丁未畢業。不敢纖毫公款，後隨任歐洲。宣統二年庚戌以二品廕生引見奉旨外用，壬子年充教育部主事，乙卯年晉視學授上士。〔註27〕稷孫……庚子年入日本慶應義塾小學，癸卯畢業。考入日本東京高等師範學校之附屬中學，戊申畢業。考入日本札幌農科大學之預科，辛亥畢業。升入東北帝國大學農科，甲寅畢業。始終一十五年，占彼邦一正額，皆自費，不用纖毫公款。乙卯歸國，廷試以超等及第授上士，分農商部。〔註28〕

再則，中國一向是個重視德性遠超過才性的民族，除了一般觀念中將才性列為處世的次要條件，更有部分人士將才性賦予不吉祥的含意。甚至認為才多

〔註25〕 參見張之洞：《勸學篇》外篇，遊學第二頁六。轉引自陳瓊（王瑩）：《清季留學政策初探》，臺北：文史哲出版社，1989年7月初版，頁66。

〔註26〕 參見劉眞主編、王煥琛編著：《留學教育——中國留學教育史料》第一、二冊，臺北，臺灣書局，1980年7月，頁238。

〔註27〕 參見錢恂纂：《吳興錢氏家乘》卷三，收於《清代民國名人家譜選刊》第34冊，臺北：國家圖書館地方志家譜文獻中心編，2006年，頁105。

〔註28〕 參見錢恂纂：《吳興錢氏家乘》卷三，收於《清代民國名人家譜選刊》第34冊，臺北：國家圖書館地方志家譜文獻中心編，2006年，頁107。

將會妨命、才厚就可能福薄，這也是單士釐身為維新派主要成員的夫婿錢恂積極想要改善的缺失，受丈夫影響頗深的單士釐亦有相似的觀點：

> 知道德教育、精神教育、科學教育均無如日本之切實可法者。〔註29〕

錢恂出使扶桑，見到日本學習西方所得到的具體成果，見證教育對於國力的重要。歸國後於清光緒丁酉年（1897 年）就首先創議中國有需要派遣學生前往日本留學，以觀察效法日本進步之處。而且他以弟弟錢幼楞作為率先留日的學生之一：

> 幼楞東渡，乃外子依託彼陸軍少將神尾光臣而行（時神尾任大佐）。
> 蓋留學日本之舉為外子所創議，而以幼楞為先導。外子每自負，謂
> 日本文明、世界文明得輸入中國而突過三四十年曾文正國藩之創遊
> 美學生議，沈文肅葆楨之創遊英法學生議，而開中國二千年未開之
> 風氣，為有功於四萬萬社會，誠非虛語。彼遊歐美之學生豈必乏材？
> 徒以程度相去太遠，莫由將歐美文明逕輸我國，而必借道於日本者，
> 階級不同也。予謂幼楞雖病未足業，〔註30〕而論輸入文明之功，其
> 嚆矢不在外子而在幼楞。〔註31〕

清末女性意識的提升與西方婦女解放思想的東傳，造成當時的中國婦女認同復國強國的理論，開始融入社會運動之中。並基於對民族存亡危機感與使命感，使得女子認為不應該自外於訴求振興中國的神聖志業。而本論的單士釐變是其中的經典代表之一，她經常在作品當中表達以國民為己任的觀點，如〈遊俄都博物館〉：

> 行過萬生院，米萃（俄用法語博物院稱）已在望。……巍巍巨象骨，
> 出自沙石礦。……我疑此古獸，別國所生長。或系戰利品，……歐
> 美競文明，宜思所以抗。〔註32〕

單士釐提到俄國獲得各種戰利品，說明沙俄對外侵略，擴充領土的野心，中國鄰近沙俄，更應小心；此外也企盼中國可以大開民智，方可與歐美國家相

〔註29〕參見《癸卯旅行記》（卷上）二月十七日（陽三月十五），頁 685。

〔註30〕「父親於光緒年代隨同我從伯父錢恂到日本，伯父那時任留日學生監督，隨他到日本留學的，有我從叔錢玄同、我從兄錢稻孫、錢稷孫等人。我父親留學時從小學讀起，可是後來病了，不能續讀，中途回國。」參見錢仲聯：《錢仲聯學術自傳》，成都：巴蜀書社，1993 年 11 月第一版，〈自傳〉頁 6。

〔註31〕參見《癸卯旅行記》（卷上）二月廿八日（陽三月廿六），頁 695。

〔註32〕參見《受茲室詩稿·遊俄都博物館》（卷中），頁 38～40。

頡頏。單士釐的看法切中時弊，她也預見了中國未來的困局，如俄國對中國的侵略：

> 俄國乃每乘清朝內憂外患、無力籌邊之際，沿著兩國邊界連壤處肆
> 行侵略，以吞噬全中國為最終目的；其不擇手段，明侵暗佔，對於
> 清朝國防、軍事、民族、經濟、政治等主權危害至大。尤有甚者，
> 俄國之侵華行動於十九世紀中葉又與以英國為首的海權國之侵略相
> 結合，促使近代中國在歐洲列強海陸環伺「鉗形攻勢」之下權益漸
> 失，疆土日蹙，國祚幾至不保。民國以來，俄國則又變本加厲假借
> 「革命」之名妄圖赤化整個世界，外蒙之成為蘇俄附庸、中國大陸
> 之淪入鐵幕，皆可說是俄羅斯進佔西伯利亞之延長。〔註33〕

至於對中國一般國民的觀念而言，最應優先改變的是婦女封閉、保守的觀念。如《癸卯旅行記》提到：

> 中國婦女閉籠一室，本不知有國。予從日本來，習聞彼婦女每以國
> 民自任，且以為國本鞏固，尤關婦女。予亦不禁勃然發愛國心，故
> 予經越國界，不勝慨乎言之。〔註34〕

她以日本婦女的作為來告誡中國婦女切莫繼續困居家庭當中，應該正視清末混亂的世局，對於救國之道也要有捨我其誰的擔當，而且與男性並肩共體時艱。又如：

> 種弱千秋恨，民窮百計空。此心徒愛國，默默祝年豐。〔註35〕

單士釐感嘆積弱不振的中國，貧困落後，激起一番愛國之情，期盼中國走向富強的前程。

　　此外，《癸卯旅行記》付印出版的癸卯年正是日俄發生戰爭前一年，中國更陷入列強欺凌、分割的萬劫不復之地。

　　起初，大多數改革者都先從溫和變法為主，如：

> 鴉片戰爭以後，中國逐漸地失去了獨立國家的地位。中國的思想界
> 隨之而發生了急遽的變化，產生了一股與時俱進的思想潮流，這就
> 是中國近代的啟蒙思想，它的發展約可分為三階段：即統治集團內

〔註33〕參見陳逢申：《十七世紀西伯利亞情勢之發展與中俄早期關係》，臺北：私立
　　　　東吳大學中國學術著作獎助委員會，1986年6月初版，頁103～104。
〔註34〕參見《癸卯旅行記》（卷下）四月十七日（陽五月十四），頁733。
〔註35〕參見《受茲室詩稿・和夫子庚戌年元旦用前韻（附原作）》（卷中），頁49。

部改革派的啟蒙思想、早期改良派的啟蒙思想、維新派的啟蒙思想。
〔註36〕

鴉片戰爭強行開啟中國大門以及驚醒唯我獨尊的大中國意識以後，隨著各種改革與啟蒙運動的開展，社會呈現一片活潑的氣息，並在訴求中國民族獨立的大原則之下，多數知識份子秉持著批評傳統、破除迷信、提倡科學、擯斥專制並崇尚民主。

除了知識份子的積極鼓吹，廣大人民所要求的生活也包括更多的個人自由與獨立，對社會和政治生活有更多的積極參與空間，關心廣大群眾的福利，形成十九世紀、二十世紀之交開始一連串社會改革運動。

晚清民族精神展現的背景因素，必須先明白較早期的變化，以作為論述基準點。如清中葉以後的太平天國之亂與自強運動正好代著表兩種不同風貌的民族意識：

> 太平天國的革命運動自起中國社會下層，雖剽竊了西方基督教的外衣，但在民族主義認同的本質上，看重血緣，視滿清為壞中國衣冠文化人種的妖魔，要加以殺盡，甚至在安內與攘外的觀念上，要先殺盡妖魔，然後再對抗西力的入侵，是安內先於攘外的。而自強運動正恰相反，此一運動主持其事者，多是各地督撫或王公大臣，很自然的在民族主義的認同上，視滿清為一體，將中西予以對立，立意在攘外，看重文化觀的民主主義。……〔註37〕

歷史發展到了甲午戰爭爆發，中國的民族主義又呈現出另一種樣貌：

> 接受西學的新知識份子，他們受西方近代民族主義思想影響，以及痛恨滿清統治階層的顢頇無能，由於他們絕大多數為漢人，很自然地將其思想與傳統族類意識相結合，於是在民族主義的思想上，亦看重血緣，要驅除韃虜，恢復中華。……舊士紳階級，則繼承自強運動社會上層的看法，注重文化認同，主滿漢一體、中西對立。但對於安內攘外問題，則仍均相信安內應先於攘外，前者因此要先反滿革命，後者則要求政治革新模仿西法。〔註38〕

〔註36〕 參見陳君聰：《現代化先鋒——中國近代啟蒙思想家》，臺北：萬卷樓圖書有限公司，1999 年 8 月初版，頁 2。

〔註37〕 參見張啟雄主編：《二十世紀的中國與世界——論文選集上冊》，中央研究院近代史研究所，2001 年 3 月，頁 10～11。

〔註38〕 參見張啟雄主編：《二十世紀的中國與世界——論文選集上冊》，中央研究院

到了清末，對整個中國而言，民族主義的主因主要起因於外來的帝國主義侵
略，震撼了社會，激發出國人一致抵禦外侮的團結心；加上內在由於滿清異
族統治、壓迫人民所引起的反滿思潮四處迭起：

> 帝國主義的侵略與西學的東漸，是造成二十世紀初期以漢民族爲主
> 體的中國民族主義趨於激情的主因。帝國主義的侵落暴露了滿清政
> 權的腐敗無能，西學東漸培育了中國新知識份子，……甲午戰爭後
> 大力興辦新式教育，培育新知識份子。但因此而帶動漢民族主義思
> 想的高漲，這是他們始料未及之事。故二十世紀中國民族主義的勃
> 興，是與新學的興起，新知識份子階層的形成，一開始即存在有密
> 不可分的關係。〔註39〕

而單士釐所謂的民族意識倒是不同於反滿情結，而是另有一番創見與看法。
她認爲面對異邦之際，仍必須保持中國的國格與人民尊嚴。如《歸潛記》〈羅
馬之猶太區——格篤〉中陳述到羅馬迫害、歧視猶太人的情形：

> 古羅馬習慣：凡俘來者皆爲奴隸，即猶太王希律及其后阿格里伯之來
> 羅馬，……迫令猶太人於喀尼乏爾節日，競走於群民嘲訕之中……競
> 走者，驅驅於前，猶太人逐驢後，僅許圍一縷布於腰下，四肢盡裸。
> 猶太人後爲水牛，牛後爲野馬（即阿非利加產之劣斑馬），凡不以人
> 類視猶太人也。猶太人忍辱不敢違。〔註40〕格篤初稱猶太街，用牆圍
> 之，自四頭橋至「哭場」。哭場云者，即志一五五六年七月二十五日
> 猶太人被迫入囚屋，從此服從無限煩惱之悲慘而命之名也。〔註41〕

單士釐在遊歷歐洲之時，仍不忘以這段歷史告誡國人，若不懂得團結奮鬥、
自立自強，一旦失去國家的保護罩，則民族的尊嚴自然被它族踐踏於腳下，
如同亡國的猶太人一般。

單士釐更明白表示寫作〈羅馬之猶太區——格篤〉一篇的目的，乃爲表
達亡國遺黎遭受的迫害：「彼失國遺黎，散處各國，其見逼見虐也，書不勝書」；
〔註42〕另外在正文之後，又特別加註一段苦口婆心的叮嚀：「此格篤記，閱者

近代史研究所，2001年3月，頁11。

〔註39〕 參見張啓雄主編：《二十世紀的中國與世界——論文選集上冊》，中央研究院
近代史研究所，2001年3月，頁12。

〔註40〕 參見《歸潛記》〈羅馬之猶太區——格篤〉，頁877～878。

〔註41〕 參見《歸潛記》〈羅馬之猶太區——格篤〉，頁879。

〔註42〕 參見《歸潛記》〈羅馬之猶太區——格篤〉，頁876。

宜細心味之。數百年後，吾人當共知之」。〔註43〕

又如《癸卯旅行記》記到單士釐一行人於午後十一時，抵達柯樂特保甫驛站時的見聞：

> 華人稱爲五站，或曰：驛距雙城子五站，故名（站者，約人馬行一
> 日所能至之路）。國境東線至此已終，乃購滿洲東線之切符（時尚未
> 能購直達滿洲西線之切符），即在驛中換乘，例不受關吏之檢查。況
> 自東而西，乃爲由俄入華，其關權應在華而不在俄。然今日關權，
> 乃在俄不在華。〔註44〕

單士釐感觸的說出鐵道進入中國東北，通關與否的權限照理說應在中國而不是俄國手中，但可悲的是實情並非如此，造成中國人在本國領土上仍必須接受俄人嚴厲的檢查。雖然因爲錢恂是外交官，單士釐等人通關時均得以免受檢查。但目睹此情此境，她仍是十分氣憤且感慨萬千。又如1900年夏天，單士釐一行人所乘的輪船暫時停泊於日本神戶港，此時的她看見日本的憲政、教育等各方面的長足進步之後，反思中國的處境與困難，有所感觸地寫下〈庚子四月十八日舟泊神戶〉一詩：

> 去年來神州，……昔聞秦皇學長生，長生未得亡沙邱。三千赤子竟
> 安在？徐福姓氏今猶留。何似我皇眞好道，文學政事旁羅搜。（時夫
> 子率湖北諸生東渡留學）諸生負笈遠登涉，不辭跨海師承求。〔註45〕

單士釐以諷諭手法將慈禧爲首的滿清舊黨比喻成始皇嬴政，嘲訕慈禧太后大肆捕殺戊戌變法人士，軟禁清德宗的劣舉。而諸多有先見之明的人，仍東渡日本留學，希望能夠從日本明治維新的成功經驗當中，獲得拯救中國黎民蒼生的對策。

單士釐要訴求的民族主義乃是對自我種族的認同，若要人重之，必先自重之啊！

> 所謂民族主義，基本上是一種認同的理論，其產生來自於自我體認
> 與認同。由於自我體認與認同常是主觀的，甚至於是出之於感情的，
> 因而民族主義思想的本身，即具有一種感情的衝動。……追求的目
> 標，是一個以民族的獨立自主與自由自尊。因之民族主義既具有激

〔註43〕 參見《歸潛記》〈羅馬之猶太區——格篤〉，頁882。
〔註44〕 參見《癸卯旅行記》（卷中）四月十日（陽五月六日），頁717。
〔註45〕 參見《受茲室詩稿‧庚子四月十八日舟泊神戶》（卷上），頁21～22。

情，也需要理性。〔註46〕

雖然二十世紀的中國在列強帝國主義大肆擴張之下深蒙其害，倒是對於世界現況、國際形勢與民主法治的觀念反倒比以往進步許多：

　　清末以來，知識份子不斷散播個人理想，並引起社會響應，促使社會
　　各階層意識覺醒，並利用情勢與組織，爭取個人與國家權益。〔註47〕

而且民主思想是近代世界的重要潮流之一。大致而言，所謂的民主是一種思維行動的基本形式，落實於日常生活當中，它所代表的意義和自由、平等的觀念相同。意為如果生活上缺乏自由、平等，民主自然也就無法付諸實現。也有人認為民主是一種以民為主的政治型態，和政黨政治、選舉的意思差不多，意為如果政治上除掉政黨政治、選舉等民權的推動，也就無法達到真正民主的境地。而本文的單士釐也主張取法日本，如：

　　日本文明、世界文明得輸入中國而突過三四十年曾文正國藩之創遊
　　美學生議，沈文肅葆楨之創遊英法學生議，而開中國二千年未開之
　　風氣，為有功於四萬萬社會，誠非虛語。……將歐美文明逕輸我國，
　　而必借道於日本者。〔註48〕

如鄭觀應的《盛世危言・西學》十四本增加西報所載內容：

　　日本幼孩已得教訓，與泰西不甚相懸。其教習之法，仿照英國北省
　　章程。……雖英之倫敦，法之巴黎斯學校，亦無已復加云。〔註49〕

鄭氏稱讚日本充分發展西學精髓，其富強進步乃世人所共睹，新學制的施行與成果，毫不遜於英法等西方強國。故清末的中國人應以日本的成功的經驗為規準以改革之，方能日本一樣與西方文明國家並列，並時時以國家為己任：

　　受到西方文化挑戰的中國傳統文化，在認知層次上已經產生某種程
　　度的轉變，特
　　別是對於科學與民主的了解。〔註50〕

〔註46〕參見張啓雄主編：《二十世紀的中國與世界——論文選集上冊》，中央研究院
　　　　近代史研究所，2001年3月，頁9。

〔註47〕參見孫同勛總校訂；邵台新、戴晉新、稽若昕、宋德熹、黃湘陽編著：《中國
　　　　文化史》，臺北：大中國圖書公司，1996年5月一版一刷，頁172～173。

〔註48〕參見《癸卯旅行記》（卷上）二月廿八日（陽三月廿六），頁695。

〔註49〕參見鄭觀應：《盛世危言・西學》收於夏東元編《鄭觀應集》共二冊，上海：
　　　　上海人民出版社，1982年9月第1版，（上冊）頁274。

〔註50〕參見楊國樞編：《中國人的心理》，臺北：桂冠圖書股份有限公司，1988年3
　　　　月31日初版第1刷，頁496。

或許因為中國壟斷政治的專制時間太過長久，人民的奴性很難在短時間之內徹底拔除，中國也很難在短時間之內一躍而使政權公開、民主化，雖然這中間的遭遇到的阻礙、挫折頗多，但在諸多知識份子的堅持之下已經有所成果展現於世人面前。中國逐步看重國格與尊嚴，朝向民主政治的方向前進，單士釐與丈夫錢恂等改革人士確實功不可沒。

如陳室如提及單士釐的痛聲疾呼：

> 抱持著「以國民自任」的責任感，單士釐觀看世界的角度頗為弘觀，
> 她抨擊帝國主義殖民暴政，關心晚清中國的時代定位與民族自覺。
> 〔註51〕

可見單士釐時刻關心晚清社會與中華民族的心意，以國民為本份的強烈責任感；抨擊帝國專制，以及對民主政治的嚮往。她以國民自任的意識體現於對中國民族精神的重視上。可惜，滿清政府並沒有因此徹底覺悟。正如錢恂針對滿朝貪官污吏，他心生倦意：

> 不以賄進，見嫉政府。宣統元年開缺另簡，即告病不出。〔註52〕

又如從積極改革到對朝政感到失望：

> 恂曰：「此所載上士之稱乃乙卯年事。辛亥以後，綱紀法度頹然已廢，
> 惟乙卯一年稍有整復之意。丙辰夏秋以後，則掃地盡矣！」〔註53〕

第二節　效法日本

如《癸卯旅行記》二月廿七日（陽三月廿五）記：

> 偕外子渡港，步長崎街市，見所謂「中國街」者，雜亂不足觀。蓋
> 有局面之華商，均不在此街耳。〔註54〕

在一切井然有序、潔淨的日本長崎市裡，「中國街」雜亂不堪的景象，無疑是貽笑大方的恥辱，所以，具規模經濟狀況比較好的中國商人尋求他處發展，

〔註51〕參見陳室如：〈閨閣與世界的碰撞——單士釐旅行書寫的性別意識與帝國凝視〉，收於彰化師大國文學誌第13期，彰化師範大學國文系，2006年12月，頁257。

〔註52〕參見錢恂纂：《吳興錢氏家乘》卷三，收於《清代民國名人家譜選刊》第34冊，臺北：國家圖書館地方志家譜文獻中心編，2006年，頁81。

〔註53〕參見錢恂纂：《吳興錢氏家乘》卷三，收於《清代民國名人家譜選刊》第34冊，臺北：國家圖書館地方志家譜文獻中心編，2006年，頁107。

〔註54〕參見《癸卯旅行記》（卷上），頁694～695。

無疑更強調了此處的落後與貧困。稍有羞恥心的中國人，怎能不引以爲戒呢？

外，單士釐對清末中國境內的落後與雜亂的社會狀態，也有諸多評論，如《癸卯旅行記》二月三十日（陽三月廿八）：

> 大雨溟濛，此船長初航中國，此次本作長行計，故衾褥洗面具等，
> 均已無須自備。……今船期既誤，不得不多留上海數日，而中國棧
> 中不備此等供客之具，乃從同鄉胡仲巽家借用數品，又自購數品。
> 一履本國，反多不便，令人失笑。〔註55〕

記錄單士釐夫妻一行人因誤了船期，必須暫停於上海數日，但對於中國傳統客棧未替旅客準備日常盥洗用品，造成生活上的不便而言，對中國落後的生活感到些許失望。又如《癸卯旅行記》三月一日（陽三月廿九）：

> 雨沉沉不止，聞此雨已四旬不晴矣。命轎訪親友數家。予非好乘轎
> 也，奈街衢有不通馬車、人力車者，又行人無公德心，不可以步行，
> 安得不轎？憶去歲旅居租界，曾訪城內務本女學堂主人之吳懷疚夫
> 人，及日本女教師河原操子氏。馬車驅城外，步半里至學堂，道穢
> 人雜，幾不可耐。夫上海城逼近租界，且又歷五十年之久，竟無一
> 毫改新意，殆不可解。〔註56〕

單士釐從交通不便，僅可乘轎來說出中國公共建設的落後；以及國人缺乏公德心的教育與概念，導致自己不得不乘轎的事實；上海租借地的雜亂汙穢，一如五十年前的陳舊，見證外國人無心對中國建設付出心力等敘述，可見單士釐對於旅行所見的過程不只是遊山玩水的心態，更包括了時局觀察者的用心；以及以中國國民自居，提出呼籲、企望改善中國的赤誠之心。又如她更進一步的指出對中國環境衛生的批評，在《癸卯旅行記》三月二日（陽三月三十）：

> 遷福興棧，雖較晉升略潔，然煩雜仍無異。本國旅館，殆無一可居
> 者。〔註57〕

單士釐以公正的立場，客觀的角度描寫中國社會環境的主要缺失，此外，她對於中國的政治或法令規定也有一番獨到的見解，如《癸卯旅行記》三月十一日（陽四月八日）：

> 中國無錢幣之政，所用或不一之生銀塊，或不一之外國銀貨，或不

〔註55〕參見《癸卯旅行記》（卷上），頁695～696。

〔註56〕參見《癸卯旅行記》（卷上）三月一日（陽三月廿九），頁696。

〔註57〕參見《癸卯旅行記》（卷上）三月二日（陽三月三十），頁696。

一之本國銀元，此次湖北交到之款爲鹽庫平銀。鹽庫平者，湖北鹽
道衙門所用銀塊之輕重名也。全國所謂平者以百數，而以庫平爲最
重。曰庫平，表其重於他平；曰鹽庫平，又表其輕於庫平。究値幾
何？任市儈之判斷而已。各生所攜零碎私款，半爲湖北自造之銀元，
此銀元又非上海所通用。種種歧異，一經換算，層層折蝕。更欲備
日本幣、俄幣兩種爲旅用，宜其煩矣。〔註58〕

她記錄中國沒有統一的貨幣政策與標準，導致中國各地的錢幣使用習慣與種
類不同，除了增加使用上的繁瑣之外，更因層層的折損而影響到中國財政或
使用者的權益。又如對中國教育的看法，在《癸卯旅行記》三月二十日（陽
四月十七）：

予家留東之男女學生四人，……女學生之以吾家爲第一人，……予因
本國無一處可以就學，不得不令子女輩寄學他邦，不勝慨嘆。〔註59〕

單士釐除了鼓勵家族子弟留學日本，增加識見，更表露中國缺乏完善的教育
體制與環境可供學習，不得不送子弟到日本的無奈！

對於落後的中國而言，資本主義世界的技術、社會和文化有許多值得借
鏡之處進步的，單士釐的作品即明白表示了這個思維，〔註60〕尤其是同屬亞
洲的日本，經過明治維新之後的壯大是有目共睹的，故許多改革人士便以爲
主要學習目標。如單士釐在《癸卯旅行記》記二月十八日（陽三月十六），因
爲丈夫錢恂接受日本外務省的招待，使單士釐得已相偕前往參觀日本的內國
博覽會：

觀博覽會。外子承日本外務省招待，爲赴會之賓，有優待券。予相
偕而往。外子云，雖不如昔年法國巴黎之盛，而局面已不小。況旣
云內國博覽會，自不能與萬國博覽會相比擬，而其喚起國民爭競之
心則一也。〔註61〕

〔註58〕 參見《癸卯旅行記》（卷上）三月十一（陽四月八日），頁698。
〔註59〕 參見《癸卯旅行記》（卷上），頁701。
〔註60〕 「在這個意義上，日本的技術、社會和文化也是比較進步的。但是資本主義
國家要剝削落後民族，要侵占和掠奪殖民地，要擴張勢力範圍，它們的帝國
主義政策和沙文主意思想，又是完全反動的。單士釐的可貴之處在於：她不
僅看了資本主義國家技術、社會和文化的進步性，也看到了資本主義——帝
國主義國家國外政策以及與之相適應的國內政策的反動性。」參見鍾叔河：〈第
一部女子出國記〉，頁666。
〔註61〕 參見《癸卯旅行記》（卷上），頁686。

雖然是屬於日本本國的內國博覽會，規模和品項自不能與萬國博覽會相比較，但是，單士釐覺得以近十萬餘坪大小的陳列會場，共分十個不同主題的會場展示、說明，作爲喚起國民奮起與世界競爭的心態則是一致的。單士釐仔細的逐一參觀完之後，並且詳細地紀錄下過程中的所獲新知與心得。或許是受到丈夫等維新派人士的影響，單士釐對日本的觀察重點放在明治維新的西化運動之上，在《癸卯旅行記》二月十八日（陽三月十六）：

> 日參考館。日本此會，雖爲內國工藝而設，而其意未嘗不欲爲他年萬國博覽會之基礎。乃設此參考館，爲陳列外國物品之所。然在西方工商程度已高之國，罕願送物品於幼稚之日本，故所列西品，不過日商之販自西方，與西商之販售橫濱者而已。中國則由日本領事向政府及各督撫敦勸，故勉出物品，以應其請。湖北居首，四川隨之，各有一小區，列物數十種。雖人工物與天然物並陳，然意在勸工商，不在競珍奇，已與會旨相合。山東物、兩江物產遲至，無地可陳（欲預會，必先向彼政府定地若干。湖北已預定，故有地，他省則否），尚未啓篋。……北京政府，更派勳貴預會。他日諸巨公歸國，不知有何報告，能闡明會意否？〔註62〕

從日本西化成功的例子裡，可看出日本政府鼓勵工商發展的用心；此外，她也提到了中國在這一次的博覽會中亦接獲邀請，但態度卻是被動且消極的，直到日本領事的一再催促之下才勉爲其難的擺出「一小區」的物品供展覽，甚至僅湖北省有預定展覽之地，其他則被隨意堆積在角落的箱子當中、尚未開啓，並嘲諷來自北京的「巨公」們參訪完大坂內國博覽會後回到中國，能否提出有利於國家的策略就不得而知了。從中日兩國政府截然不同的態度；單士釐瞧不起中國官員的昏聵與自大心態的語氣中，便知孰勝？孰弱？

單士釐肯定日本徹底且確實地執行西化策略與精益求精的精神與重視實業的治國態度，如《癸卯旅行記》二月十八日（陽三月十六）參觀大坂內國博覽會所記：

> 日機械館。此館所陳，亦日本所自造；而其式其用，皆學自西方者。
> 日通運館，汽車、汽船、電線等屬焉。亦取法西國，而無一西國品。
> 〔註63〕

〔註62〕參見《癸卯旅行記》（卷上），頁 688～689。
〔註63〕參見《癸卯旅行記》（卷上），頁 688。

日本西化過程的用心，除了全盤吸收西洋的精髓之外，更進一步的以實際的作爲表現，甚至超越了歐美各國。如《癸卯旅行記》二月廿日（陽三月十八）：

> 日本用西例，得挈妻子遊，故予及子婦均隨入。守宮導遊十餘所之宮殿，盡廣潔古雅，想見唐宋遺型。外子言，此與西國宮殿，華樸天淵。西國宮殿，一石之嵌，一牖之雕，動以千萬金相誇，陳列品無非珠鑽珍奇，予益知日本崇拜歐美，專務實用，不尚焜耀。入東京之市，所售西派品物，亦圖籍爲多，工藝爲多，不如上海所謂洋行者之盡時計、指輪以及玩品也。故從上海往遊日本者，大率嘆其「貧弱」，正坐不知日本用意耳！〔註64〕

單士釐夫妻遊日本西京的宮殿，因爲日本「用西例，得挈妻子遊」，自己及媳婦方得以入內參觀，可見日本效法歐美後的進步；再者，從丈夫分析日本與歐美物品的差異後，更加確定日本一方面西化；另一方面更發展自己的特色。比起華奢的歐美風格，日本更重視質樸實在的「專務實用，不尚焜耀」，連陳列的物品也以實用的圖籍或工藝品爲主。她還將中國與日本的價值觀作一比較，從上海遊觀日本的中國人身上便看出，可嘆紛擾不息、積弱不振的清末，卻不懂得以鄰國日本的改變與進步爲鑑，作爲富強圖存的取法對象。處在衰亡的中國人仍在醉生夢死，尚未領悟到日本改革的眞諦，可悲矣！

　　單士釐一再的在文章當中稱讚日本的進步與強盛，如《癸卯旅行記》二月廿一日（陽三月十九）：

> 是日偕其夫人，邀予等同乘汽車，遊堺之水族館。堺距大坂不遠，館亦附屬於博覽會中。水族百數十種，多畜於壁嵌，便人諦視。嵌法：穴壁注水，上附玻璃以引光，內嵌玻璃以引人目。玻璃內流水汨汨，沙石荇草，各就其所畜水族之本性以爲配置，俾游泳其中者，一如舊所習慣，以遂其生趣。巨大水族，別畜以水池水槽，各標其名與產地。……。予見所未見，目不暇給。外子云，巴黎水族館品類，尚不能如此之多。〔註65〕

單士釐夫妻與在大坂經商多年有成，來自上海的友人孫實甫伉儷共乘汽車前往距離大坂不遠的堺市水族館參觀。單士釐詳細敘述水族的數量、種類、鑲嵌於牆壁內的精緻玻璃作工、標識詳盡等優點，除了大開眼界、增廣見聞之

〔註64〕參見《癸卯旅行記》（卷上），頁691。
〔註65〕參見《癸卯旅行記》（卷上），頁692。

外；依據丈夫錢恂所言，甚至更勝過法國大城市巴黎的水族館。單士釐稱讚日本之餘亦不忘自省，從孫實甫「無中國官氣，與外子友。」可看出她對中國尋常官吏的鄙夷、輕蔑，並在稱讚友人孫實甫的同時，似乎也間接稱讚與孫實甫志同道合、同類相聚的多年好友——丈夫錢恂。也再一次說明，單士釐仍然謹守以夫為尊、以夫為榮的中國傳統婦道觀。

其實，單士釐對日本明治維新全盤西化之後所帶來的好點多所著墨；對日本的稱讚廣涉許多層面。如教育顧及國民周全的發展：

> 不過尚精深，不過勞腦力，而於人生需用科學，又無門不備。日本誠善教哉。〔註66〕

> 留兩子一婦一女婿三外孫於東京，遠別能無黯然？然兩子一婦一婿，分隸四校留學，漸漸進步。外子自經歷英法德俄而後，知道德教育、精神教育、科學教育均無如日本之切實可法者。〔註67〕

> 徒以程度相去太遠，莫由將歐美文明逕輸我國，而必借道於日本者，階級不同也。〔註68〕

如使用新式曆法進步：

> 世界文明國，無不用格勒陽曆……，於政治上得充分便利，關會計出入無論矣，凡學校、兵役、罪懲，均得齊一。故日本毅然改曆，非好異也，欲得政治齊一，……便得無窮便利。〔註69〕

如婦學、婦德之難能可貴：

> 東國人能守婦德，又益以學，是以可貴。〔註70〕

如外交手腕之高明：

> 論正理自以日本船例為是，然小利誘人最宜施之於中國。日俄兩國於國際上手腕敏鈍不同，即此可見。〔註71〕

除了此上所言，就連人民的態度與小處的日常生活用品等，也都有可以參考、取法的部份，且充滿著令人欣賞的進步氣氛，如《癸卯旅行記》二月廿一日（陽三月十九）記錄參觀大坂內國博覽會的部份展覽館的心得，對於農業館

〔註66〕參見《癸卯旅行記》（卷上），頁687。
〔註67〕參見《癸卯旅行記》（卷上）二月十七日（陽三月十五），頁685。
〔註68〕參見《癸卯旅行記》（卷上）二月十七日（陽三月十五），頁695。
〔註69〕參見《癸卯旅行記》（卷中）四月六日（陽五月二日），頁710。
〔註70〕參見《癸卯旅行記》（卷上）二月廿二日（陽三月二十），頁693。
〔註71〕參見《癸卯旅行記》（卷上），頁703。

中，日本人對於稻米改良的用心與新品種的高度接受，肯定日本人留心實業，並且切實執行的態度：

> 曰農業館，凡植物及畜牧皆隸焉。及如米之一種，每匣僅裝合許，凡數千百匣。蓋別其為何地所產與何種肥料所培。賣約開始甫一日，此千百匣為一人盡購而得。（會例：凡買會中物品，留俟會散始取去。）可見彼中人留心實業。〔註72〕

又如在參觀美術館的時候，被精緻光燦、多采多姿的刺繡所深深吸引：

> 曰美術館，繪繡、雕刻、摶塑之屬，而繪繡尤多。……有一繡虎踞草石間，初無彩色，不過白黑青三種渲染濃淡而已。然陳列其所繡之線，多至一百六十餘種，知繪影繪聲之絕技，不外分析淺深，淺深烘托而光出，光出而影聲均現矣。東京工業學校，昔曾一觀。其染織一科，先從光化著手，故彩色奪目，而在繡尤難。〔註73〕

單士釐栩栩如生的描繪出繡虎的樣貌與神情，並盛讚東京的工業學校在染織上的傑出成就。又如日本人在博覽會的參展場地體貼的設置了醫療所，以備不時之需，以及細心準備物美價廉的食品供應、講究衛生的待客之道：

> 並有醫療所，蓋日聚一二萬人於一地，安必無猝遭傷病者乎？……其待客食品，則牛肉、雞肉、羊肉外無他餚（羊為日本所最珍），牛乳、麥酒外無其他飲料，而選材烹飪，與器皿几椅，無不清潔。一客至，則以牛乳一甌、餚三品進，糖及乳脂佐焉，價僅三十五錢。其解說書所載，欲以廉價精美之品，示國人以衛生之法。一飲食之微，用意周摯如此。〔註74〕

或許是因為單士釐見證了日本明治維新的進步；又或許是因為丈夫錢恂外交官職務所需而必須往返中國日本之間；亦或者日本的文明開化深深吸引著她，總之，她對日本的描摹盡是正面的優點，且視日本為第二個故鄉：

> 嗣是庚子、辛丑、壬寅間，無歲不行，或一航，或再航，往復既頻，寄居又久，視東國如鄉井。〔註75〕

但她同時似乎忽略了日本的帝國主義〔註76〕野心正在膨脹、向外擴張。如在

〔註72〕參見《癸卯旅行記》（卷上），頁687。
〔註73〕參見《癸卯旅行記》（卷上），頁688。
〔註74〕參見《癸卯旅行記》（卷上），頁689～690。
〔註75〕參見《癸卯旅行記》〈自序〉，頁684。
〔註76〕「所謂帝國主義……最基本的含義，是指一個國家或民族以優越的政治、經

參觀大坂舉辦的內國博覽會時，對「臺灣館」的描寫。在《癸卯旅行記》二月十八日（陽三月十六）道：

> 曰臺灣館，凡臺灣物產、工作皆列焉。觀其六七年來工作，與夫十年前之工作相較，其進步之速，令人驚訝不已。昔何拙，今何巧，夫亦事在人爲耳。草席、樟腦、蔗糖、海鹽，尤今勝於昔。且新發明之有用物品，多爲十年前人所不及知者。再越二三十年，必爲日本一大富源。〔註77〕

單士釐從日本的角度認定臺灣所扮演的角色。她對當時的日本殖民地臺灣、朝鮮的描述，都從日本的角度出發，一句「再越二三十年，必爲日本一大富源」更加肯定日本掠奪臺灣草席、樟腦、蔗糖、海鹽等物產或資源以壯大自己的作法。她似乎忽略了日本向外擴張、侵略對其他國家民族所造成的傷害。〔註78〕

在單士釐的眼中，日本都是正向值得學習的國家。〔註79〕但是她似乎忽

濟、社會、文化、軍事，甚至於宗教力量，對另一個國家、民族或地區，迫使供其榨取或驅使。故其基本原則有四：此國家民族與被榨取的國家、民族或地區間的關係，並非平等的，而且是極不平等的。二、充滿一種優越的意識，對被榨取或驅使的國家、民族或地區存在有強烈的蔑視。三、對自己的國家與民族，由於存在有優越的意識，故自然產生強烈的民族主義思想。因此帝國主義常是起源於民族主義，是民族主義極端發展的結果。」參見張啓雄主編：《二十世紀的中國與世界——論文選集上冊》，中央研究院近代史研究所，2001年3月，頁7。

〔註77〕參見《癸卯旅行記》（卷上），頁688。

〔註78〕「就單士釐的觀察而言，明治維新使得日本的西化現象具有正面的意義，所援引的西方風俗或習慣，爲日本社會各層面帶來正面的進步。簡言之，單士釐所看到的日本，是明治維新下富足而進步的日本；但她卻沒有看到正在發展軍國主義的日本，以及日本對於殖民地臺灣的作爲等種種問題。」參見羅秀美：〈流動的風景與凝視的文本——談單士釐（1856～1943）的旅行散文以及她對女性文學的傳播與接受〉，收於《淡江中文學報》第十五期，淡江大學中文系2006年12月，頁41～94，第51頁。

〔註79〕另有鍾叔河〈第一部女子出國記〉所下的評論：「對於落後的封建中國來說，當時西方資本主義國家的技術、社會和文化是進步的。在這個意義上，日本的技術、社會和文化也是比較進步的。但是資本主義國家要剝削落後民族，要侵占和掠奪殖民地，要擴張勢力範圍，它們的帝國主義政策和沙文主意思想，又是完全反動的。單士釐的可貴之處在於：她不僅看了資本主義國家技術、社會和文化的進步性，也看到了資本主義——帝國主義國家國外政策以及與之相適應的國內政策的反動性，並且以滿腔愛國熱情，對這種反動進行了口誅筆伐。」參見鍾叔河：〈第一部女子出國記〉，頁666～667。

略了這次大坂內國博覽會的政治企圖，而且文中也缺少了與臺灣前往的人士互相交流的相關描述。〔註80〕

此外，日本對殖民地朝鮮的統治也是以獲取資源與物產為主，對於當地的教育、文明的開發並無太多的用心，如《癸卯旅行記》中三月廿三日（陽四月二十）記錄午前八點乘伊勢丸抵達朝鮮的釜山港時的情形：

> 午前八時抵朝鮮之釜山港，雨止而風，遂不登岸。……釜山海關役
> 服裝與中國者同。外子云，蓋本昔年赫德所定，今雖入日本人手，
> 猶沿舊制耳。〔註81〕

單士釐雖未親自登岸觀察，但從丈夫口中以及周遭資訊的解說中知道，釜山關役乃屬政府機關單位，但服裝與中日甲午戰爭簽訂馬關條約之前一模一樣，可見日本對朝鮮的治理並不如對日本國內一般的用心、積極引進新制度或新概念。

同樣都具有軍國、帝國主義色彩的「日本」與「俄國」，在單士釐的筆下卻呈現出截然不同的面貌。

第三節　借鏡俄國

要說明清代中俄的關係之前，必須先清楚俄國對中國東北、北部、西北及西伯利亞等地的經營策略與企圖心。

在十五世紀推翻蒙古統治而得以自立的俄國，在十七世紀就掌握了西伯

〔註80〕「在大阪博覽會開會之前，日本仍然籠罩在甲午戰爭與義和團事變勝利的氣氛之中，這兩場戰役讓日本人相信自己已躋於世界列強之林，因此如何展現這個亞洲帝國的榮光，是大阪博覽會與前四次勸業博覽會展示設計截然不同的思考重點，誇耀富庶與強盛於是成了這場博覽會的特色之一。」因此，「真正能凸顯日本帝國榮光的，應該是將它的新領土——臺灣——和日本在這塊領土上的統治成效呈現在大眾眼前，一方面滿足了日本成為帝國的願望，另一方面則可化解日本國內政界對台灣總督權力過大的疑慮。臺灣館的建設，正式凸顯帝國榮光的的地標。……整個參觀的動線以展示日本的文明開化為重點，以第一個殖民地臺灣館為壓軸。單士釐正在這種官式安排的參訪動線上亦步亦趨。因此她的視角與受邀的臺灣仕紳不大同。」參見呂紹理：《展示臺灣——權力、空間與殖民統治的形象表述》第三章〈異域的臺灣形象〉，頁113～120。轉引自參見羅秀美：〈流動的風景與凝視的文本——談單士釐（1856～1943）的旅行散文以及她對女性文學的傳播與接受〉，收於《淡江中文學報》第十五期，淡江大學中文系2006年12月，頁41～94，第51～52頁。
〔註81〕參見《癸卯旅行記》（卷上），頁703。

利亞的主控權並持續進行著略奪當地的行徑：

> 俄羅斯自脫離蒙古羈絆後，以莫斯科公國爲核心逐漸發展爲一個極
> 富侵略性的歐洲國家，……後因立沃尼亞戰爭的牽制及作戰末期的
> 失利，才把擴展領土和掠取經濟利益的目標指向烏拉山以東尚不被
> 世人知曉的西伯利亞。……日後歷史的進展，除了基本武力和交通
> 習慣以外，其欲達成領土佔領與通商獲利而實行的武力和外交雙管
> 齊下的一貫策略，實際上也就是帝俄蘇俄一脈相承的侵華政策。……
> 中俄關系之形成，最早可從十三世紀中葉蒙古握有兩國政權追溯
> 起，但自十五世紀末葉蒙古統治立漸次崩頹後彼此間的交通即告中
> 斷，中俄關系之再行展開，則已是十七世紀中葉的事了。〔註82〕

以上所言除了點出俄國對西伯利亞的企圖之外，也說出中俄開始有頻繁的接觸約在十七世紀左右，如祁韻士所言：

> 後金崇德三年（1638年，明崇禎十一年）喀爾喀蒙古土謝圖汗袞布、
> 車臣汗碩壘向清太宗皇太極進貢物中有俄羅斯鳥槍。據此判斷，大
> 約早在十七世紀初，隨著沙皇國擴張勢力向西伯利亞地區的推進，
> 俄國官兵和新遷移到西伯利亞地區的移民，就與我國北方邊境地區
> 的蒙古、哈薩克、維吾爾、達斡爾、鄂溫克、鄂倫春等族發生了互
> 通有無的邊境貿易關係。〔註83〕

其實俄國恣肆向外擴張的帝國主義不僅針對中國而已，單士釐在《癸卯旅行記》當中便提出了俄國對芬蘭的併吞與嚴禁任何有可能引起反動的高壓統治：

> 芬蘭本瑞典國之一部，百年前俄人滅取之，照例施種種苛例。……
> 芬蘭人心不死，暗行其自治，暗行其教育，且不甘學俄語，不甘行
> 俄幣，不甘遵俄曆；而於俄之苛例，究不能逃也。昔年外子在俄，
> 曾役使芬蘭夫婦二人爲僕，亦曾助資俾往美洲（壬辰年事）。今聞俄
> 例更嚴，不允給出境憑紙，且設種種苛例，不遵例者不給准婚憑紙。
> 其禁設學校（俄設高等學校，亦禁不准入），斷其入仕之途（俄官無

〔註82〕 參見陳逢申：《十七世紀西伯利亞情勢之發展與中俄早期關係》，臺北：私立
  東吳大學中國學術著作獎助委員會，1986年6月初版，頁98～100。

〔註83〕 參見中外關係史學會編：《中外關係史論叢》第三輯，北京：世界知識出版社，
  1991年8月第1版，頁196。

一芬人），在武備尤禁。又強設醫院（選極下等之醫生設院於芬，俾
收不殺而殺之效），無非欲塞其智慧，絕其種嗣（禁婚嫁）又不欲留
種他土，故禁不使出境。俄廷用心，可謂周密。〔註84〕

除了芬蘭之外，也對其他許多國家發動侵略攻擊，種種不合常情的苛刻對待，
如：

> 俄待他種如芬蘭，如波蘭，如猶太，皆有種種不思議之苛例，罄竹
> 難盡。大意無非欲過民智，俾就夷滅。〔註85〕

至於中俄邊境歷朝以來的來往模式，主要以貿易為主，如：

> 十六世紀末到十七世紀初，俄國向西伯利亞地區的殖民擴張已推進
> 到額爾齊斯河、鄂畢河和葉尼塞河上游之間的草原，到達阿爾泰山
> 脈的西緣地區。與衛拉特和喀爾喀各部開始接觸，並建立了托博爾
> 斯克、托木斯克、塔拉等多處邊境城堡。在這些城堡裡駐防的俄國
> 官兵、新來的移民、商人以及原先的土著居民，用他們的衣物、工
> 業品、火槍、獵物等，與相鄰地區的蒙古人、哈薩克人等交換牲畜、
> 畜牧產品。從此，中俄邊民間小額的以物易物的交換關係開始建立
> 起來。〔註86〕

早在十六世紀末到十七世紀初以後，當地就開始盛行以物易物的交易方
式。至於十七世紀以後，俄國的勢力極速往外擴張，對中國的貿易量也大增：

> 十七世紀三十年代以後，沙俄擴張勢力已由葉尼塞河流域推進到貝
> 加爾湖以東的黑龍江北岸地區。使俄國占領的西伯利亞南部邊境與
> 我國蒙古地區接壤長達二千多公里。……十七世紀中期，隨著俄國
> 向西伯利亞地區移民增多和經濟開發，以及西伯利亞地區土著民族
> 併入俄國版圖，西伯利亞對商品的需求更加擴大。……通過發展邊
> 境貿易關係，輸出西伯利亞出產的毛皮等土特產品，換取中國的手
> 工業產品。〔註87〕

中俄之間除了貿易來往之外，兩國邊境最引人注意的是俄國的侵華企圖，如

〔註84〕 參見《癸卯旅行記》（卷下）四月廿九日（陽五月廿五），頁753。
〔註85〕 參見《癸卯旅行記》（卷下）四月廿九日（陽五月廿五），頁753。
〔註86〕 參見中外關係史學會編：《中外關係史論叢》第三輯，北京：世界知識出版社，
1991年8月第1版，頁197。
〔註87〕 參見中外關係史學會編：《中外關係史論叢》第三輯，北京：世界知識出版社，
1991年8月第1版，頁200。

盧葦在《中外關係史》記錄了十七世紀初葉，俄國侵擾中國的相關歷史：

> 1616 年，沙俄托波爾斯克長官第一次派遣使團，竄入我國蒙古西部
> 的科布多地區進行侵擾。……十七世紀 20 年代，俄國侵略者多次竄
> 進貝加爾胡以東中國喀爾喀蒙古所屬布里雅特部游牧區。……俄軍
> 以 1632 年在勒拿河畔建立的雅庫茨克為據點，兵分三路進攻貝加爾
> 湖地區。……1643 年 7 月，沙俄波雅科夫帶領 130 多名俄軍，從雅
> 庫茨克闖進了中國黑龍江地區。……1649 年春，由哈巴羅夫率領的
> 一批俄軍又從雅庫茨克入侵中國。他們在 1651 年強占了黑龍江上游
> 北岸的雅克薩。……1665 年，殺人犯切爾尼果夫斯基率領一批哥薩
> 克兵再次強占雅克薩。〔註88〕

在這期間，俄國人幾乎每入侵一地，就會逞兇肆虐、恣意地打家劫舍、掠奪
大量的毛皮和白銀。正說明俄國侵略中國的野心存在已久，而且透過軍隊以
直接掠奪以及外交婉轉卻高明的手段騙取的方式，貪得無厭的奪取中國土地
或經商利益。

　　沙俄入侵中國的方式，一直採取武力以及外交兩面手法，充分展露出狡
獪的入侵者姿態：

> 1656 年，當斯捷潘諾夫一伙在中國黑龍江中下游進行罪惡活動時，
> 沙俄派出巴伊可夫使團到達中國以示「友好」。1676 年，當俄國入
> 侵者在雅克薩燒殺擄掠無惡不做之際，它又派出以尼果賴為首的使
> 團到京晉見康熙，並要求開展中俄貿易。〔註89〕

進入到清朝時期，又因為朝廷長期以來疏忽黑龍江一帶的邊防，以及漠視的
心態，以致缺乏與俄國對抗的軍備與實力，讓中俄一直處於「被侵略者——
中國」與「侵略者——俄國」的形勢：

> 近代中國對其瞭解甚少，對於帝俄蘇俄處心積慮侵略中國的政策更
> 缺乏認識和警覺，甚至對本國邊疆史地的研究遲至十九世紀中葉道
> 光、咸豐年間才開始。……一七〇八年（康熙四十七年）起，雖有
> 「俄羅斯學」之設，卻是一味敷衍塞責，……外交方面，清人自始

〔註88〕 參見盧葦著：《中外關係史》，蘭州：蘭州大學出版社，1996 年 4 月第 1 版；
　　　　 1997 年 8 月第 2 次印刷，頁 388～389。

〔註89〕 參見盧葦著：《中外關係史》，蘭州：蘭州大學出版社，1996 年 4 月第 1 版；
　　　　 1997 年 8 月第 2 次印刷，頁 390。

便把有關俄人之事件劃歸管理外藩屬夷的衙門理藩院處理，……清朝也因缺乏平等外交及寸土必爭的近代領土觀念而無法察覺俄人通商與佔地背後的真實面目。清朝第一幅御製東北地圖在一七０八年（康熙四十八年）開始繪圖，至一七一八年才與國內其他地區的地圖合成「皇輿全覽圖」。是時地理知識之普遍缺乏由此可知。……近代學者吳相湘謂：「俄國之覬覦中國，是與侵略西伯利亞同時的」。

〔註90〕

滿清政府忽略了積極的管理與抵禦，而北方的鄰近俄國對中國所採行的侵略策略一直延續著。西元 1689 年 9 月 7 日中俄曾經定下的《尼布楚條約》，可說是經過協商，且清朝出讓步的條約。明定中俄兩國東段邊界以外興安嶺至海的格爾必齊河和額爾古納河為界，從而確定了黑龍江和烏蘇里江流域的廣大地區都是中國領土，但邊境安寧並沒有維持太久。十八世紀 20 年代，沙俄開始另一波鯨吞蠶食：

沙俄以中國中段邊界未曾劃定為理由，繼續蠶食中國領土，干涉中國內政。清朝政府為了避免糾紛，維持邊界安寧，同意舉行談判 1727 年 8 月和 1728 年 6 月，中俄先後在布爾河畔和恰克圖簽訂了《布連斯奇條約》和《恰克圖條約》，正式規定了中俄中段邊界。……19 世紀 30 年代，沙俄加緊了侵吞巴爾喀什湖以西哈薩克草原的活動，在臨近中國西部邊界地區建立一系列「外用洲」，將侵略魔爪伸入中國巴爾喀什湖地區。1831 年，沙俄入侵者……強行修築了塞爾格奧堡壘（現今雅古茲附近），扼制了塔城的對外交通，並為了 1840 年鴉片戰爭後進一步入侵和掠奪中國打下基礎。〔註91〕

俄國急速擴張版圖，中國所遭受到的禍害最久也最深。單士釐曾經在《癸卯旅行記》用充滿諷刺的口吻說明沙俄的野心侵略，如：

海參崴者，中國人舊名。近海產此，故名。俄人得地必改名，且屢改，今名務拉的烏斯托克（日本人書為「浦鹽斯德」者，以讀此四字略近俄音也）。此為咸豐十年所「贈」與俄國者，俄建為東方第一

〔註90〕　參見陳逢申：《十七世紀西伯利亞情勢之發展與中俄早期關係》，臺北：私立東吳大學中國學術著作獎助委員會，1986 年 6 月初版，頁 101～102。

〔註91〕　參見盧葦著：《中外關係史》，蘭州：蘭州大學出版社，1996 年 4 月第 1 版；1997 年 8 月第 2 次印刷，頁 391～392。

之重要軍港，而附設商港。自光緒廿四年又「慨贈」遼東半島與俄，

於是旅順大連灣爲俄人東方不凍之第一良港，而海參崴次之。〔註92〕

她以「贈」與「慨贈」二字來形容滿清於咸豐十年和光緒廿四年，先後失去領地求一時苟安的懦弱無能之舉。

更令人遺憾且不解的是，滿清並未直接面對俄國入侵的事實作有效的防範措施，消極經營中俄邊防的態度依舊，沙俄對中國邊境的予取予求依舊。

至於俄國對西伯利亞不斷地入侵的原因，從近代學者胡秋原針對中俄關係發表的見解，可看見西伯利亞逐漸被俄國併吞的跡象：

> 西伯利亞在地理上是富源的寶庫，在歷史上是亞洲民族之蜂窩。自古以來是中國生存威脅之來源，三百年間又成爲俄帝侵略中國之孔道。……俄國侵略的欲望、興趣、經驗是在這裏形成的。……俄人又以西伯利亞之公式對內應用於國內的統治，對外應用於中國之侵略。……俄人之成爲世界最貪婪凶殘帝國主義者以及成爲我民族最大敵人，是與西伯利亞侵略使不可分離的，並且可說是西伯利亞侵略的延長。……因俄國是用稱『哥薩克』的土匪爲進攻西伯利亞先鋒。〔註93〕

可見中俄先前所定下尼布楚條約和平協議，似乎不能有效地遏止俄國向中國擴大貿易市場和進一步蠶食鯨吞的野心，而西伯利亞又恰好處於俄國逐入侵中國東北、西北及北部之基地與橋樑地位，所以格外引起俄國的覬覦。無論是俄國政府或人民，無不積極的往這塊富有寶地邁進。

雖然中俄簽訂尼布楚條約之後，俄國對中國邊境的侵略暫息，但因爲俄國境內雖然幅員廣大、但自然環境不佳，造成長期的糧食與物資的缺乏，導致進入十九世紀之後，俄國對中國邊境的侵略又趨日亟且鯨吞蠶食的企圖更加顯明，如單士釐對於沙俄積極經營中俄東北邊境的企圖與併吞中國領土的劣行多有描述，如：

> 自以海蘭泡之殺我男婦老幼三千餘人於一日，爲最著稱。黑龍江沿岸，被殺者數十數百，不可枚舉，此將軍壽山之所致，猶曰此庚子事也（華商永和棧、日本商家藤寫眞店，均以獻賄於武官倖免）。辛、

〔註92〕參見《癸卯旅行記》（卷中）四月六日（陽五月二日），頁707。

〔註93〕參見胡秋原：〈「西伯利亞」問題論戰〉，收於《論哥薩克主義》，頁266～67。轉引自《十七世紀西伯利亞情勢之發展與中俄早期關係》，頁99。

　　壬以來，被殺一二命，見公牘於三交涉局者以百數（三交涉局注見

　　下），不見公牘者不知數。至於毀居屋，掠牲畜，奪種植，更小事矣。」

　　〔註94〕

俄國除了利用庚子拳亂入侵東北哈爾濱一帶，一夕之間結束掉三千多條中國

人的性命爲最慘烈的史實；不被記錄的燒殺擄掠的暴行更是繁不及備載，甚

至到單士釐一行人到達此地的前一天，又發生一樁悲劇：

　　阿什河有俄兵刃殺一解餉華官之僕於途，並傷二同行人（一爲旅店

　　中人，護送此華僕者）。〔註95〕

　　關於帝俄侵華的政策與戰略可從李齊芳《中俄關係史》一書中獲得啓示：

　　十九世紀，俄人東侵的勢力一方面由陸路繼續向我北邊加緊推進，

　　另方面由海路與海洋烈強互相結合，共同侵蝕中國權益。自是中外

　　關係更加紛繁。〔註96〕

俄國分別從海陸向中國襲來。關於十九世紀俄人向中國東北及中國邊境侵略

的情況，與中俄之間的關係發展與變化，大致可以歸納如下：

　　自18世紀以來，清廷已經允許俄國東正教教士常駐北京處理教務，

　　也允許俄國學生到北京留學，由他們累積而傳遞回去的知識，使俄

　　國統治階層和知識份子對中國的了解得以不斷的增加，到了19世紀

　　的前半期已收到了很好的效果。最明顯事例就是每遇有任何中俄會

　　議或談判時，所有的滿文、漢文、蒙文的翻譯工作，均由俄人擔任，

　　而且成效卓著，清方對俄國的了解反日漸落後。西伯利亞的的毛皮，

　　及中國的糧食和物資，依然爲一般獵商、哥薩克、貧苦的流民所艷

　　羨的財富；……清廷上下官員之國際常識，及辦理外交之技能，均

　　遠落在俄人之後。〔註97〕

清廷對俄國資訊的貧乏，以及欠缺對帝俄侵略野心的防範，乃日後簽訂不平

等條約，損失大量國土與白銀的主因。而中俄東北邊境的紛紛擾擾，有部份

的原因在於地惡質們於此地的基本組成份子非一般的農民或百姓：

〔註94〕參見《癸卯旅行記》（卷中）四月十四日（陽五月十日），頁723～724。

〔註95〕參見《癸卯旅行記》（卷中）四月十四日（陽五月十日），頁723。

〔註96〕參見李齊芳：《中俄關係史》，臺北：聯經出版事業公司，2000年12月初版，
　　　　頁4。

〔註97〕參見李齊芳：《中俄關係史》，臺北：聯經出版事業公司，2000年12月初版，
　　　　頁201。

> 俄方移植於黑龍江左岸及烏蘇里江以東之人，均係軍役人員、囚犯
> 與流民，他們之東遷並非自願，有的是在東西伯利亞總督的高壓之
> 下的被迫行動，有的是逃避暴政的亡命之徒。〔註98〕

所以中俄邊境長久以來大多在不得安寧的情況之下度過，單士釐曾經描述到
組成份子複雜的移民隊伍往東前進的情況，如：

> 車外標可容若干人（細察所載民數，必逾於所標額數，而不顧坐臥
> 之足數與否，空氣之足養與否，則俄官任事不實通病），車中設一暖
> 爐，無窗無榻，極似載貨之車。老幼男婦數十人挨擠其中，若羊豕
> 然。然歲歲遷民（近一年遷數達二十萬），逾遷逾東（此驛遷民並未
> 下車，必有更東之行）。彼藏相威特巡迴東清，其復命之書，籌於後
> 貝加爾以東廣拓遷政，誠爲要圖（後貝加爾以東者，滿洲之謂也）……
> 閱各種記載，知此一帶多追放人列車。鐵柵環車，鐵索縛身，兵卒
> 肩銃持刀立車外，作種種可怖狀。凡追放者固多因對壓制政府施反
> 抗而被罪，亦多陰險之爲陷於不幸者。追放並及妻子，往往從車窗
> 目送西行客而流淚，言之可憫。〔註99〕

而且單士釐還點明了沙俄積極往東的企圖，乃貪求中國東北的肥沃土地，及
豐富的資源和物產：

> 千里廣土，百餘年國禁不許開墾之未闢精華，安得令強鄰不艷羨？
> 此處有市礦石處，蓋附近所產、以二十戈市一煙吹盤，質類中國所
> 謂瑪瑙者。夜半過鄂必河，自此又入西西伯利線，昔未起觀。鄂必
> 亦四大河之一。鄂必以東富獸皮（野獸極多），鄂必以西富穀類，此
> 西伯利二大富源。〔註100〕

此外，單士釐還寫到俄國軍役人員令人嫌惡嘴臉。如她對於沙俄軍官的鄙視：

> 俄頃，二警察佩長刃，腰短銃，二關役執鐵刺、手封漆，來驗艙加
> 封。俄頃，三官來，一役捧小箱侍。官入餐室坐，與船長一爲禮，
> 呼酒來，飲且笑，強船長以酒。船長固不飲，堅辭始免。侍役呈箱，
> 退立梯側。官出箱中印，船長出上、中、下乘客入口准據傳驗。官

〔註98〕 參見李齊芳：《中俄關係史》，臺北：聯經出版事業公司，2000年12月初版，
頁202。
〔註99〕 參見《癸卯旅行記》（卷下）四月廿二日（陽五月十八日），頁745。
〔註100〕 參見《癸卯旅行記》（卷下）四月廿二日（陽五月十八日），頁745。

授印船長令代勞，惟予及外子者一紙，彼官手加印。久久畢。〔註101〕

俄國軍官在執勤時飲酒取樂，無視戒律規範的荒唐；強迫船長喝酒的無禮行徑；將蓋印的責任交託給船長等怠忽職責的敷衍態度。此外，單士釐更以「久久」來強調辦事效率之差與英挺的外型、穿著以及軍人的身份，似乎相去甚遠。又如她對差役的批評：

> 官去，則甲板上稅官立，舷旁關役守，監視乘客遠行囊登渡舟。遠者關上人，物無大小，必出資二十戈：雖一杖、一雨蓋，苟非自攜，必二十戈。遠至岸上，列於坡地，開拆檢查。其無驗場如中國，其嚴檢過中國，遇東方人尤嚴，蓋無方寸之包不開視，甚至棉臥具亦拆視，一盆栽之花亦掀土驗之。〔註102〕

雖然單士釐因為身為外交官夫人的身份得以免受檢查，但目睹眼前的情形，她仍然十分氣憤地用生動筆觸描繪出俄人打開檢視「方寸之包」的仔細；掀土檢察「盆栽」的粗魯；每一樣東西都必須拆封檢驗等舉動，充份表露出俄人對東方人的不尊重。而且，俄國關役的嚴苛更可從錢恂所言證明：

> 昔遊土耳其，土關向稱嚴檢，猶不至如此。〔註103〕

此外，單士釐也提到俄國關役之所以嚴厲的本意乃出自於保護沙俄本身的利益：

> 其嚴檢固用保衛主義也。〔註104〕

又如單士釐一行人從滿洲里車站經國界進入俄境時，關役檢察的嚴苛又「無異海參崴」。

中俄邊境在清末民初的發展，又進入另一階段的紛擾與進一步的運用各種侵略手段的混亂時期。沙皇政府對中國侵略的攻勢日漸猛烈，在「藉助東方以經營西方」的方針下，俄國真正收穫在西伯利亞。而且俄國在十七世紀末掠得這塊有多重價值的廣大土地後，就立刻展開有計畫的拓殖政策以便鞏固殖民統治權：

> 一九○三年（光緒二十九年）築成第一條西伯利亞大鐵路以積極開發沿線地區，次世界大戰期間把歐洲部分工業設備拆遷至此，戰後

〔註101〕參見《癸卯旅行記》（卷中）四月六日（陽五月二日），頁708～709。
〔註102〕參見《癸卯旅行記》（卷中）四月日（陽五月日），頁7。
〔註103〕參見《癸卯旅行記》（卷中）四月六日（陽五月二日），頁709。
〔註104〕參見《癸卯旅行記》（卷中）四月六日（陽五月二日），頁709。

又努力推展教育、科學及航空等事業，並加強遠東地區的海防建設，尤其自二十世紀中葉實施「經濟東進政策」以來，全國發展重心有向亞洲東移的趨勢。……不遺餘力開採石油和瓦斯等天然資源；……（1984）完成長達三千二百公里的貝阿鐵路。……促進了俄屬遠東區與東西伯利亞兩大經濟區的發展，……加強軍備及戰略佈署，以太平洋艦隊而言，其勢力已擴及西太平洋地區，甚至延伸到印度洋地區。〔註105〕

以上是俄國對於西伯利亞的積極經營，不管是資源的擷取、交通建設等，都是爲了增加俄國當局的經濟實力；嚴密的軍隊佈署，更可看出俄國對西伯利亞的重視以及鞏固主權的用意。

中俄的關係除了政治和經濟兩大主因之外，俄國東正教在中國境內的活動，也值得注意。因爲東正教自十七世紀下半期傳入中國之後，隨著俄國對中國的武力侵略與經濟壓榨，東正教在中國也顯得更加活絡。〔註106〕在鴉片戰爭爆發之前，沙俄獨佔對華陸路貿易，而中俄的邊疆貿易活動一直以恰克圖爲主要地區，此地的貿易替俄國帶來了極爲龐大的利潤，野城維沙俄主要的稅收來源：

1759 年貿易額是 141.7130 萬盧布，沙俄政府稅收達 23 萬盧布，到了 1775 年，恰克圖的貿易收入，已占沙俄全國關稅收入 38.5%。……正如一位俄國人所說：「19 世紀上半葉一直是『恰克圖貿易的黃金

〔註105〕參見陳逢申：《十七世紀西伯利亞情勢之發展與中俄早期關係》，臺北：私立東吳大學中國學術著作獎助委員會，1986 年 6 月初版，頁 103～104。

〔註106〕「1665 年，俄國隨軍的東正教士曾在雅克薩修建「耶穌復活」教堂，1671年，又在附近建起另一座「仁慈救世主」教堂。……從 1735 至 1840 年間，俄國曾 10 次派遣教士來華，積極開展活動。北京東正教會直接授沙皇政府控制，它的活動經費由沙俄政府津貼，接受沙俄政府的訓令，執行政府所規定的各項任務。因此在華的俄國東正教會，除了進行一般的宗教活動外，同時也兼有監督、管理在華俄國留學生，協助來華商隊工作之責，甚而可代表俄國向清朝政府進行某種交涉。尤其要指出的是，北京的俄國東正教會還負責搜集情報，執行間諜性質的特殊任務。……19 世紀中葉以前，俄國東正教實際上是沙俄常駐北京的外交機構，它爲俄國政府提供了許多重要的政治、經濟情況，成爲沙俄侵華的重要工具。直到 1860 年俄國在北京正式設立公使館後，東正教駐北京佈道團的活動才暫時告一段落。」參見盧葦著：《中外關係史》，蘭州：蘭州大學出版社，1996 年 4 月第 1 版；1997 年 8 月第 2 次印刷，頁 394～395。

時代』」。〔註107〕

正如李濟深中肯綮、一針見血的指出：

> 中國人應該多注意北方，忽略了政治的北方，結果是現在的苦難，
> 忽略了歷史的北方，我們民族及文化的原始仍沈沒在漆黑一團的混
> 沌境界。〔註108〕

中國人應該謹記俄國侵華的慘重經驗，並力圖奮發圖強。尤其是在中國北境及東北國防地位的重要性。可惜，滿清政府似乎尚未覺察到大禍即將降臨！

單士釐遊歷俄國的時間是癸卯年，乃日俄戰爭爆發前一年，當時的中國東北幾乎都籠罩在俄國的勢力範圍當中。對於俄人肆虐殺淫掠中國東三省，單士釐在《癸卯旅行記》裡寫道：

> 俄人之夷我滿洲也，先借拳亂為名，盡搜刮官用武器，更以檢查隱
> 匿為名，縱兵役任入人家，搜括鐵器，甚至田器亦被取去。俄人蓄
> 意先欲民間無抵抗盜賊之力，則盜賊自熾，而彼得以武力治盜為名，
> 益張其兵力耳。〔註109〕

又如單士釐記錄沙俄強占並經營哈爾濱：

> 舊哈爾賓，土名香坊，舊為田姓者燒鍋所在。五年前，俄鐵路公司
> 人欲佔為中心起點，乃逐鍋主而有其地。……續見岡地爽塏，瀕江
> 而不患水，尤佔形勢，於是於岡建都會。今劃入境內者一百三十二
> 華里，已建石屋三百所，尚興築不已。〔註110〕

單士釐對沙俄帝國經常尋釁侵犯我國邊境，大肆屠殺我東北邊民，表示強烈的憤懑之情。她在遊記中不時流露出反抗侵略、保衛祖國的愛國愛民思想。又如她看出了俄國積極從東西兩路入侵中國的野心：

> 倭爾噶河濱之薩馬拉驛，為有名之分歧大驛。西兩路均通莫斯科。
> 南一路漸引漸長，將出彼之斜米帕拉庭斯克（或譯曰七河省），而入

〔註107〕參見盧葦著：《中外關係史》（蘭州：蘭州大學出版社，1996年4月第1版；1997年8月第2次印刷），頁394。「19世紀上半葉一直是『恰克圖貿易的黃金時代』」一語參見柯爾薩克：《俄中通商關係歷史統計概論》（1857年喀山版），頁165。

〔註108〕參見李濟：〈記小屯出土之青銅器——鋒刃器〉後記，收於《臺大文史哲學報》第4期，頁235。轉引自：《十七世紀西伯利亞情勢之發展與中俄早期關係》，頁107。

〔註109〕參見《癸卯旅行記》（卷中）四月十四日（陽五月十日），頁724。

〔註110〕參見《癸卯旅行記》（卷中）四月十四日（陽五月十日），頁721。

> 我新疆北路者，與其裏海東岸一路，已引長至安集延，而瞬將入我
> 新疆南路者，正如巨蟹右螯之雙鋏，向我北京云。〔註111〕

又如親見面對沙俄在中國東北的強侵擄掠、滿清官吏的顢頇無能，以及中國
百姓所受的屈辱：

> 又聞海參崴每死一華人，非極有力者，往往棄置僻外，任俄官埋葬。
> 詢以何故，則謂家有死人，非報官不可，報必俟醫官驗視，方許殮
> 葬，時或借詞須剖驗；苟欲免剖驗，非賄五百盧布不可，故不敢輕
> 報。〔註112〕俄人在哈爾賓購地，固以己意劃界，不顧土宜，以己意
> 給價，不問產主，然全以勢力強佔，毫不給價則未也。有之，惟滿
> 洲世職恩祥。恩祥恃其世官之焰，本魚肉一方，自俄人來此，更加
> 一層氣焰，每霸佔附近民地，以售於俄人，冀獲微價。恩祥又肆其
> 霸力於傅家店，俄人利用之，故土人畏之，官宦又媚之。傅家店者，
> 昔年不過數椽之野屋，近民居約萬戶，華人謀食於鐵路者夜居於此，
> 屯中「紅鬍子」所巢穴，現爲恩祥所庇護。〔註113〕

單士釐因此大聲呼籲，凡是中國人無論男女，皆需省思中國積弱不振的原因，
並責無旁貸負起拯救家國的職責，豈可忘種棄國：

> 哈地不五年已盡忘舊慣，竟投俄好，豈果種性血統之不同乎？抑教
> 育久忘之故乎？〔註114〕

這樣的旅行懷著嚴肅又沉重的心情，詳實記錄旅行見聞。與俄人侵略本質之
認識及清朝疏於警惕的作法。可惜！這一番陳痛且明晰的見解，也沒能喚起
滿清當政者的自覺與注意。又如：

> 鐵道進入中國東北境時，「由俄入華，其關權應在華而不在俄；然今
> 日關權，乃在俄不在華」，中國人在本國領土上仍必須接受俄人檢查。

對於俄國肆無忌憚的囂張，又往往加上有鬻國的中國官吏、或地方土豪的助
紂爲虐。如哈爾濱一地，便出現一位滿洲世職恩祥：

> 恩祥恃其世官之焰，本魚肉一方，自俄人來此，更加一層氣焰，每
> 霸佔附近民地，以售於俄人，冀獲微價。恩祥又肆其霸力於傅家店，

〔註111〕參見《癸卯旅行記》（卷下）四月廿六日（陽五月廿二日），頁748。
〔註112〕參見《癸卯旅行記》（卷中），頁714。
〔註113〕參見《癸卯旅行記》（卷中）四月十四日（陽五月十日），頁722。
〔註114〕參見《癸卯旅行記》（卷中），頁726。

俄人利用之，故土人畏之，官宦又媚之。〔註115〕

此外，單士釐還諷刺記錄著寧古塔副都統訥蔭「率閣屬官員鋪商等建」奉獻給「大俄國東海濱省巡撫遲公」的石碑乃是功德碑。身為塔城地方父母官的訥蔭，不僅不抵抗沙俄的入侵，反倒使用建石碑的方式向對方求和、乞憐，並嘲笑他不願意出兵迎戰，乃天性「不嗜殺人」的慈悲心使然：

> 公乃統節制之師，珮戈電舉；擁貔貅之眾，鐵騎風馳。竟以八月初旬
> 據塔。斯時也，睹山城之烽燧，襁負塞途；聞火器之砰轟，哭聲遍野。
> 以為敵人入境，玉石難免俱焚；而況言語不通，華民安必無恙？豈敢
> 期其不肆殺戮，城中安堵如故哉？而公則不嗜殺人。〔註116〕

單士釐除了批評沙俄的帝國主義，對於俄國的其他層面也多有評議。如對俄人不擅於製作器物，精緻產品有賴進口：

> 蓋俄人拙製造，一切精製多來自外國。〔註117〕

單士釐是第一位向中國介紹俄國大文豪托爾斯泰的人，但她稱許的是托爾斯泰反抗沙俄暴政的人權主義、道德立場：

> 托為俄國大名小說家，名震歐美。……所著小說，多曲肖各種社會
> 情狀，最足開啟民智，故俄政府禁之甚嚴。……俄廷待托極酷，剝
> 其公權，擯於教外（擯教為人生莫大辱事，而托淡然）。徒以各國欽
> 重，且但有筆墨而無實事，故雖恨之入……撰一小說，售其板權，
> 得十萬盧布，盡畀芬蘭人之欲逃者，藉資入美洲，其豪如此。〔註118〕

但是，單士釐對於俄國境內並非全無意欲觀覽之所，如她看見鐫刻在碑上的漢文，就引起她想一探究竟的好奇：

> 院外豐碑高峙，遙望為新鐫漢文，奇之。就觀。〔註119〕

除了好奇之外，她更詳細研究了碑文所記的內容後有所感慨地說道：

> 乃寧古塔副都統訥蔭，因庚子俄兵佔城塔，而頌俄將公德者也。……
> 訥蔭滿洲世僕，其忠順服從，根於種性，見俄感俄。〔註120〕

單士釐鄙夷地使用「忠順」與「種性」二辭來詮釋滿清對俄國入侵蠻橫的一

〔註115〕參見《癸卯旅行記》（卷中）四月十四日（陽五月十日），頁722。
〔註116〕參見《癸卯旅行記》（卷中）四月八日（陽五月四日），頁712～713。
〔註117〕參見《癸卯旅行記》（卷中）四月六日（陽五月二日），頁709。
〔註118〕參見《癸卯旅行記》（卷下）四月廿九日（陽五月廿五），頁753。
〔註119〕參見《癸卯旅行記》（卷中）四月八日（陽五月四日），頁712。
〔註120〕參見《癸卯旅行記》（卷中）四月八日（陽五月四日），頁712。

再忍讓，戰爭的挫敗與被派駐於當地寧古塔副都統訥蔭的逢迎諂媚。此外，她也批評俄國政府用宗教控制人民：

> 廿八日（陽五月廿四日）晨聞教堂鐘聲，如遠雷，如聚蜂。相傳此處教堂銳頂萬數，東教教堂，其式樣不但與新教異，並與舊教異。滿洲線上，數已百十，屢見之矣。（日本東京有東教教堂一所，乃維新前所建，至今追悔失策，指目痛憤。）俄意務欲使人迷信宗教，則一切社會不發達與蒙政治上之壓迫損害，悉悉諉於天神之不佑，而不復生行政訴願、行政改良之思想，頗見效驗。〔註121〕

而且俄國境內多竊案，也幾乎到了司空見慣的地步，如：

> 重要物件被竊又是常事（劉君仕熙者，李君之友，亦外子之友，居哈爾賓，曾有金珠器數事，值價五六百金，託一友人親攜赴哈，道出崴埠，即由李君送之行。此友人鄭重受託，詎行至交界，一眨眼被人竊去。俄人既多盜賊，俄官又不緝盜賊，任訴無應者，竟歸烏有。〔註122〕

俄國境內盜賊多、社會秩序紊亂，俄國官吏採行放任的態度，連失竊告官都不受重視。

又如：

> 當哈爾賓瀕行時，李緝甫所言托達爾尼電李寶材續送至伊爾庫次克，迄無其事。想達爾尼必面允緝輔所請，而實未電也。又達爾尼所謂行囊八件二十日可到者，計五十四日乃到。到而開視則失去外子禮服花衣一、實地紗袍套各一、予狐皮禮服一、棉袍一、厚皮外單一，計六件，共值價二百盧布。竊物為俄關恆有事，不足怪也。〔註123〕

單士釐一行人要離開哈爾濱時點檢寄到行李時發現短缺了幾樣，她也以「不足怪也」來說明俄國竊賊的囂張，而且她再一次的抨擊了俄國緩如牛步、毫無效率與信用的辦事態度。

又如她以反諷的口氣，斥責俄國視人命如草芥的殘虐：

> 此驛見一華人負囊登車，求售絹物。詢系山東人，所售即山東所

〔註121〕參見《癸卯旅行記》（卷下），頁750。
〔註122〕參見《癸卯旅行記》（卷中）四月十日（陽五月六日），頁715。
〔註123〕參見《癸卯旅行記》（卷下）四月三十日（陽五月廿六），頁754。

織。……聞一路至森堡，此等亦不下數百名，間被殺死，且或加以
有疫之名而虐死之。死後彼官以一紙空言達彼內部，轉達外部，而
告於我使館，我使館本不知此等人姓名來由蹤跡，亦遂置之，其不
告我使館闕不達彼內、外部者無論矣。雖然，視滿洲境上哥薩克之
時時殺人而上官方獎勵之者，仁厚多矣，無怪俄官之動稱國政仁厚
也。譬如水旱偏災，發帑移粟，乃行政者分內事。而在俄國則必曰：
「此朝廷加惠窮黎」，「此朝廷拯念民生」。一若百姓必應受種種損
害，稍或不然，便是國政仁厚。此俄之所以異於文明國也。

雖然她也會細心考證在沙俄所見到的事物，〔註124〕但對於沙俄的形容，仍以
殘暴、野蠻的負面陳述居多。單士釐對俄國的唾視，乃因親眼所見的暴政與
落後的景象所及。有趣的是，單氏在表達俄國侵華的觀點上，與丈夫錢恂有
些差異。如光緒十三年（丁亥）十月一日，楊楷在《中俄交涉記》自序中寫
道：

自余遊宵波，始識歸安錢子念劬，語相得也。常抵掌縱談天下事，
因論光緒七年俄人歸我伊黎，改訂合約，是爲中興以來，肅清粵捻
之終局，而洋務轉機之始。……昔林文忠公嘗云：「終爲中國患者，
其俄羅斯乎！」繇今觀之，是殆不然。……然俄志在西封，恆思拓
境至地中海以通黑海之路，且日豔印度之富，眈眈焉伺英之釁以求
一逞。設令不得於西而務於東，乃俄之變計非本志也。……俄之君
臣，鑒其忠信，傾心輸誠款。卒改前約，息兵修好。觀俄臣格爾斯
之言，亦可知俄之本計，嘗有聯我圖英之志矣。……念劬甚韙其說，
相與重爲校讐，訂定凡例。〔註125〕

可見錢恂主張與俄聯盟以抗英的策略。此外，亦可由錢恂在《中俄交涉類表・
自跋》所言得到證明：

飛（舟皇）橫海，巨震逾雷。墨守輪攻之計，靡不采擇。蓋不必鬬

〔註124〕「遊博物館。外子曰，此院宗旨，在考其國歷史，而風俗次之。故無外國物，
亦無天生物。又以教立國，故所藏以教事教物爲多。遊畫院。所懸萬幅，油
畫、水畫、鉛畫皆備，其繪光之技尤不可思議。光肖，則無筆不肖。且能因
光肖聲，雨、風、泉、石及人物形神，莫不如聞其聲，至繪聲而技絕矣，此
爲日本所未及見。」參見《癸卯旅行記》（卷下）四月廿八日（陽五月廿四日），
頁 750～751。
〔註125〕參見楊楷校：《中俄交涉記》，收於沈雲龍主編：《清近代中國史料叢刊續編》
第十二輯，臺北：文海出版社，1973 年 12 月影印本，頁 1～2。

而備固脩矣。……歲乙酉遇無錫楊仁山楷於甯波，抵掌談時事，意
相愜也。〔註126〕

從以上所述，或可謂單士釐除了以夫爲尊的傳統婦德之外，亦具有新時代女
性的自主思維與判斷能力，所以才會表達出與丈夫不同的看法。

而單士釐陳述日本強盛進步、沙俄殘暴的苦心孤詣，無非是希望腐敗的
滿清能夠痛定思痛的改進。

〔註126〕參見錢恂製：《中俄交涉類要表》，收於沈雲龍主編：《清近代中國史料叢刊續
編》第四十八輯，臺北：文海出版社，1973 年 12 月影印本，頁 4。

第六章　結　論

　　一般人常受制於性別的刻板印象，對兩性角色存著二分觀念，男女分別被套上不同的標準。大多數人也就習慣性地使用社會價值觀，先入為主的當作判斷兩性作為的圭臬。所以，性別差異是社會建構的產物，源於社背景、文化、風俗等，對兩性自然形成約定俗成的評價系統，而這種極端的二分法，正是造成中國甚至是全人類兩性不平等的元凶之一。如西方女性主義先驅西蒙‧波娃（Simone de Beauvior）提及婦女屈居次等地位的困境時指出：

> 只要男女彼此不承認對方是同等的人，也就是說，只要女性氣質照
> 這樣一直存在，這種不和就會繼續下去。……女人就是這麼被教育
> 大的，她從來沒有對必須為自己的生存負責留下什麼深刻印象。所
> 以，她很容易讓自己去依靠他人的保護、愛情、幫助和監督，很容
> 易讓自己迷戀於自我實現的希望而不去做任何事情。〔註1〕

女性主義者在設法解脫女性遭受的壓抑，追求平等解放的同時，對歷史上長期否定女性地位的看法，感到匪夷所思！

　　在中國傳統父權體制當中，男性以絕對權力支配一切，女性地位又更顯得微不足道。因此，男尊女卑的觀念使得歷代中國女子動輒得咎，被迫形塑出溫順賢良的人格特徵：

> 女子，只認其為男子的奴隸。由於這種觀念，造了多少哲理。天道
> 為乾，坤道為坤；乾為陽，坤為陰；陽成男，陰成女；故男性應剛，
> 女性應柔；男子是主動的，女子是被動的。這種哲理，看來淺薄可

〔註1〕 參見西蒙‧波娃（Simonede Beauvior）原著、陶鐵柱譯：《第二性》，臺北：
　　　　貓頭鷹出版社，2004 年 12 月初版 11 刷，頁 664～666。

笑，誰知他竟支配著三千年來的歷史，直至今日，餘威尚在，不可
謂非女子的不幸。〔註2〕

又如婚姻雖是男女結合，在中國宗法社會裡，則是女性以夫家為最終歸屬，
沒有主導權或決定權等。生為夫家人，死為夫家鬼：

家族主義仍然是中國社會的根，……相當強調地位的排比，「父尊子
卑」與「男尊女卑」都有顯而易見的行為可循的。……這裡頭幾乎
沒有太多令人信服的理念存在，而僅僅是一種看不見的理念在背後
操控著。〔註3〕

但是，清末單士釐能夠不顧社會道德觀，力排眾議地隨夫出使海外，誠
謂近代女性自主意識的覺醒者之一。她的貢獻約可歸納如下：

一、主張廢纏足以解放女性身體，並鼓勵女性多參與社會公共領域的活
　　動。

二、兼顧女學與婦德，展現中國女性特質，創造出迥異西方婦女的新女
　　性形象。

三、成為後代女性旅遊文學先導者，吸收新知以開拓視野。

四、強調教育乃國強之基，培養國民民族精神與民主主義。

她的作為完全體現新知識婦女的思維，是中國女性由傳統步入現代，開
始了解自我存在意義的代表者：

吾中國二十世紀後之女界，為超越歐美，龍飛鳳舞一絕大異彩之時
代。……清末的知識女性身處民權與女權思想日張的時代，除學習
西方以求「並駕齊驅」或竟「能勝之」以外，自不忘時常以傳統女
傑的英勇事蹟自期，以示中國女性「苟能人人讀書，之大體，愛國
愛種，辦事之手段，必勝於彼男子也，必優於比歐美女子」的信心。
〔註4〕

可見，時代新女性的出現與國家衰存亡關係密切，中國女性亦經常展現巾幗
不讓鬚眉的成就。

〔註2〕 參見陳東原《中國婦女生活史》，臺北：台灣商務印書館，1994 年 12 月臺一
　　　 版第十次印刷，頁 1。

〔註3〕 參見張老師月刊編輯部：《中國人的幸福觀——命運與幸福》，臺北：張老師
　　　 文化事業股份有限公司，1995 年 2 月初版 11 刷，頁 8～10。

〔註4〕 參見陳擷芬：〈中國女子之前途〉，收於《女學報》第二年第四期，1903 年 11
　　　 月，轉引自《中國近代婦女運動歷史資料（1840～1918）》，頁 224。

　　晚清因爲眾多和單士釐一樣有理想抱負的知識份子，積極推動改革運動，國民基本觀念和愛國思想萌芽，民族精神與民主理念也成爲二十世紀凝聚全體國人的主要力量。

　　此外，單士釐雖然沒有積極參與清末女權解放運動，所採行的改革方式亦不同於激進派革命者。她以溫和的態度將新時代想法落實於日常生活，以身體力行的方式逐步瓦解構父權系統，但並不意味著企圖強壓男性尊嚴或爭權奪勝的野心。反倒是堅持在不違己逆俗的平和氣氛當中，盡力尋求倡議女權、重視女性才智的可能性。單士釐也不以己身優越才識而專斷評議時局，而是透過溫婉呼籲，使中國婦女在思想上能達到相契相合，統一朝向提高女性社會地位的共同目標。

　　單士釐深知要眞正改變大眾對性別的刻板印象與差別待遇，必須先將女性主義信念灌注於傳統價值觀裡，促使兩性地位平等，共享權力以及分擔職務。因此，單士釐主張普及國民教育，人民都具備知識以理性運用個人自由權。

　　恰好清末的教育觀已漸趨開放，包括女子教育都有重大改革。新式學堂數量顯著增加，無論是哪個等級或種類的教育，皆可讓國民入學機會提高。女子教育隨這個指標改進，除了基礎手工藝領域之外，如語文（包括本國與外國）、數學、歷史、地理等新學制科目也逐漸加入。女性慢慢地脫離附屬品的位置，開始參與社會各項活動，適時發表意見。所以，後代中國人，尤其是女性群體，能夠享受豐富的教育資源，實賴單士釐這種有遠見且勇於革新的人士努力：

> 發揮自我發掘能力，找到自身力量。……向陳舊的社會觀念和神話挑戰，……積極支持那些冒險向舊權秩序挑戰的女人。〔註5〕

　　單士釐的女權觀無非是希望中國婦女能夠有更多自主性、決定權，進而肯定女性對社會而言，亦和男性一樣有能力付出。她認爲女性若能夠主動發掘特質、了解自我能力，就能重新評估自我存在價值，強化自主意識以融入社會。

　　單士釐給予後代女性的重要省思是參與女性運動者，也許無須透過激烈手段爭取權力，運用溫和方式，以本於情性的女性特質，減少追求自我價值的過程所帶來的衝突。因爲以父權爲上的舊思想終將被捐棄，但畢竟已是中

〔註5〕 參見海倫・勒娜、羅賓斯著、田耕譯：《女性自覺——如何開發自己的潛能》，臺北：臺灣實業文化，1998年2月初版，頁139～140。

國行之有年的痼疾，是長久存在的事實。

單士釐追求的並非齊頭式的兩性平等，亦不侷限於征服男性的輸贏立場，而是更具深度的想法——兩性互助互惠：

> 無可否認，在「男主女輔」的分工狀態下，要求女性服務、從屬於男性必然是整個、社會的主導態度，個體的男性可以從「愛侶」和「同類」的角度給予女性一定的尊重和關懷，但大多堅持女性對丈夫的從屬關係，俯視、占有女性的思惟定勢依然存在。〔註6〕

改變晚清大環境猶如一場耗時費日的耐力賽，要花更多心力才得以解脫禁錮。尤其是女性必須建立更豐富的自我，面對全新的社會。單士釐呼籲當代女性以刻不容緩的具體行動走入學校、職場或旅行、留學等，一旦女性獨立自主之後，諸多權利便隨之而來。尤其是女性教育水準提高，工作與處事能力將獲得更多肯定。

單士釐的主張與當時知識份子呼籲的聲氣相呼應，倡議透過廢除纏足陋習、重視母教、興辦女學，使女性身強體健、思想靈活，以建立民主社會。

雖然單士釐道出清末中國女性爭取權力的重要性。但仍有未完全脫離以男性為主的生活型態與思維模式。單士釐一方面企盼開啟女智，強調獨立自主；另一方面又多次將成就歸於丈夫錢恂。〔註7〕如家族裡的重大決定必須經過丈夫定奪後執行：

> 予家留東之男女學生四人皆獨立完全之自費生，一切選學校、籌學費，悉悉往來於外子一人腦中。〔註8〕

又如行經日本殖民地釜山時，有四名來自浙江的中國人遭到船上事務長鶴田氏刁難，本有被拒載甚至餓死的憂慮，幸好丈夫挺身相助才得以脫困：

> 浙江四人，竟只納半貲。船例，於次埠令無切符者登岸，不復允載。事務長鶴田氏姑率此四人往詢中國領事官，領事拒不見，而此四人者又與在港之百餘華商無相識者。船上既不允乘載，岸上又無可通

〔註6〕 參見薛海燕：《近代女性文學研究》，北京：中國社會科學出版社，2004 年 9 月第一版，頁 3～4。

〔註7〕 「單士釐開始反思自我性別角色、突破禮法限制、提倡女學與女性自由，展現性別覺醒。但受限於傳統閨閣教育，她的性別意識卻仍未跳脫長久建構的賢妻良母框架。」參見陳室如：〈閨閣與世界的碰撞——單士釐旅行書寫的性別意識與帝國凝視〉，收於《彰化師大國文學誌》第 13 期，彰化師範大學國文系，2006 年 12 月，頁 257。

〔註8〕 參見《癸卯旅行記》（卷上），頁 701。

　　　財，不幾有餓死釜山海濱之慮？群求外子，外子乃爲補四人半貰。
〔註9〕

單士釐雖沒有用詞彙直接稱讚丈夫，但字裡行間對丈夫樂於助人的心腸，表露出肯定與引以爲榮之意。

　　或許是因爲中國傳統對男女要求大相逕庭，或是婚姻關係及兩性相處的眞實狀況遠比一句男女平等的口號來得複雜許多，又或是單士釐保存婦德的用心，所以單士釐選擇因時因地制宜的方式，緩和推動女性意識：

　　中國昔爲大家庭制度，……南宋名學者陸九韶（九淵；象山先生之
　　兄）家金溪，累世義居，推一人最長者爲家長，子弟分任家事，……
　　家法、經濟各有一套，來維持此大家庭不墜。她日記有居家正本及
　　制用各二篇。……都是「齊家」的道理，家齊然後國治。……西方
　　文化，一派是個人主義，發展而爲自由主義與民主政治。另一派，
　　是集權主義，發展而爲社會主義與極權政治。……中國家庭，恰巧
　　可作爲他們的橋樑。……父慈子孝、兄友弟恭、夫義婦順，仍是值
　　得稱道的！〔註10〕

　　換言之，激進的婦女運動者經常將男性視作對立的敵人，單士釐卻另有一番獨到見解。她體悟到兩性和諧共處，才是社會安定、國家富強的穩固基石。而且性別差異並不是清末中國婦女唯一需要面對的問題，女性同胞自省自覺之際，更應展現決決大肚的包容力，採用漸進方式進行女性啓蒙行動。

　　近代女性社會地位改變，缺乏獨立自主能力的情形已成歷史；諸多不公平待遇，也逐漸煙消雲散，在後代女性獲得越來越多權力的同時，確實更應感謝像單士釐一樣的女權先驅們的苦心與努力。〔註11〕中國女性能夠從「跪著的、閨房中的女人」進步到「站起來的、面向世界的人」，如單士釐一樣的女權倡導者確實居其首功：

　　「跪著的、閨房中的女人」被要求「外言不入、內言不出」，相對隔
　　絕於社會信息流通，對人類文明的進展反應遲鈍，很難從理性層次上

_____

〔註9〕　參見《癸卯旅行記》（卷上），頁703。
〔註10〕參見褚柏思：《中華文化史論集》，臺北：臺灣中華局，1981年3月初版，頁
　　　　217～219。
〔註11〕「男女平等絕對不是空口喊來的，是靠努力掙來的。」參見薇薇夫人：《一個
　　　　女人的成長》，臺北：遠流出版事業股份有限公司，1991年4月16日初版30
　　　　刷，頁41。

懷疑傳統文明的合理性，進而發出改變自身命運的要求；而「站起來
的、面向世界的人」則不再受「外言不入、內言不出」的限制，她們
融於社會文化活動，具有了與男性同樣的社會性與獲取知識的機會，
可以立足於近代文明反對傳統文明，自覺地為自身爭取在現代社會中
的美好未來。因此，從「女人」到「人」的歷史，也是女性逐漸擺脫
受制於人的「客體」地位而贏得「主體」之資格的歷史。〔註12〕

　　單士釐從保存婦德價值觀，倡議賢妻良母的教育，〔註13〕延伸為才德兼
美的新女性形象。恪守閨閫禮儀又勇於追求理想；才華洋溢、知書達禮，亦
不忘家庭之責，可謂是體現時代色彩〔註14〕也保留傳統美德〔註15〕的新女性
代表。

　　此外，單士釐觀看世界的視角，顯見她並不只是隨夫出使的配角，更是
主動觀察者並以文字記錄。

　　她站在同情憐憫的角度，期待適度發揮影響力，改善封閉觀點。並透過
創作與親身呼籲等多重管道，冀望身處父權體制壓迫下的中國女性能覺醒，
真誠地面對自我需求，建構在社會中的應對進退。

〔註12〕　參見薛海燕：《近代女性文學研究》，北京：中國社會科學出版社，2004年9
　　　　　月第一版，頁49～50。
〔註13〕　「先秦時代，已有賢女、賢母、賢妃等概念。……把賢妻和良母聯繫起來，
　　　　　形成『賢妻良母』這一概念並在社會上流行，……具體時間約在1905年前後，
　　　　　20世紀初，中國出現了創議女子教育的熱潮，盛行於日本的賢妻良母主義傳
　　　　　入中國，與中國傳統的規範女子的賢良主義一拍即合。」參見呂美頤：〈評中
　　　　　國近代關於賢妻良母主義的論爭〉，收於《天津社會科學》第5期，1995年，
　　　　　頁73～79，第73頁。
〔註14〕　「（一）人格方面……獨立，成為堂堂的人，那是無所依賴，也不受牽制。（二）
　　　　　社會方面……全國民眾都在不安定的狀態中，生活都發生問題，女子何能獨
　　　　　外？（三）工作方面：解放後的婦女，必然的從狹小的家庭區域裏，走進社
　　　　　會，作各種活動，從各種工作，甲，關於婦女解放的工作……乙、關於普通
　　　　　職務。（四）婚姻方面：婚姻自由……具有法律的，經濟的關係的兩性生活，
　　　　　但不是人生的止境。」參見痕石：〈新時代女性應有的認識〉，收於《河南民
　　　　　國日報副刊——婦女週刊》，編入《中國近現代女性期刊匯編：婦女週刊（四
　　　　　種）》，北京：線裝書局，2006年5月第一版，頁17～18（1933年3月6日）：
　　　　　頁21～22（1993年3月20日）。
〔註15〕　「同是走向世界的新女性，錢單士釐……相夫教子，家庭並沒有讓她感到絕
　　　　　望與壓制，相反她還融入此間，自得其樂，她不僅身著舊服，而且還保留著
　　　　　夫姓至餘生終盡。」參見房琴：〈實「新」還「舊」話女權〉，收於《書屋》
　　　　　第6期，2006年，頁67～69，第69頁。

　　單士釐走在時代潮流前端的真知灼見，促成新觀念開花結果，且戮力編纂女性文學作品流傳於世。單士釐的具體作爲與煉石《本報五大主義演說》主張的女性思想不謀而合：

　　第一條　　發明關於女界最新學說。

　　第二條　　輸入各國女界新文明。

　　第三條　　提倡道德，鼓吹教育。

　　第四條　　破舊沉迷，開新社會。

　　第五條　　結合感情，表彰幽遺。〔註16〕

　　綜言之，單士釐對啓蒙當代以及後世女性功不可沒！故稱她爲近代女性啓蒙先聲，便絲毫不爲過矣！

〔註16〕參見李又寧、張玉法主編：《近代中國女權運動史料〔1842～1911〕》下冊，
　　　　臺北，傳記文學社，1975 年 12 月初版，頁 775。

參考文獻

（按出版時間先後排列）

一、專　書

1. 謝無量：《中國婦女文學史》，香港：中華書局，1926 年第五版。

2. 梁乙真編：《清代婦女文學史》，香港：中華書局，1927 年。

3. 陳博文：《中日外交史》，上海：上海商務印書館，1928 年 5 月初版。

4. 梁乙真編：《中國婦女文學史綱》，上海：上海開明書店，1932 年。

5. 海爾博著、李季譯：《婦女自然史和文化史的研究》，上海：亞東圖書館，1932 年 9 月。

6. 劉王立明：《中國婦女運動》，臺北：商務印書館，1934 年 6 月初版。

7. 中國史學會主編：《中國近代史資料叢刊——辛亥革命》（一），上海：上海人民出版社，1957 年。

8. 周作人：《知堂乙酉文編》，香港：三育圖書文具公司，1962 年 3 月。

9. 楊楷校：《中俄交涉記》，收於沈雲龍主編：《近代中國史料叢刊續編》第十二輯，臺北：文海出版社，1973 年 12 月影印本。

10. 鄒代鈞原著、曾寅校訂：《中俄界記》，收於沈雲龍主編：《近代中國史料叢刊續編》第十二輯，臺北：文海出版社，1973 年 12 月影印本。

11. 毛佩之輯：《變法自強奏議彙編》，收於沈雲龍主編：《近代中國史料叢刊續編》第四十八輯，臺北：文海出版社，1973 年 12 月影印本。

12. 錢恂製：《中俄交涉類要表》，收於沈雲龍主編：《近代中國史料叢刊續編》第四十八輯，臺北：文海出版社，1973 年 12 月影印本。

13. 錢恂：《二二五五疏》，收於沈雲龍主編：《近代中國史料叢刊續編》第五十四輯，臺北：文海出版社，1973 年 12 月影印本。

14. 林惠祥著、王雲五主編：《神話論》，臺北：臺灣商務印書館，1971 年 9

月臺二版。

15. 錢穆：《中國史學名著》，臺北：三民書局，1973 年 2 月初版。

16. 謝无量：《中國婦女文學史》，臺北：臺灣中華書局，1973 年 6 月臺一版。

17. 康有爲：〈請禁婦女纏足摺〉，參見黃彰健編《康有爲戊成眞奏議》，臺北：中央研究院歷史語言研究所，1974 年。

18. 李又寧、張玉法主編：《近代中國女權運動史料（1842～1911）》上、下冊，臺北，傳記文學社，1975 年 12 月初版。

19. 余英時：《歷史與思想》，臺北，聯經出版公司，1976 年 9 月初版。

20. 劉眞主編、王煥琛編著：《留學教育——中國留學教育史料》第一、二冊，臺北，臺灣書局，1980 年 7 月。

21. 杜維運：《與西方史家論中國史學》，臺北，東大圖書公司，1981 年 8 月初版。

22. 秋瑾：《秋瑾先烈文集》，臺北：中國國民黨、中央委員會黨史委員會，1982 年。

23. 鄭觀應：《盛世危言·女學》收於夏東元編《鄭觀應集》共二冊，上海：上海人民出版社，1982 年 9 月第 1 版。

24. （清）紀昀等：《四庫全書總目題要》，臺北：台灣商務印書館，1983 年。

25. 哈米爾頓著、鄭思寧譯：《希臘羅馬神話故事》，臺北：輔新書局，1983 年 2 月再版。

26. （蘇聯）M. H.鮑特文尼克、M. A.科甘、M.B.怕賓諾維奇、B. H.謝列茨基編著；黃鴻森、溫乃錚譯：《神話辭典》，北京：商務印書館，1985 年 1 月第 1 版。

27. 班固撰：《白虎通》，收於《叢書集成初編》，北京：中華書局，1985 年。

28. 鍾叔河：《中華近代文化史叢書：走向世界》，北京：中華書局，1985 年 5 月第 1 版。

29. 胡文楷編著：《歷代婦女著作考》增訂本，上海：上海古籍出版社，1985 年 7 月第 1 版。

30. 嚴復：《嚴復集》，北京：中華書局，1986 年。

31. 《二十五史》，上海：上海古籍出版社，1986 年。

32. 單士釐著、陳鴻祥校點：《受茲室詩稿》，長沙：湖南文藝出版社，1986 年 7 月第一版。

33. 袁珂著：《神化論文集》，臺北：漢京文化事業有限公司，1987 年 1 月 20 日。

34. （美）赫伯·高博格（Herb Goldberg）著、楊月蓀譯：《兩性關係的新觀念》（The Male-Female Relationship），臺北：書評書目出版社，1986 年 9

月。

35. 勞思光：《新編中國哲學史》，臺北，三民書局，1987 年 3 月再版。

36. 曹日昌主編：《普通心理學》合訂本，東北：人民教育出版社，1987 年 4 月第 1 版。

37. 張存武：《清代中韓關係論文集》，臺北：臺灣商務印書館，1987 年 11 月初版。

38. 柳詒徵編著：《中國文化史》共三冊，臺北：正中書局，1987 年 11 月初版第十六次印行。

39. 黃石：《神話研究》影印本，上海：上海文藝出版社，1988 年 3 月。

40. 鮑家麟編著：《中國婦女史論集》，臺北：稻鄉出版社，1988 年再版。

41. 楊國樞編：《中國人的心理》，臺北：桂冠圖書股份有限公司，1988 年 3 月 31 日初版第 1 刷。

42. 李小江：《夏娃的探索》婦女研究叢書，河南：河南人民出版社，1988 年 5 月。

43. 李華興：《中國近代思想史》，浙江：浙江人民出版社，1988 年 9 月第 1 版。

44. 鍾叔河編：《走向世界——近代中國知識分子接觸東西洋文化的前驅者》，臺北：百川書局，1989 年。

45. 陸圻：《新婦譜》，收於《叢書集成續編》第 62 冊，頁 41～46，臺北：新文豐出版社，1989 年。

46. 徐士俊：《婦德四箴》，收於《叢書集成續編》第 62 冊，頁 49，臺北：新文豐出版社，1989 年。

47. 東海查、琪石丈：《新婦譜補》，收於《叢書集成續編》第 62 冊，頁 57～58，臺北：新文豐出版社，1989 年。

48. Michel 著、張南星譯：《女權主義》，臺北：遠流出版公司，1989 年 2 月 16 初版。

49. 王仲孚、邱添生、高明士、韓復智、蔡學海、吳智和等編著：《中國文明發展史》，臺北：國立空中大學，1989 年 2 月再版。

50. 梁啟超：《飲冰室合集》，臺北：中華書局，1989 年 3 月。

51. 陳瓊（王瑩）：《清季留學政策初探》，臺北：文史哲出版社，1989 年 7 月初版。

52. 阿英：《晚清小說史》，北京：東方出版社，1990 年 3 月。

53. 郭延禮：《近代文學發展史》，山東：山東教育出版社，1990 年 3 月。

54. 呂美頤、鄭永福：《中國婦女運動》，河南：河南人民出版社，1990 年 7 月。

55. Edward J.Mayo & Lance P.Jarvis 著、蔡麗伶譯：《旅行心理學》，臺北：揚智文化有限公司，1990 年 9 月初版。

56. 高洪興：《婦女風俗考》，上海：上海文藝出版社，1991 年。

57. 薇薇夫人：《一個女人的成長》，臺北：遠流出版事業股份有限公司，1991年 4 月 16 日初版 30 刷。

58. 譚達先：中國民間文學知識叢書之三《中國傳說概述》影印本，香港：1991 年。

59. 中外關係史學會編：《中外關係史論叢》第三輯，北京：世界知識出版社，1991 年 8 月第 1 版。

60. （美）戴維・利明、埃德溫・貝爾德著；李培茉、何其敏、金澤譯：《神話學》，上海：上海人民出版社，1990 年 6 月第 1 版；1992 年 6 月第 2刷。

61. （清）阮元校刻：《十三經注疏（附校勘記）》中華書局影本，全二冊，北京：中華書局，1980 年 9 月第 1 版；1991 年 6 月北京第 5 次印刷。

62. 陳旭麓：《近代中國社會的新陳代謝》，上海：上海人民出版社，1992 年7 月。

63. 鮑家麟編著：《中國婦女史論集》，臺北：稻鄉出版社，1992 年。

64. 喬以綱：《中國女性的文學世界》，湖北：湖北教育出版社，1993 年。

65. 鄭永福、呂美頤：《近代中國婦女生活》，河南：河南人民出版社，1993年。

66. 錢仲聯：《錢仲聯學術自傳》，成都：巴蜀書社，1993 年 11 月第一版。

67. 錢仲聯：《夢苕盦論集》，北京：中華書局，1993 年 11 月第 1 版。

68. 周作人著；陳子善、鄢琨編：《周作人自選精品集——飯後隨筆》上、下冊，石家莊，河北人民出版社，1994 年 9 月第 1 版。

69. 海倫・勒娜、羅賓斯著；田耕譯：《女性自覺——如何開發自己的潛能》，臺北：臺灣實業文化，1998 年 2 月初版，頁 139～140。

70. 李小江、朱虹、董秀玉主編：《性別與中國》，北京：生活・讀書・新知三聯書店，1994 年 6 月第 1 版。

71. 陶毅：《中國婚姻家庭制度史》，北京：東方出版社，1994 年 7 月。

72. 馮天瑜：《中國文化史綱》，北京：北京語言學院出版社，1994 年 8 月第1 版。

73. 紅山雪夫著、陳昭伶譯：《歐洲神話・宗教之旅》，臺北：精英出版社，1994 年 10 月初版。

74. 陳東原：《中國婦女生活史》，臺北：臺灣商務印書館，1994 年 12 月臺一版第十次印刷。

75. 漢米爾敦（Edith Hamilton）原著、黃毓秀譯：《西洋神話》，臺北：國立編譯館，1994 年 12 月初版。

76. 鄧偉志：《近代中國家庭的變革》，上海：上海人民出版社，1994 年 12月。

77. 潘光旦：《明清兩代嘉興的望族》，收於《潘光旦文集》，北京：北京大學出版社，1995 年。

78. 劉詠聰：《女性與歷史——中國傳統觀念新探》，臺北：臺灣商務印書館，1995 年 1 月。

79. 畢誠：《中國古代家教育》，臺北：臺灣商務印書館，1995 年 5 月。

80. 韋鈺主編：《中國婦女教育》，杭州，浙江教育出版社，1995 年 7 月第 1版。

81. 杜學元：《中國女子教育通史》，貴陽：貴州教育出版社，1995 年 8 月。

82. 羌廣輝著：《理學與中國文化》收於周谷城主編：《中國文化史叢書》，上海：上海人民出版社，1994 年 6 月第 1 版；1995 年 11 月第 2 次印刷。

83. 張老師月刊編輯部：《中國人的幸福觀——命運與幸福》，臺北：張老師文化事業股份有限公司，1995 年 2 月初版 11 刷。

84. 齊文穎：《中華婦女文獻總覽》，北京：北京大學出版社，1995 年 8 月。

85. 孫石月：《中國近代女子留學史》，北京：中國和平出版社，1995 年 9 月第 1 版。

86. 文字作者 Susan Alice Watkins、漫畫作者 Marisa Rueda/Marta Rodrigues；譯者朱侃如：《女性主義》，臺北：立緒文化事業有限公司，1995 年 10月 20 日初版一刷。

87. 羅蘇文：《女性與中國近代社會》，上海：上海人民出版社，1996 年。

88. 盧葦著：《中外關係史》，蘭州：蘭州大學出版社，1996 年 4 月第 1 版；1997 年 8 月第 2 次印刷。

89. 張敬：《列女傳今註今釋》，臺北：臺灣商務印書館，1996 年 4 月。

90. 冷德熙：《超越神話——緯書政治神話研究》，北京：東方出版社，1996年 5 月第 1 版。

91. 張福清編注：《女誡——婦女的枷鎖》，北京：中央民族大學出版社，1996年 6 月。

92. 周敘琪：《一九一〇～一九二〇年代都會新婦女生活風貌——以《婦女雜誌》為分析實例》，臺北：國立臺灣大學出版委員會，1996 年 6 月初版。

93. 柏楊：《中國人史綱》上、下冊，臺北：星光出版社，1996 年 8 月修訂版第 1 刷。

94. 陳三井主編：《近代中國婦女史研究》第四期，臺北：中央研究院近代史

研究所、近代中國婦女史研究編輯委員會，1996 年 8 月出版。

95. 曹大為：《中國古代婦女教育》，北京：北京師範大學出版社，1996 年 12 月第 1 版。

96. 顧燕翎主編；林芳玫、黃淑玲、鄭至慧、王瑞香、劉毓秀、范情、張小虹、邱貴芬、顧燕翎作：《女性主義理論與流派》，臺北：女書文化事業有限公司，1997 年 1 月 20 日初版三刷。

97. 黃威融：《旅行就是一種 shooping》，臺北：新新聞文化事業有限公司，1997 年 4 月 30 日初版 4 刷）。

98. 康正果：《交織的邊緣——政治與性別》，臺北：東大圖書，1997 年 5 月。

99. 楊碧雲：《中日婦女教育面面觀》，臺北：臺北市政府教育局，1997 年 6 月 30 日。

100. 王瓊玲：《清代四大才學小說》，臺北：商務印書館，1997 年 7 月初版。

101. Jane Mills 原著；李金梅、林秀娟、賴美忍譯：《兩性新話題（1）——女話》，臺北：書泉出版社，1997 年 8 月初版。

102. 丘引：《愛走就走》，臺北：女書文化事業有限公司，1997 年 10 月。

103. （清）曾樸撰、葉經柱校注、繆天華校閱：《孽海花》，臺北：三民書局，1998 年 1 月。

104. 海倫‧勒娜、羅賓斯著、田耕譯：《女性自覺——如何開發自己的潛能》，臺北：臺灣實業文化，1998 年 2 月初版）。

105. 愛笛斯‧赫米爾敦著、宋碧雲譯：《希臘羅馬神話故事》，臺北：志文出版社，1998 年。

106. 歐陽哲生編：《胡適文集 4——胡適文存三集》，北京：北京大學出版社，1998 年。

107. 劉志琴：《近代社會文化變遷錄》，浙江：浙江人民出版社，1998 年 3 月。

108. 女性學學會：《臺灣婦女處境白皮書：1995 年》，臺北：時報文化出版企業股份有限公司，1998 年 3 月 20 日初版五刷。

109. 劉詠聰：《德‧才‧色‧權——論中國古代女性》，臺北：麥田出版股份有限公司，1998 年 6 月 1 日初版一刷。

110. 費絲言：《由典範到規範：從明代貞節烈女的辨識與流傳看貞節觀念的嚴格化》，臺北：國立臺灣大學出版委員會，1998 年 6 月初版。

111. 安作璋：《中國古代史史料學》，福建：福建人民出版社，1998 年 9 月。

112. 菲利普‧馬斯登著、鄭明華譯：《交會的所在——追尋亞美尼亞人的蹤跡》，臺北：馬可孛羅文化事業股份有限公司，1998 年 10 月 22 日初版。

113. 簡瑛瑛（Chien Ying-Ying）：《何處是女兒家——女性主義與中西比較文學/文化研究》，臺北：聯合文學出版社，1998 年 11 月初版。

114. （法）西蒙‧波娃（Simone de Beauvoir）原著、陶鐵柱譯：《第二性》，臺北：貓頭鷹出版社，1999 年。

115. 珍潔‧希斯（Jinger Heath）原著；劉娟君、畢馨云譯：《夢想無價（Positively You）》，臺北：星光出版社，1999 年 1 月第一版。

116. 梁啟超：《梁啟超全集》，北京：北京出版社，1999 年第一版。

117. 提姆‧謝韋侖（Tim Severin）：《香料群島之旅——追尋「天擇論」幕後英雄華萊士》，臺北：馬可孛羅文化事業股份有限公司，1999 年 7 月 10 日初版。

118. 陳君聰：《現代化先鋒——中國近代啟蒙思想家》，臺北：萬卷樓，1999 年 8 月 10 日初版。

119. 嚴迪昌：《清詞史》，江蘇：江蘇古籍出版社，1999 年 8 月第二版。

120. 劉甯元主編：《中國女性史類編》，北京：北京師範大學出版社，1999 年 11 月第 1 版。

121. 劉眞主編：《中國抒情詩世界》，臺北：臺灣書局，1999 年 11 月初版。

122. 東海大學中文系編：《旅遊文學論文集》，臺北：文津出版社，2000 年 1 月。

123. 劉紅、劉光永：《婦女運動史話》，北京：社會科學文獻出版社，2000 年。

124. 鄭振鐸編著：《希臘羅馬的神話與傳說》，上海：上海書店出版社，2000 年 3 月第 1 版；2002 年 1 月第 2 版。

125. 毛文芳：《晚明閒賞美學》，臺北：學生書局，2000 年 4 月初版。

126. 郭延禮：《近代西學與中國文學》，南昌：百花洲文藝出版社，2000 年 4 月第 1 版。

127. 劉毓秀主編、女性學學會著：《女性‧國家‧照顧工作》，臺北：女書文化事業股份有限公司，2000 年 4 月 10 日初版 2 刷。

128. 沙梅昂 A.J.H. Charignon 著、馮承鈞譯：《馬可波羅行紀》，臺北：臺灣商務印書館，2000 年 6 月第二版。

129. 布魯斯‧查特文（Bruce Chatwin）著、李欣容譯：《巴塔哥尼亞高原上》，臺北：天下遠見，2000 年 7 月 20 第一版。

130. （美）卡拉‧亨德森、黛博拉、拜爾列席基、蘇珊‧蕭、瓦列麗亞、佛萊辛格著；劉耳、季斌、馬嵐譯：《女性休閒——女性主義的視角》"Both Gains and Gaps：Feminist Perspctives on Womeb's Leisure"，昆明：雲南人民出版社，2000 年 8 月第一版。

131. 李齊芳：《中俄關係史》，臺北：聯經出版事業公司，2000 年 12 月初版。

132. 吳仁安：《明清江南望族與社會經濟文化》，上海：上海人民出版社，2001 年。

133. 吳嘉麗、尤美女、沈美貞、紀欣、張玨、蘇芊玲編：《現代社會與婦女權益（修訂再版）》，臺北：國立空中大學，2001 年 2 月修訂再版。

134. 蘇芊玲：《不再模範的母親》，臺北：女書文化事業股份有限公司，2001 年 2 月 16 日初版五刷。

135. 三毛：《我的靈魂騎在紙背上──三毛的書信札與私相簿》，臺北：皇冠出版社，2001 年 2 月 28 日初版三刷。

136. 張啓雄主編：《二十世紀的中國與世界──論文選集上冊》，中央研究院近代史研究所，2001 年 3 月。

137. 閻愛民：《中國古代家教》，臺北：臺灣商務印書館，2001 年 4 月。

138. 胡曉眞主編：《世變與維新──晚明與晚清的文學藝術》，臺北，中央研究院中國文哲研究所籌備處，2001 年 6 月初版。

139. 周愚文：《中國教育史綱》，臺北：正中書局，2001 年 12 月。

140. 但丁・阿利格耶里（Dante Alighieri）、黃國彬譯註：《神曲》" La Divina Commedia" 共三冊，臺北：九歌出版社，2003 年 9 月初版。

141. 金天翮：《女界鐘》，上海：上海古籍出版社，2003 年 11 月。

142. 陳三井主編，鮑家麟等著：《近代中國婦女運動史》，臺北：近代中國出版社，2004 年再版。

143. 高洪興：《纏足史》，臺北：華成圖書出版社，2004 年 8 月。

144. 薛海燕：《近代女性文學研究》，北京：中國社會科學出版社，2004 年 9 月第一版。

145. Norbert Ohler（諾伯特・歐勒）著、謝沁霓譯《中世紀的旅人》，臺北：麥田，2005 年 1 月。

146. 李貞德：《公主之死──你所不知道的中國法律史》，臺北：三民書局，2005 年 1 月。

147. 巫仁恕：《奢侈的女人──明清時期江南婦女的消費文化》，臺北：三民書局，2005 年 1 月。

148. 孟暉：《潘金蓮的髮型》，南京：江蘇人民出版社，2005 年 2 月第 1 版。

149. 林維紅：〈清季的婦女不纏足運動（1894～1911）〉，收於李貞德、梁其姿主編：《婦女與社會─臺灣學者中國史研究論叢 9/邢義田、黃寬重、鄧小南主編，頁 375～420》，北京：中國大百科全書出版社，2005 年 4 月第 1 版第 1 刷。

150. 夏曉虹：《晚清女性與近代中國》，北京：北京大學出版社，2005 年 6 月。

151. 李貞德、梁其姿主編：《婦女與社會──臺灣學者中國史研究論叢 9/邢義田、黃寬重、鄧小南主編，頁 375～420》，北京：中國大百科全書出版社，2005 年 4 月第 1 版第 1 刷。

152. 梁啓超：《中國近三百年學術史》，臺北：里仁書局，2005 年 8 月。

153. 楊‧馬泰爾著、趙丕慧譯：《少年 pi 的奇幻漂流》，臺北：皇冠出版股份有限公司，2005 年 8 月初版 11 刷。

154. 周愚文：《中國傳統婦女與家庭教育》，臺北：師大書苑，2005 年 10 月。

155. 曼素恩：《蘭閨寶錄：晚明至盛清時的中國婦女》，臺北：左岸文化，2005 年 11 月。

156. Vicky.Pinky：《單車楓葉情》，臺北：經典雜誌，2005 年 12 月初版二刷。

157. 蔡文居：《臺灣山海戀》，臺北：華成圖書出版有限公司，2006 年 4 月初版。

158. 葛兆光：《西潮又東風——晚清民初思想、宗教與學術十論》，上海：上海古籍出版社，2006 年 5 月第一版。

159. 衣若蘭：《三姑六婆——明代婦女與社會的探索》，臺北：稻鄉出版社，2006 年 6 月。

160. 錢文選纂修：《錢氏家乘》，收於《清代民國名人家譜選刊》第 32、33 冊，臺北：國家圖書館地方志家譜文獻中心編，2006 年。

161. 錢恂纂：《吳興錢氏家乘三卷》民國十年（1921）鉛印本，一冊，收於《清代民國名人家譜選刊》第 34 冊，臺北：國家圖書館地方志家譜文獻中心編，2006 年。

162. 楊春時：《現代性與中國文學思潮》，北京：生活‧讀書‧新知三聯書店，2006 年 6 月 1 日第 1 版。

163. 王力堅：《清代才媛文學之文化考察》，臺北：文津出版社，2006 年 6 月初版一刷。

164. 熊賢君：《中國女子教育史》，山西：山西教育出版社，2006 年 7 月。

165. 林素娟：《空間、身體與禮教規訓——探討秦漢之際的婦女禮儀教育》，臺北：學生書局，2007 年 5 月。

166. 高彥頤（Dorothy Ko）著、苗延威譯：《纏足：「金蓮崇拜」盛極而衰的演變（Cinderella's Sisters:A Revisionist History of Footbinding）》，臺北：左岸文化，2007 年 6 月初版。

167. 張再基：《聖地風情》，臺北：天主教之聲雜誌社，2007 年 8 月初版。

168. 李蕙蓁、謝統勝：《德朵夫人的「小」不列顛》，臺北：繆思出版有限公司，2007 年 8 月初版。

169. 下田歌子：《家政學》上、下冊，東京都：株式會社ゆまに書房，2007 年 11 月 25 日。

170. 陳室如：《近代域外遊記研究——1840～1945》，臺北：文津出版社，2008 年 1 月初版。

171. 陳受祿：《臺灣 27 度 C 避暑祕境》，臺北：凱特文化創意股份有限公司，2008 年 5 月初版。

172. 阿部謹也（Kinya Abe）著；李玉滿、陳嫻若譯：《在中世紀星空下》，臺北：如果出版社，2008 年 6 月初版。

173. 李敏勇：《在寂靜的邊緣歌唱——世界女性詩風景》，臺北：圓神出版社，2008 年 6 月初版。

174. 李貞德：《性別、身體與醫療》，臺北：聯經出版社，2008 年 10 月。

175. 劉潔：《中國女性寫作文化思維嬗變史論》，北京：中國社會科學出版社，2008 年 12 月 1 日初版。

176. 羅秀美：《看風景旅遊讀本》，臺北：秀威資訊，2009 年 1 月 1 日初版。

177. 吳大品著、徐昌明譯《中西文化互補與前瞻——從思維、哲學、歷史比較出發》，香港：中華書局，2009 年 7 月。

178. 邱巍：《吳興錢家：近代學術文化家族的斷裂與傳承》，杭州：浙江大學出版社，2009 年 10 月第 1 版。

179. 李敏勇：《詩的異國心靈之旅》，臺北：聯合文學出版社，2009 年 10 月 20 日初版。

180. 羅秀美：《從秋瑾到蔡珠兒——近現代知識女性的文學表現》，臺北：學生書局，2010 年 1 月 1 日初版。

181. 王文娟：《微憂——那些無事在台北走路時想起的小事》，臺北：INK 印刻出版有限公司，2010 年 3 月 29 日初版。

二、學位論文

1. 前島浩：《明治維新與戊戌變法》（私立中國文化大學政治學系研究所碩士論文，指導教授：楊家駱，1967 年）。

2. 姜書益：《第一次中日戰後俄國勢力初度侵入東北之研究（1894～1898）》（國立政治大學外交研究所碩士論文，指導教授：李定一，1976 年）。

3. 楊肅獻：《晚清的反變法思想（1891～1900）》（國立臺灣大學歷史研究所碩士論文，指導教授：李守孔，1980 年）。

4. 李玉瑛：《近代中國基督教教育之發展（1842～1930）》（私立東海大學歷史學系研究所碩士論文，指導教授：呂實強，1982 年）。

5. 王玥民：《中日軍事協定與日本對華侵略之研究》（國立臺灣大學歷史研究所碩士論文，指導教授：李守孔，1982 年）。

6. 薛化元：《晚清「中體西用」思想研究（1861～1900）》（國立臺灣大學歷史研究所碩士論文，指導教授：李守孔、李永熾，1984 年）。

7. 張三郎：《五四時期的女權運動（1915～1923）》（國立臺灣師範大學歷史

系研究所碩士論文，指導教授：張玉法，1985 年）。

8. 睦銀均：《晚清中韓關係之研究（1864～85）——以興宣大院君與清廷的關係爲中心》（國立臺灣大學歷史研究所博士論文，指導教授：李守孔，1986 年）。

9. 喻蓉蓉：《五四時期之中國知識婦女》（國立政治大學歷史系研究所碩士論文，指導教授：戴玄之，1986 年）。

10. 上地茂：《日本與中國革命（1894～1912）》（國立臺灣大學三民主義研究所碩士論文，指導教授：周道濟，1987 年）。

11. 韓仁熙：《甲午戰爭以後（1894～1911）中國民族主義運動》（私立中國文化大學三民主義研究所博士論文，指導教授：李守孔，1987 年）。

12. 賴奇祿：《從背景因素與思想淵源研析晚清改革思想》（私立東海大學政治學系研究所碩士論文，指導教授：江澄祥，1998 年）。

13. 許學士：《一九二○年代中國民族主義與基督教徒的政治觀》（私立中國文化大學中美關係研究所碩士論文，指導教授：王成勉，1988 年）。

14. 盧燕貞：《中國近代女子教育史（1894～1945）》（臺北：文史哲，1989 年）。

15. 林秋敏：《近代中國的不纏足運動（1895～1937）》（國立政治大學歷史研究所碩士論文，指導教授：張玉法，1989 年）。

16. 安明子：《晚清的農業思想》（國立臺灣師範大學歷史研究所博士論文，指導教授：王樹槐，1990 年）。

17. 洪幸音：《日本明治二十年代女子教育之研究》（私立中國文化大學日本研究所碩士論文，指導教授：藤井志津枝，1990 年）。

18. 利國章：《十九世紀中葉俄國的東進政策與璦琿條約之研究（1840～1858）》（私立淡江大學俄羅斯研究所碩士論文，指導教授：明驥，1995 年）。

19. 陳啓宗：《日本明治時期東亞戰略之研究（從甲午戰爭到日俄戰爭）》（私立中國文化大學政治學研究所碩士論文，指導教授：王友仁，1995 年）。

20. 何萍：《近代中俄華人政策下俄遠東區華人社會變遷（1860～1914）》（國立臺灣師範大學歷史研究所碩士論文，指導教授：李國祁，1996 年）。

21. 洪曉惠：《晚清女性政治文本的性別與家國》（國立清華大學中國文學系研究所碩士論文，指導教授：劉人鵬，1996 年）。

22. 李美玲：《中國近代女子教育研究（1912～1949）》（國立師範大學教育學系研究所碩士論文，指導教授：周愚文，1997 年）。表單的底部鍾榮峰：《文化民族主義與徵國現代化的歷史書寫》（私立東海大學歷史學系研究所碩士論文，指導教授：張瑞德，1999 年）。

23. 鄭淑娟：《晚清小說反映的清末政治文化》（東海大學中國文學系碩士論

文，指導教授：魏仲佑，2000 年）。

24. 吳旭彬：《晚清基督教政策研究》（國立中興大學歷史學系研究所碩士論文，指導教授：孫若怡，2000 年）。

25. 許慧琦：《「娜拉」在中國：新女性形象的塑造及其演變》，（國立政治大學歷史學系博士論文，指導教授：呂芳上，2000 年）。

26. 王巧萍：《托爾斯泰的宗教思想研究》（私立淡江大學俄羅斯研究所碩士論文，指導教授：馬良文，2000 年）。

27. 方雅君：《十五年戰爭與賢妻良母教育》（私立淡江大學日本研究所碩士論文，指導教授：陳伯陶，2001 年）。

28. 陳香吟：《中國古代女子教育研究》（國立臺南大學國民教育國語文教育學碩士論文，指導教授：林登順，2001 年）。

29. 衛琪：《《黃繡球》研究》（私立南華大學文學研究所碩士論文，指導教授：胡仲權，2001 年）。

30. 李曉蓉：《五四前後女性知識分子的女性意識》（國立高雄師範大學教育學系研究所博士論文，指導教授：余嬪，2001 年）。

31. 蘇莉華：《從王鳳儀的女學看中國近代女子教育——從生命自我療癒的觀點出發》（中國文化大學史學研究所碩士論文，指導教授：宋光宇，2002 年）。

32. 劉曉芳：《晚清浙江初等教育的發展（1893～1911）》（國立臺灣師範大學教育研究所碩士論文，指導教授：周愚文，2002 年）。

33. 梁世佑：《從種族到民族：梁啟超民族主義思想之研究（1895～1903）》（國立中央大學歷史研究所碩士論文，指導教授：吳振漢，2002 年）。

34. 葉鑫驊：《清季知識份子對俄羅斯認識之研究》（國立臺灣師範大學歷史研究所碩士論文，指導教授：呂實強，2002 年）。

35. 韓佩錦：《李汝珍的女性認同——析論《鏡花緣》之解構性別角色定規》（國立彰化師範大學國文學系在職進修專班碩士論文，指導教授：蔣美華，2002 年）。

36. 鄭雅文：《從康有為和嚴復看晚清思想之嬗變》（國立彰化師範大學國文學系研究所碩士論文，指導教授：張麗珠，2003 年）。

37. 黃士嘉：《晚清教育政策之研究（1862～1911）》（國立高雄師範大學教育學系研究所博士論文，指導教授：張光甫，2003 年）。

38. 顏麗珠：《單士釐及其旅遊文學——兼論女性遊歷書寫》，（國立中央大學中國文學研究所碩士論文，指導教授：姚振黎博士，2003 年）。

39. 曾淑貞：《晚清小說中婦女地位的研究——從鴉片戰爭到辛亥革命》（中國文化大學中國文學研究所碩士論文，指導教授：席涵靜，2003 年）。

40. 魏中一：《梁啟超與晚清湖南改革思想之研究——以「群思想」為例》（國

立成功大學歷史學系博士論文，指導教授：蘇梅芳，2003 年）。

41. 蔡玟姿：《閨秀風格小說歷時衍生與文學體制研究》（國立清華大學中國文學研究所博士論文，指導教授：姚振黎，2004 年）。

42. 劉子菁：《近代中國民族主義與教育學的發展（1897～1919）》（國立臺灣師範大學教育學系研究所碩士論文，指導教授：周愚文，2004 年）。

43. 林大鈞：《心遊於物：席慕蓉、舒國治、鍾文音的旅行書寫》（國立政治大學中國文學研究所碩士論文，指導教授：張雙英，2005 年）。

44. 林俊宏：《晚清革命思潮與民間文學傳播之研究——以陳天華、秋瑾爲探討中心》（國立花蓮教育大學民間文學研究所碩士論文，指導教授：楊振良，2005 年）。

45. 尤靜嫻：《帝國之眼：晚清旅美遊記研究（1840～1911）》（國立臺灣大學中國文學研究所碩士論文，指導教授：梅家玲，2005 年）。

46. 王湯尼：《中國先秦儒家社會價值塑造之研究》（東海大學政治學系碩士論文，指導教授：江澄祥，2005 年）。

47. 余政道：《康有爲教育思想研究》（國立中山大學中國文學系碩士論文，指導教授：鮑國順，2005 年）。

48. 許正蕾：《論晚清知識份子對「三綱」的排拒與維護》（私立輔仁大學中國文學系研究所碩士論文，指導教授：趙中偉，2005 年）。

49. 劉德戎：《清末民初的女權運動——以反纏足與興女學爲中心》（國立臺北教育大學社會科教育學系研究所碩士論文，指導教授：丘立崗，2006 年）。

50. 蔡佳儒：《新女性與舊文體——呂碧城研究》（暨南國際大學中國語文學系研究所碩士論文，指導教授：黃錦樹，2006 年）。

51. 曾重凱：《晚清科舉廢除後傳統士人的動向（1905～1926）》（國立政治大學教育研究所碩士論文，指導教授：周愚文，2006 年）。

52. 羅仕昌：《甲午戰爭前日本的中國觀——以琉球、朝鮮問題爲中心（1873～1984）》（國立政治大學日本語文學系研究所碩士論文，指導教授：于乃明，2006 年）。

53. 黃恩慈：《女子有行——論施叔青、鍾文音女遊書寫中的旅行結構》（國立成功大學臺灣文學研究所碩士論文，指導教授：應鳳凰，2006 年）。

54. 陳室如：《中國近代域外遊記研究（1840～1945）》（國立彰化師範大學國文學系博士論文，指導教授：李威熊、王年雙，2006 年）。

55. 何琬琦：《臺灣女性與旅遊的對話——臺灣女遊書寫研究（1949～2007）》（國立臺灣師範大學中國文學系在職進修專班碩士論文，指導教授：潘麗珠，2007 年）。

56. 蔡昀健：《呂坤《閨範》女子教育觀之研究》（臺北市立教育大學教育學

系研究所碩士論文，指導教授：鄭玉卿，2007 年）。

57. 李嬌瑩：《曾國藩的經世思想與近代中國:論道統與洋務交織下的實踐》（中國文化大學中山學術研究所博士論文，指導教授：盧瑞鍾，2008 年）。

58. 葉曉祥：《自強運動與明治維新之比較研究》（中國文化大學日本研究所碩士論文，指導教授：劉崇稜，2008 年）。

59. 陳雅琳：《藍鼎元《女學》研究》（國立中正大學中國文學研究所碩士論文，指導教授：毛文芳，2009 年）。

60. 黃詩棻：《秋瑾女權思想之研究》（私立華梵大學東方人文思想研究所碩士論文，指導教授：莊兵，2009 年）。

三、單篇論文/文章

1. 陳友琴：〈婦女經濟獨立的基礎〉，收於《婦女雜誌》第 10 卷、第 1 號，1924 年 1 月。

2. 李貞德：〈現代女子的苦悶問題〉，收於《新女性》卷 2 號 1，1927 年 1 月，頁 21。

3. 嚴復：〈原強〉，收於沈雲龍主編：《近代中國史料叢書》，臺北：文海出版社，1969 年。

4. 康有為：〈請禁婦女纏足摺〉，收於黃彰健編《康有為戊戌真奏議》，臺北：中央研究院歷史語言研究所，1974 年。

5. 俞慶棠：〈三十五年來的中國女子教育〉，收於李又寧等編：《中國婦女史論集》第一輯，臺北：台灣商務出版社，1981 年，頁 343 － 377。

6. 馬昌儀：〈我國第一個講述拉孔奧的女性——論單士釐的美學見解〉，收於《文藝研究》第 4 期，1984 年。

7. 韓黎范：〈借男女之真情，發名教之偽藥——略論《三言》關於愛情婚姻題材的作品〉，收於《明代小說論叢（一）》，瀋陽：春風文藝出版社，1984 年 5 月第 1 版，頁 280～288。

8. 黃嫣梨：〈中國女子教育之今昔〉，收於鮑家麟編著：《中國婦女論集》續集，臺北：稻鄉出版社，1985 年，頁 259 － 285 。

9. 陳東原：〈中國的女子教育——過去的歷史與現在的缺點〉，收於鮑家麟編著：《中國婦女史論集》續集，臺北：稻鄉出版社，1985 年，頁 241 － 257 。

10. 鄭培凱：〈天地正義僅見婦女——明清的情色意識與貞淫問題〉，收於《當代》第 17 期，1987 年 9 月。

11. 廖秀貞：〈清末女學在學制上的演進及其女子小學教育的發展〉，收於李又寧等編：《中國婦女史論集》第二輯，臺北：台灣商務出版社，1988

年，頁 203 — 255 。

12. 秋瑾：〈敬告中國二萬萬女同胞〉，收於《秋瑾集》，上海：上海古籍出版社，1991 年。

13. 楊桂杰：〈中國女子教育觀的變遷〉，收於《立法院院聞》，1991 年 8 月。

14. 鮑家麟：〈辛亥革命時期的婦女思想〉，收於鮑家麟編著：《中國婦女史論集》，臺北：稻鄉出版社，1992 年。

15. 陸草：〈論清代婦女詩人的群體性特徵〉，收於《中州學刊》，鄭州：1993 年第 3 期。

16. 孫康宜著、李奭學譯：〈明清詩媛與女子才德觀〉，收於《中外文學》，1993 年 4 月，頁 52～81。

17. 康正果：〈重新認識明清才女〉，收於《中外文學》第 22 卷，第 6 期，1993 年 11 月。

18. 齊國華：〈巾幗放眼著先鞭——論單士釐出洋的歷史意義〉，收於《史林》第 1 期，總 33 期，1994 年，頁 34～40。

19. 鄭至慧：〈女子教育權的演進〉，收於《師大校友月刊》第 278 期，1995 年，頁 10～13。

20. 張宏生：〈清代婦女詞的繁榮及其成就〉，收於《江蘇社會科學》，南京：1995 年第 6 期。

21. 王德威：〈女性主義與西方漢學研究：從明清到當代的一些例證〉，收於《近代中國婦女研究》第 3 期，1995 年 8 月。

22. 李國彤：〈明清之際的婦女解放思想綜述〉，收於《近代中國婦女史研究》第 3 期，1995 年 8 月。

23. 謝長法：〈清末留日女學生及其活動與影響〉，收於《近代中國婦女史研究》第 4 期，1996 年，頁 63～86。

24. 林清涼：〈女性教育的重要性〉，收於《婦女與兩性研究通訊》，1996 年 1 月。

25. 戴東陽：〈驚醒女子魂、鑒彼媸與妍——論啓蒙女學者單士釐〉，收於《史學月刊》第 3 期，1996 年，頁 101～105。

26. 李長林：〈中國馬可·波羅學研究中的幾個問題〉，收於《世界歷史》第 5 期，1996 年，頁 78～82。

27. 戴慶鈺：《明清蘇州名門才女群的崛起》，收於《蘇州大學學報》第 1 期，1996 年 1 月，頁 130～132。

28. 朱崇儀：〈女性自傳：透過性別來重讀/形塑文類〉，收於《中外文學第 26 卷》第 4 期，1997 年 9 月。

29. 龔鵬程：〈遷移者的性別〉，收於南華大學管理學院《1996 年龔鵬程年度

學思報告》，1997 年 12 月。

30. 夏曉虹：〈戊戌前後新興的婦女教育〉，收於《文史知識》第 6 期，1998年，頁 58～65。

31. 鹿憶鹿：〈走看九 0 年代的女性旅行文學〉，收於《文訊雜誌》，1998 年 3月，頁 29～32。

32. 熊賢關：〈儒家傳統中的婦女觀〉，收於《哲學雜誌》第 24 期，1998 年 5月。

33. 李可亭：〈單士釐和她的《癸卯旅行記》〉，收於《商丘師範學院學報》第15 卷、第 1 期，1999 年 2 月，頁 72～74。

34. 劉靜貞：〈劉向《列女傳》的性別意識〉，收於《東吳歷史學報》第 5 期，1999 年 3 月，頁 1～30。

35. Sara Mills 作、張惠慈譯：〈女性主義批評中的女遊書寫〉，收於《中外文學》第 27 卷、第 12 期，1999 年 5 月，頁 6～28。

36. 魏愛蓮教授：（Ellen widmer）："Shan Shili`s Guimao luxing ji of 1903 in Local and Global Perspective"〈全球視野下的單士釐的《癸卯旅行記》（1903）〉，收於《世變與維新——晚明與晚清的文學藝術》，臺北中央研究院中國文哲研究所，1999 年 7 月，頁 429～466。

37. 許麗芳：〈女子弄文誠可罪——試析女性書寫意識中之自覺與矛盾〉，收於淡江大學中文系主編《中國女性書寫——國際學術研討會論文集》，臺北：學生書局，1999 年 9 月，頁 219～240。

38. 胡景華：〈單士釐：近代走向世界的女性先驅〉，收於《遼寧師專學報（社會科學版）》第 4 期，1999 年，頁 46～48。

39. 鍾慧玲：〈女子有行，遠父母兄弟——清代女作家思歸詩的探討〉，收於淡江大學中文系主編《中國女性書寫——國際學術研討會論文集》，臺北：學生書局，1999 年 9 月，頁 127～170。

40. 朱嘉雯：〈挑戰「男遊女怨」的文學傳統〉，收於東海大學中文系編《旅遊文學論文集》，臺北：文津出版社，2000 年 1 月初版。

41. 楊芳枝：〈離「家」出「遊」——論旅行的性別政治〉，收於《婦女與兩性研究通訊》第 54 期，2000 年。

42. 胡曉眞：〈世變之亟——由中研院文哲所「世變中的文學世界」主題計畫談晚明晚清研究〉，收於《漢學研究通訊》20:2（總 78 期）2001 年 5 月，頁 27～34。

43. 胡纓：〈歷史書寫與新女性形象的初立：從梁啟超〈記江西康女士〉一文談起〉，收於《近代中國婦女史研究》第 9 期，2001 年 8 月，頁 1～30。

44. 馬東玉：〈傑出女子單士釐其人其事〉，收於《人物》第 7 期，2001 年，頁 147～154。

45. 劉慧英：〈20 世紀初中國女權啓蒙中的救國女子形象〉，收於《中國現代文學研究叢刊》2002 年第 2 期，2002 年 3 月，頁 156～179。

46. 黃錦珠：〈晚清小說中的性別主體與困境〉，收於「明清文學與思想中之主體意識與社會」國際研討會，臺北：中央研究院中國文哲研究所，2002 年 10 月 23 日。

47. 姚振黎：〈單士釐教育思想析論〉，收於《浙江月刊》第 34 卷、第 12 期，2002 年 12 月，頁 13～18。

48. 姚振黎：〈單士釐走向世界之經歷──兼論女性創作考察〉，收於范銘如主編《挑撥新趨勢──第二屆中國女性書寫國際學術研討會論文集》，臺北：臺灣學生書局，2003 年 2 月初版，頁 257～296。

49. 姚振黎：〈我的浙江處女行〉，收於《中大校訊》第 151～152 期，2003 年 5 月。

50. 鍾慧玲：〈期待、家族傳承與自我呈現──清代女作家課訓詩的探討〉，收於《東海中文學報》第 15 期，2003 年 7 月，頁 177～204。

51. 吳曉樵：〈《神曲》在中國百年的歷程〉，收於《文匯報・副刊》，2003 年 9 月 29 日。

52. 馬斗全：〈悲學術文化世家的消逝〉，收於《博覽群書》第 4 期，2004 年，頁 44～46。

53. 邱巍：〈從錢仲聯辭世看學術文化世家的消逝〉，http://www.sina.com.cn，2004 年 9 月 28 日。

54. 劉怡伶：〈竹枝詞名誼考析〉，收於國立暨南國際大學中極學刊第四輯，中國語文學系 2004 年 12 月，頁 23～50。

55. 胡曉眞：〈藝文生命與身體政治──清代婦女文學史研究趨勢與展望之探析〉，收於「中國近代史的再思考」研討會論文，2005 年 6 月 29 日～7 月 1 日，臺北，中央研究院近代史研究所。

56. 須藤瑞代：〈近代中國的女權觀念〉，收於王政、陳雁主編：《百年中國女權思潮研究》，上海：復旦大學出版社，2005 年 7 月第 1 版，頁 37～57。

57. 苗延威：〈看見小腳：視覺科技與清末纏足污名的文化建構〉，收於「記憶載體與近代中國的認同建構」國際學術研討會，中央研究院近代史研究所、明清研究會主辦，臺北，2005 年 11 月 4 日。

58. 羅秀美：〈走出傳統閨閣的摩登旅行者──單士釐（1856～1943）的行旅書寫〉，收於元培科技學院國文組主辦「行旅的書寫──第四屆主題文學研討會」，2005 年 11 月 26 日。

59. 邱巍：〈錢玄同家族留學日本考述〉，收於《西北工業大學學報》第 1 期，2005 年。

60. 黃湘金：〈簡論單士釐詩集版本──附《受茲室詩稿》校記〉，收於《圖

書館雜誌》第 2 期，2006 年，頁 72～74。

61. 房琴：〈實「新」還「舊」話女權〉，收於《書屋》第 6 期，2006 年，頁 67～69。

62. 邱巍：〈錢玄同和他的家族〉，收於《書屋》第 8 期，2006 年，頁 35～39。

63. 苗延威：〈未知的誘惑：纏足史研究的典範轉移〉，收於《近代中國婦女史研究》第 14 期， 2006 年 12 月，頁 247～258。

64. 陳室如：〈閨閣與世界的碰撞——單士釐旅行書寫的性別意識與帝國凝視〉，收於《彰化師大國文學誌》第 13 期，彰化師範大學國文系，2006 年 12 月。

65. 羅秀美：〈流動的風景與凝視的文本——談單士釐（1856～1943）的旅行散文以及她對女性文學的傳播與接受〉，收於《淡江中文學報》第 15 期，淡江大學中文系 2006 年 12 月，頁 41～94。

66. 蕭燕婉：《單士釐與日本：以《受茲室詩稿》和《癸卯旅行記》為中心》，中山醫學大學應用外語學系日文組，國科會論文計畫，2007 年。

67. 苗延威：〈從視覺科技看清末纏足〉，收於《中央研究院近代史研究所集刊》第 55 期，2007 年 3 月，頁 1～45。

68. 吳宇娟：〈走出傳統的典範——晚清女作家小說女性蛻變的歷程〉，收於《東海中文學報》19 期，2007 年 7 月，頁 239～268。

69. 鹿憶鹿：〈單士釐與拉奧孔——兼論晚清學者的神話觀〉，收於《興大中文學報》第 23 期，2008 年，頁 679～703。

70. 劉詠聰：〈清代女性課子書舉要〉，收於《東海中文學報》第 20 期，東海大學中文系 2008 年 7 月，頁 187～216。

四、其 它

1. 〈裹足論〉，《萬國公報》（華文書局影印本）卷 11（1878～1879）。

2. 〈單士釐——中國使用公曆第一人〉，《江南晚報》，2003 年 8 月 29 日。

3. 鹿憶鹿：〈「女」的一生〉，收於《中國時報副刊》，2005 年 6 月 23 日；〈狼吞虎嚥到啄食〉，收於《中國時報副刊》，2005 年 11 月 7 日；《《臨溪路 70 號》想當良妻賢母嗎〉，收於《人間福報副刊》，2007 年 8 月 7 日。參見部落格 http://blog.yam.com/bambi

4. 性別運動浪接浪網站：http://www.maillist.com.tw/maillist/file/gcrunews 邱巍：《紅火的日誌》，參見部落格 http://wll2050820.blog.163.com/blog/static/110214820101108123826/聯合知識庫：http://www.udndata.com/ndapp

附　錄

附錄一　《受茲室詩稿》目次

卷　上

　　〈新霽〉、〈送春〉、〈小樓晚眺〉、〈落日〉、〈芙蓉盛開〉、〈蛺蝶〉、〈春雨〉、〈夜聞大風〉、〈春曉〉、〈山居〉、〈初秋晚眺〉、〈秋夜即事〉、〈聞泉〉、〈擬杜少陵觀打漁歌〉、〈侍祖慈母氏遊妙高山〉、〈聽邃昌老嫗說虎〉、〈聞蟲〉、〈積雪〉、〈珍珠蘭〉、〈雛鷹〉、〈和倪佩珊表姊見示病中偶成原韻（四首）〉、〈雪珠〉、〈瓶花欲落偶成〉、〈秋日雜詩〉、〈秋望〉、〈重陽〉、〈促織〉、〈甲申立夏日作（二首）〉、〈五月廿一日爲先姑母祭辰感賦（四首）〉、〈乙酉人中舟中望雪（二首）〉、〈抒懷〉、〈秀州道中〉、〈丙申除夕〉、〈立春夜聞雨〉、〈薄暮（二首）〉、〈六月初九夜對月（二首）〉、〈己丑除夕（二首）〉、〈舅氏命題捧硯圖〉、〈江行感念舅氏許壬伯先生〉、〈庚子四月十八日舟泊神戶〉、〈遊塔之澤宿福住樓之臨溪閣〉、〈日光山紅葉〉、〈汽車中聞兒童唱歌〉、〈偕夫子遊箱根（四首）〉、〈二十世紀之春，偕夫子住鎌倉日遊各名勝，用蘇和王勝之遊鐘山韻〉、〈庚子秋津田老者約夫子偕予同遊金澤及橫須賀〉、〈江島金龜樓餞歲積蹞步齋主人原韻〉、〈辛丑春日偕夫陪夏君地山仉儷重遊江島再步前韻〉、〈題金澤八景（八首）〉、〈日本竹枝詞（十六首）〉。

卷　中

　　〈光緒癸卯春過烏拉嶺〉、〈西伯里亞道中觀野燒〉、〈遊俄都博物館〉、〈甲辰冬送胡馨禾嫂暫歸〉、〈和夫子與孫君慕韓唱和原韻〉、〈再和夫子述懷仍用

前韻〉、〈五月十二日悼長女德馨并序（四首）〉、〈乙巳秋留別陸子興夫人（四首）〉、〈寄日本池田信子（三首）〉、〈步夫子留別金理堂折努阿別莊原韻〉、〈丙午秋留別下田歌子〉、〈織孫女妹寄示其忼儷慶圖書館成立詩，效麗紅集中體和之〉、〈癸卯中秋（二首）〉、〈和蘭海牙〉、〈己酉秋夜渡蘇彝士河〉、〈歸途張甥菊圃回粵〉、〈自新加坡開行風浪大作〉、〈己酉除夕步夫子原韻〉、〈和夫子庚戌元旦用前韻〉、〈梅雨六絕〉、〈潛園五石草堂〉、〈雙樅頌〉、〈壬子五月六日，偕夫子挈稚弱遊西湖靈隱寺，憩冷泉亭，示長子稻孫，時將北遊詩以勖之〉、〈楓葉寄稻〉、〈和夫子系匏州詠即步原韻（三十首）〉、〈步夏穗嫂見贈原韻〉、〈和夏穗嫂荷花生日同飲十剎海〉、〈代夫子題陳母秋燈課讀圖〉、〈繼母費安人哀輓辭（四首）〉、〈甲寅除夕和夏穗嫂原韻（二首）〉、〈和織孫女妹六十自壽詩（六首）〉、〈辛酉重九登八達嶺〉、〈劉泖生莎廳課讀圖令嗣子庚介夫子囑題〉、〈題金少夫人書〉、〈劉烈婦〉、〈題焦節婦事略，擬劉妙容婉轉歌體（四首）〉、〈步夏穗嫂遊花之寺及崇效寺看牡丹兩首原韻（二首）〉、〈乙丑正月六日攜孫女雅榮車中看雪感賦（二首）〉。

卷　下

　　〈輟吟六載。壬申歲暮，夏穗嫂頻贈佳章，勉和四首〉、〈和夏穗嫂遊北海公園遇雨原韻〉、〈和穗嫂見示原韻〉、〈和長子稻孫喜晴〉、〈遊朗潤、蔚秀、達園三處〉、〈穗嫂和予遊三園詩再疊前韻〉、〈穗嫂又和，三疊前韻〉、〈一家三代共飲於德國飯店，用稻俟孫輩歸來韻〉、〈和稻啤酒〉、〈和稻冰激凌〉、〈諸孫又將東渡再用前韻〉、〈和夏穗嫂病起偶成〉、〈和夏穗嫂七夕原韻〉、〈和夏穗嫂再疊前韻〉、〈和穗嫂三疊前韻〉、〈和夏穗嫂自嘲前韻〉、〈詠紅線〉、〈梳頭〉、〈夏穗嫂函詢奉垣氣候用前韻〉、〈甲戌春暮和夏穗嫂別後寄懷原韻（二首）〉、〈和夏穗嫂寄別原韻〉、〈和穗嫂秋末寄懷原韻（二首）〉、〈和夏穗嫂寄懷原韻（二首）〉、〈丙子春答夏嫂詢近況（三首）〉、〈陽曆除夕悼次子稑孫〉、〈前塵〉、〈抄吳女士哭子詩入噍殺集〉、〈丁丑春日攜孫婦袁藜猷，孫女雅滿遊公園〉、〈夏穗嫂寄和遊園詩再疊前韻〉、〈初春遊清華園〉、〈朱夫人囑題小汀先生所著壽鑫齊蓁記〉、〈丁丑生日用蘇玉局歧亭詩韻示長子稻孫〉、〈悼俞甥承萊〉、〈和夏穗嫂戰時寄示二首步韻（二首）〉、〈戊寅春日憶夏穗嫂〉、〈喜穗嫂重來北京用前韻〉、〈和穗嫂喜重晤原韻〉、〈和穗嫂自杭州避難至京原韻〉、〈戊寅春日長子陪遊公園〉、〈和穗嫂新秋原韻（二首）〉、〈立秋日計次子逝世已廿七個月，孫輩釋服感賦〉、〈穗

嫂見和，再疊前韻〉、〈賀張甥菊圃古稀雙壽，步丁巳年惠詩原韻〉、〈和夏穗嫂種棗核詩原韻〉、〈癸酉陽曆除夕、舊曆十一月望日（二首）〉、〈和張甥菊圃戊寅除夕詩原韻（二首）〉、〈和菊甥新雁原韻〉、〈七月十四日，長孫端仁夫婦奉我遊公園，飲於來今雨軒〉、〈和俞甥婦姚紉芳感懷原韻（二首）〉、〈送次孫女雅覺反粵〉、〈庚辰初冬送張智揚表侄女南歸〉、〈題鐵夫人畫蘭〉、〈和長子稻孫戲詠飛機〉、〈和劉雪蕉女士見贈原韻〉、〈和劉雪蕉再贈原韻（四首）〉、〈答雪蕉女士見寄〉、〈和劉雪蕉七夕獨酌原韻〉、〈和雪蕉女士園蔬四絕〉、〈劉雪蕉女士寄示送葬詩并其夫墓銘，寄此代柬〉、〈和劉雪蕉元旦遣懷原韻〉、〈和張甥菊圃寄己卯除夕詩（二首）〉、〈庚辰端節家宴，憶三強侄，時在巴黎圍城中〉、〈和族侄寶德題先代遺稿韻，即賀其七旬雙慶〉、〈謝夏世兄元瑜自制石膏果兩枚送我〉、〈談月色女士囑題茶壽圖〉、〈和羅嫂購梅原韻〉、〈賦謝章衍群表叔惠贈菊花〉、〈章表叔見和又折贈菊之碩大者，再疊前韻〉、〈三疊前韻〉、〈四疊前韻，和章表叔旅倦思歸之作〉、〈五疊前韻〉、〈六疊前韻〉、〈題吳寶懿世兄寄示先考墨跡〉、〈賀施親母七旬雙慶適金婚之年〉、〈蘇鐵著花感懷示長子稻孫〉、〈和夏穗嫂寄示原韻（二首）〉、〈傷風戲作〉、〈和雪蕉〉、〈和劉雪蕉江亭秋眺〉、〈悼初日樓主人羅孟康（二首）〉、〈和羅通甫嫂歲暮雜感原韻（二首）〉、〈和伯宣侄壬午元旦〉、〈和伯宣侄原韻〉、〈柬夏穗嫂〉、〈穗嫂見和，再疊前韻〉、〈夏嫂再和，三疊前韻〉、〈和羅通嫂遊公園詩（三首）〉、〈和羅嫂重遊公園原韻〉、〈和羅嫂寄示闔家至公園原韻（二首）〉、〈和羅嫂白丁香林〉、〈九畹蘭〉、〈和羅嫂讀關穎人壽內作有感〉、〈壬午六月，戴母沈太夫人百齡生日、長子雨農公使古稀，同慶徵詩〉。

附錄二　本論所及單氏家族成員簡要世系圖

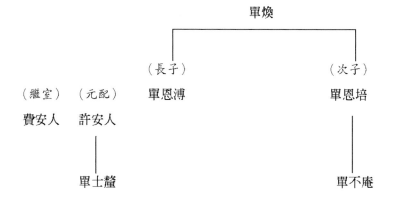

附錄三　本論所及錢氏家族成員簡要世系圖

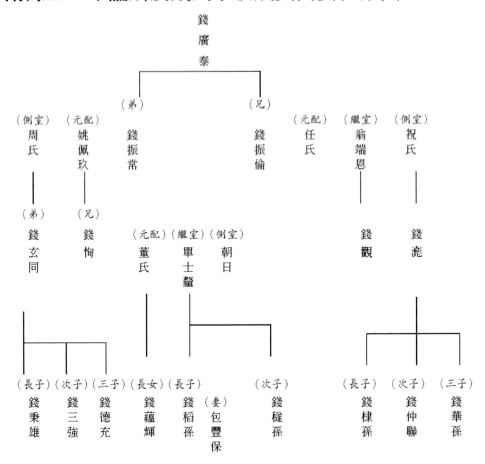